笑的人生

伊莉莎白·華倫卯上華爾街的真實故事

A Fighting Chance

ELIZABETH WARREN

伊莉莎白·華倫——著

卓妙容——譯

目次

問老公，你想不想離婚？「想。」他毫不猶豫的說／愛上這個男人的腿，所以我向他求婚了／我願意與他共創未來，可是……／不懂得為自己做選擇的人，注定窮上一輩子／三代交織，兩地往返的人生／走上破產這條路的人，全因好吃懶做、遊手好閒？／你以為自己很安全，但其實你很脆弱／媽媽，你講的笑話不大好笑／法官大人，你知不知道創業者要多拚命才能讓公司生存下來？／銀行哪會無聊，他們正忙著從你身上賺錢呢！／他們濫發信用卡，連可愛的小狗狗都不放過／爸爸八十一，媽媽八十，相處的每一分鐘都是向上帝借來的／走，去哈佛，到最高的那座山頭呼喊吧

第2章　捲入破產法大戰

一個改變世界的機會，你要不要？／活得如此堅強的人，卻在瞬間告別一切／多撐一天，可以多救五千個家庭／少來了，又沒有人拿著槍逼你簽卡債……真的嗎？／再一次好人贏了，不過只有一票之差／時候到了，爸爸要去找媽媽了／你以為銀行業認輸了？不，他們只是換個戰場重來／就在我們絕望的時刻，甘迺迪意外登場／聰明的銀行業，一個「五百五十美元」的謊言／再一次絕處逢生，反墮胎團體救了破產家庭／別躲在遊說團體背後，有種就出來跟我辯論／很多父母離婚，更多父母破產／破產了？那一定是你亂花錢啦……Really？／夫妻倆努力打拚，卻仍爬不出雙薪陷阱／中產階級活得水深火熱，總統到底知不知道？／傻乎乎的你，拿自己的房子當賭注／就算政府不幫你，你也別把父母當提款機／最後，我們還是輸了，徹底輸了

前言

人生，值得一戰

我是伊莉莎白．華倫，我是妻子、母親，也是外婆。在過去大半人生裡，我也是個老師，但現在我得介紹自己是美國參議員，雖然每次說出口時仍覺得難以置信。

這是我的故事。一個充滿感激的故事。

我的父親是個維修工，母親是西爾斯百貨的接線生。對他們而言，天底下最重要的事莫過於給四個孩子一個光明的未來。幸運的是，我們四人都過得不錯。我大哥唐雷德（Don Reed）投身軍旅二十年，在越南參加過兩百八十八場大大小小的戰役。二哥約翰在景氣好時是起重機操作員，景氣不好時，任何建築工作他都肯做。三哥大衛跟我們比較不一樣，他熱中創業，當一門生意不得不收手時，會立刻著手開創下一個事業，因為他無法想像活在一個無法展現他聰明才智的世界。至於我，則在大學畢業後當了老師，剛開始教的是需要特殊教育的孩子，後來改去教法律系的大學生；參政是我人生中非常後期的事。哥哥們和我全都結婚生子，我父母家的牆上、冰箱上、桌子上擺滿了他們疼愛有加的孫子女照片。

我一輩子都會感謝父母，他們非常非常努力工作，用盡一切方法拉拔四個孩子長大成人。不過，我們兄妹四人之所以能過得還不錯，也要歸功於我們很幸運地出生在美國，因為政府肯在像我們這樣的孩子身上投資，幫助我們打造一個能成長茁壯的未來。

然而，令人難以接受的事實是：我們的國家，不再為下一代打造那樣的未來了。

今天，遊戲規則被操弄，處處有利於那些掌握了金錢與權力的人。那些大財團與國會聯手，在美國稅制上捅出一個大漏洞，海撈了數十億美元；而那些國會議員也竭盡所能，制訂各種有利於大財團的法案。與此同時，一般勞苦家庭卻只能面對現實，不再對孩子的未來懷抱遠大理想。

我們的國家已經不再像過去那樣，決心為下一代提供可負擔的大學教育與技術訓練。那些曾經幫助我們打造繁榮經濟的基礎建設——橋梁、公路、電力輸送網等——如今破舊不堪。曾經為我們帶來藥物、網路與奈米科技的科學與醫學研究，如今都面臨資金不足的窘境。我們過去所擁有的樂觀，如今不斷受到重擊。

他們暗中操弄規則，你不輸才見鬼了

我們可以不必走到這步田地。

我決心盡我所能，讓我們國家再度為所有努力工作、奉公守法的人創造成功機會，這個國家足以信賴，而且很公平。這個國家所打造的未來，不是僅專屬於某些孩子，而是「每一位」孩子。在這樣的國家裡，人人都能像當初的我一樣，有「努力一搏的機會」。

我的故事充滿著不可思議——連我自己都這麼認為。我從沒想過要參選（話說回來，我沒想過的事可多著呢），沒想過要攀登高山，沒想過能在白宮見到總統，沒想過自己有一頭金髮，而這一切全都發生了。

故事從我的故鄉奧克拉荷馬州開始，接著一路跌跌撞撞經歷了以丈夫孩子為中心、多次火燒廚房的人生。我大老遠跑去上大學、教書、進入法學院，最後成了大學教授。當我研究得越深入，我越擔心美國家庭面臨的困境，於是我決定第一次投入公共事務，故事的舞台也隨之轉到首府華盛頓。我在一九九五年同意接任當時以為頂多兩年的兼任公職，卻很快又捲進了國家破產法的戰爭。我知道對很多人來說這聽起來很複雜，但基本上，這關乎我們政府的存在到底是為了服務大銀行，還是為了掙扎求生的一般家庭。

這場仗打得比我預期的更久——它持續了整整十年。這段期間，我自己也經歷了孩子的畢業典禮、長輩的喪禮、外孫子女的誕生。破產法之戰結束後，我又投入了另一場戰役，然後一場又一場，我前後參加了五場大規模的奮戰，其中包括：為因失業或重病而陷入困境的家庭爭取全新的開始、強迫政府公開銀行紓困案的真正細節，我甚至為了惡劣的房貸商品槓上大銀行。雖然方式不盡相同，但在我看來，這五場戰爭都與一個嚴重問題有關，就是：美國的中產階級正在遭受襲擊——不是因為發生了什麼難以避免的天災，而是因為有人在操弄遊戲規則。

這個故事，跟每一個人都有關，其中有詐欺、有紓困，還有選舉。這個故事，也很私密，有母女關係、有托嬰中心，還有家裡的狗、日漸老去的父母和脾氣彆扭的幼兒。這個故事，關乎失落、教訓與越戰越勇。這個故事，關乎人生值得奮鬥——一個即便是面對強大敵人，我們也能贏的故事。

我從沒想過自己有一天會成為華府的一份子。老實說，我真的沒想要涉入政治，我只是走到了非得一戰的地步，因為我堅信不管付出什麼代價，我們都必須為所有的孩子帶來一個機會，一個成長與茁壯的機會。

| 第 1 章 |

多年以前，我長大的那一天

被愛情沖昏頭，手忙腳亂的年輕歲月

我記得我長大的那一天。我記得我長大的那一分鐘。我記得我長大的原因。

當時我十二歲，以我的年齡算高，對自己瘦長的身材感到分外介意。我的手腕、膝蓋、手肘的關節明顯凸出，有一口不整齊的牙齒，不戴眼鏡看不清楚書上的字。暗棕色的頭髮又長又直，蓓特姨媽一年幫我修剪兩次。我很清楚自己永遠不可能像年長許多的凱蒂表姊那麼美，更不可能像她那樣成為聯誼女王，嫁給大車商的少東。

溫暖的春日午後，我站在媽媽的臥室。媽媽從衣櫃拿出一件黑色洋裝平放在床上。她在哭。自從爸爸生病以後，她常常哭。

幾個月前，在一個寒冷灰暗的週日，爸爸在外頭修理我們的車。近黃昏時，他走進來在廚房餐桌旁坐下，就這樣動也不動的坐著。爸爸平常總是走來走去，所以看到他靜靜坐著是件很稀奇的事。他低頭往

下看，彷彿正在沉思。他的皮膚有許多斑點，雙手顫抖著。

我正坐在餐桌旁看書，媽媽站在油炸鍋前準備晚餐。她問他怎麼了。爸爸沒有回答，她說他一定是病了，爸爸否認。我闔上書，回到在二樓自己的房間。

過了一會兒，媽媽對著二樓大喊：「貝希*，我們要去醫院。你待在家，自己先吃飯。」那時我三個哥哥都已成年獨立，家裡只剩下我和我的小狗蜜西。吃過晚餐後，我餵了蜜西，然後孤零零的等爸媽回家。

接下來那個星期，來學校接我的人換成了碧姨媽和史丹利姨丈。每天下午，他們載我去醫院。媽媽總是坐在爸爸的病床旁。爸爸很瘦，一頭白髮剪得很短。他有一雙淡藍色的眼睛，偏白的皮膚永遠留著輕微曬傷的痕跡，但是現在他看起來既蒼白又疲憊。

那一整個星期，和我們上同個教堂的教友送了好多砂鍋燉菜和濃郁甜點到家裡來。我還記得他們說到「心臟病發作」時的語調。「當你爸爸，呃，心臟病發作時，是在外頭工作嗎？」「我聽說你爸爸，嗯，心臟病發作了。我希望他很快就會沒事。」他們的欲言又止讓我十分害怕。

爸爸出院後，在家裡待了很長的時間。他吃去掉蛋黃的水煮蛋，當他從車上提起購物袋時，媽媽會大叫：「唐恩，放下！立刻放下！」我聽得出來她聲音裡的恐懼。

我們住在奧克拉荷馬市。我的父母買下這棟房子，是因為媽媽覺得它剛好位在最好學區。房子線路老舊，偶爾開燈還會爆出火花，不時有灰泥從天花板掉落，但這些都難不倒爸爸，而且大院子還能讓媽媽栽種鳶尾花和玫瑰。那年春天，爸爸沒有一如往常忙著修理屋子。大部分時間，他都獨自坐在車庫裡的舊木椅上，一邊抽菸，一邊凝視遠方。

媽媽通常會開著我們黃銅色的旅行車去學校接我，但是有一天她卻開著爸爸通勤用的那輛灰白色斯圖貝克（Studebaker）老轎車。我爬上車，問她旅行車去哪兒了？

「沒了。」

「怎麼沒了？」

「就是沒了。」

我一直問。媽媽只顧直視前方，雙手緊握方向盤。

我又問了一次：「車子去哪兒了？」她低聲回答：「我們付不出錢，車子被他們開走了。」

看來我不該問。

爸爸的醫師終於同意他可以回去工作了，但他原來在蒙哥馬利購物中心賣地毯的工作卻回不去了。店裡要他改去賣割草機和柵欄，也不再給他固定薪水，只給銷售佣金。爸爸天性安靜寡言，不是那種擅長推銷的人。

一天在吃晚飯時，我問他為什麼要離開地毯部門，媽媽代替他回答，說是因為工作時數和保

＊譯註：Betsy 是伊莉莎白的暱稱。

險。我聽不懂，但我聽見了她語調裡的苦澀。以她的角度來看，他的公司無疑是在搶劫他。最後，她說：「他們認為他快死了。」

我必須停止再問任何問題了。

看見媽媽用力把自己塞進年輕時的洋裝裡

有一天放學後，我和媽媽、碧姨媽去看一棟前院插著「出租」牌子的小房子。房子是白色的，小小的，架高在磚塊上；換句話說，野狗和浣熊很有可能躲在屋子下面。我還記得它聞起來像混合了灰塵和油膩食物的怪味道。

我沒有問為什麼我們必須搬家。

那年春天，我有時會聽到爸媽在吵架。我想我不應該用「吵架」來形容，因為爸爸幾乎不發一語，只有媽媽越講越大聲。他們開始喝更多的酒，非常非常多。沒有人告訴我，但是我就像所有孩子一樣，對家裡的狀況其實是明白的。我知道我們就要失去我們的家了，就像我們失去那輛黃銅色的休旅車一樣。我知道媽媽怪爸爸沒有「盡到一家之主的責任」，沒有好好照顧我們。

幾天之後，我站在二樓媽媽的臥室。媽媽的臉有點腫，眼睛被她擦得紅通通的。十幾張揉成一團的衛生紙和黑色洋裝一起躺在床單上。

我記得那件洋裝從我們住在諾曼（Norman）時就有了，參加喪禮或畢業典禮她都穿著它。料子有點硬、短袖、正面剪裁貼身，頸部有一條短短的黑色領巾，拉鍊開在側邊。

一開始我感到疑惑，以為有誰死了，然後我明白了，她要去赴一個重要的約會。她聽說我們家附近的西爾斯大賣場在招聘，她要去面試，找工作。那年，她五十歲。

媽媽幾乎沒注意到我的存在。她一邊掙扎著把自己擠進束身衣、穿上長統襪時，一邊說她不要失去這棟房子；她可以走路去西爾斯上班；她只能賺到法定的最低工資，但總好過只靠爸爸的收入；貝希可以照顧自己了。我不確定她是在對我說話，還是在自言自語，所以我什麼都沒說。

她把洋裝套過頭，努力的擠過肩膀、拉過小腹，再往下拉蓋住屁股。生了四個孩子後，早在她四十多歲時身材就變形了，再也不是當年嫁給爸爸的那個纖細美女了。

我看著她屏住呼吸，努力的拉著拉鍊，眼淚從她的下巴滴到地板上。終於拉上拉鍊後，她拿起一張新的衛生紙擦了擦眼睛、擤鼻涕，動也不動的站了好一會兒。

然後，她抬起頭直視著我。「我看起來還好嗎？會不會太緊了？」

那件洋裝是太緊了——非常非常緊。它被扯到極限，緊到起了一條條的皺褶。我好怕只要她一動，衣服就會裂開，但是我知道她的衣櫃裡沒有其他正式的好衣服。

就在那一刻，我覺得自己長大了，我再也不是一個天真的小女孩了。

我站在那兒，和她一樣高。我看著她的眼睛，說：「你看起來美呆了，真的。」

我在前廊目送著她走上馬路，當時街上幾乎沒有人車，太陽很大，她穿著高跟鞋踉蹌前行，但頭抬得高高的。

她如願得到在西爾斯接聽電話的工作。沒多久，爸爸辭掉蒙哥馬利銷售員的工作——也許是被開除的，我不確定。之後他在一棟公寓大廈擔任維修工。父母努力保住我們的房子，直到我高中畢業才把房子賣了，搬進公寓。

媽媽的生活從不寬裕，她竭盡全力保住她和爸爸掙來的一點點資產。當情況險峻時，該怎麼做她就去做，絕不退縮。

在上帝創造的這個綠色地球上，我們一直搬家一直搬家……

在我出生之前，我們家的故事就已經為我的人生設好了方向。

爸爸在一九二〇年代有個大夢想，他想當飛行員。高中剛畢業，他就親手組裝一架敞開式座艙的兩人小飛機，還自己學會開飛機，飛過奧克拉荷馬東邊的大草原。這件事，我從小就耳熟能詳。我時常想像著他在廣闊的麥田裡起飛、降落，一架小小的飛機在無垠的藍色天空翱翔的畫面。

但是比起飛機，世上還有讓他更珍愛的，那就是我的母親。他認識她時，她才十五歲。她是個活潑、幽默、纖細的黑髮美女，低沉悅耳的嗓音使她成為最受歡迎的婚禮和葬禮歌手。她時常坐在空蕩蕩的房間裡，獨自彈琴唱歌。我爸爸不可自拔的愛上她。他的父母堅決反對他們來往，因為我母親擁有印第安人血統，那在當時是一道無法跨越的鴻溝，但我的父母沒有因此退縮。他們在一九三二年私訂終身，當時我爸剛滿二十，我媽十九歲。

他們住在從小長大的小鎮上，在沙塵暴和經濟大蕭條的夾擊下存活下來。五十年後，我的父母仍會提到當時銀行接連倒閉，以及認識的人失去農場的慘況。

二次大戰爆發時，他們已經有三個小男孩。爸爸自願去當戰鬥機飛行員，但是美國空軍嫌他年紀太大，至少那是我聽到的理由。不過，他們決定雇用他當飛行教官，於是全家人便從奧克拉荷馬州的韋塔姆卡（Wetumka）小鎮搬到了稍微大一點的馬斯科吉（Muskogee）。等到戰爭終於結束後，爸爸渴望能在環球航空、美國航空等快速成長的民航公司找到機師的工作，但他又一次失望了。媽媽告訴我，他們還是只願意雇用年輕人。

我的父母在戰後想搬回家鄉韋塔姆卡，但是因為他們已經離開了好一陣子，我祖父說爸爸已經失去在家族商店工作的資格，必須去外面找工作。

於是，爸爸拿出手上僅有的財產，和人合夥在奧克拉荷馬州的另一個小鎮塞米諾爾（Seminole）開了一家專賣二手車的店。向來巧手的爸爸負責在裡頭修車，他的合夥人則負責在前面的展示廳賣車，但是後來合夥人捲款潛逃了，至少我們家的故事是這麼說的，但也有可能單純就是生意失敗。總之，我的父母又得從頭開始。

在那之後，爸爸換了一個又一個工作，住處也跟著搬來搬去，從一棟租來的小房子搬到另一棟租來的小房子。在三個哥哥長大之後，身為父母人生中意外驚喜的我在一九四九年出生了。爸爸常說，在連生三個男孩後，我簡直是「鮮奶油上的櫻桃」，而媽媽則說她待在家長會的時間「在上帝創造的這個綠色地球上，沒有任何一個女人比得上」。

大約在一九五〇年代初，我們家搬到了諾曼。爸媽拿出頭期款買下在小鎮邊緣的一棟小房子，緊臨砂石路。房子有兩間臥室、一間浴室，還有一間改裝過的車庫成了我三個哥哥的臥室。後來哥哥們一個接著一個從軍去了，大哥唐雷德和二哥約翰加入空軍，三哥大衛是陸軍。

我十一歲那年的夏天，我們搬到了二十英里外的奧克拉荷馬市。媽媽希望我能進入一所好學校，說服爸爸搬進城裡。那時，爸爸在蒙哥馬利購物中心賣地毯，而最後我的父母找到了一棟他們喜歡的房子。爸爸繼續開他那輛老舊的斯圖貝克，另外又買了一輛二手旅行車給媽媽。對我而言，那輛旅行車就是奢華的代名詞：黃銅色的車身閃閃發亮，仿皮的座椅和自動排檔系統。更不可思議的是，車上居然有空調。

別嚇我，你該不會想念大學吧

就像其他成千上萬的家庭，我們勉勉強強的支撐度日。

過去那些日子，家裡的經濟狀況起起落落，但是在爸爸心臟病發作後，必須用到父母兩份薪水才能度過難關。所幸事情慢慢穩定下來，我們重新再站了起來。我父母保住了房子，所以我不用轉學，仍在同一所公立學校就讀。我幫人看小孩、在艾莉絲姨媽的餐廳端盤子、為阿姨們縫製洋裝賺錢。我甚至還賣過小狗：爸爸向鄰居借了一隻黑色的貴賓狗，跟我的蜜西交配，生了一窩可愛的幼犬，然後我在一個週末就把牠們全賣光了。

和其他成千上萬的青少年一樣，我也討厭學校。課業不是問題，我喜歡我的老師。我很努力想融入，連小天鵝社和禮儀社都去參加了，但是我的高中生活仍舊乏善可陳，朋友、派對、足球比賽都和我格格不入。我們還是開著那輛斯圖貝克老爺車，只是現在外殼多了不少被鐵銹侵蝕的小洞。爸爸總是在學校的前一個街區就放我下車，我們倆都說這樣可以避免塞車，但其實想避開的是那一長串看似沒有盡頭的閃亮新車。當時的我以為，整個學校只有我們這家人過得苦哈哈。現在回想起來，我很確定那不是真的，只可惜十幾歲的我看不透真相。

要畢業那年，我從學校輔導室借了一本升大學指南。媽媽看到書時，冷冷的盯著我看。「你不會是想上大學吧？不會吧？」或許她過去也曾想栽培我念大學，但在爸爸心臟病發作後，一切都變了，現在它成了不可能的夢想。她明言我們負擔不起，她和爸爸賺的錢不夠供我上大學。而且，她繼續說，我必須實際一點：念過大學的女人比較難嫁出去。「嫁出去」顯然是所有年輕女孩的共同目標，況且我和其他女孩比起來已經沒什麼競爭優勢了。

後來她再度提起這個話題。她說，如果我真想上大學，可以住在家裡，找一份工作，在鄰近的學校半工半讀。她知道我想當老師，但是她認為一旦我結婚、開始面對現實生活之後，就會放棄那種不切實際的念頭，不過或許在我擄獲一個丈夫之前，我還是可以去上大學。

但，我有不同的打算。

我們家經濟不寬裕，但，我們算窮人嗎？

一九六五年秋天，我十六歲，因為跳了一級，所以已經是我在高中的最後一年。我的看法是：我不漂亮，不是全校成績最好的學生；不擅長運動，不會唱歌，也不會彈奏任何樂器。但是我有一個強項，我很能戰，不是用拳頭，而是唇槍舌劍。我是學校辯論隊的主將。

辯論大大拓展了我的眼界。我們對許多艱深議題——公平貿易、勞資談判、解除核武、美國醫療保健制度等等——進行深入研究，我發現我很擅長挖掘陌生問題的資料，而且擁有極強的自我學習能力；最關鍵的是，說到底，辯論比的就是兩件事：自律和絕不放棄。我可以被打得很慘，但絕對不認輸。

我相信辯論能為我開啟大學之門，於是我關上房門，坐在自己的房間裡，細讀那本升大學指南，特別留意那些對辯論隊大加吹噓的大學。我希望能夠找到一所願意提供我獎學金的大學。我發現只有西北大學在簡介中特別提到了辯論隊，但是我從一個比我早一年畢業、就讀喬治・華盛頓大學的學長那兒聽說他們學校不但有很棒的辯論隊，也提供辯論獎學金。

只有兩個機會，但是依我的想法，兩個可比完全沒有強多了。這個計畫有可能成功。

我寫信向兩所大學要申請表，然後在每天下午辯論隊練習結束後火速衝回家，趕在媽媽下班前攔截郵件。我打算等申請表寄來，我就立刻填好，寄回大學，然後耐心等待。

我原本的計畫是先斬後奏，等我拿到獎學金後，再以「木以成舟」的態度告訴父母。如果能夠免費上大學，他們怎麼能反對？

但是計畫碰上了預料之外的阻礙。在我開始填寫大學申請表時，才發現要證明自己有資格申請獎學金，必須揭露父母的財務狀況。如此一來，想要備齊所有的申請文件，我非得事先告訴父母，請他們幫忙不可。

我等到有一天我們三個人靜靜坐在餐桌前吃晚飯時，才刻意以輕快的語調說：「很多大學都有提供獎學金。」我擠出幾乎和電視購物頻道上賣地板蠟的女人一樣多的笑容。沒有得到任何回應後，我的聲音變小了，「我想試試看。」我沒告訴他們我已經向兩所離家甚遠的大學拿了申請表。

媽媽還是一直說我們負擔不起學費，但這一次我有備而來。我高聲辯駁、低聲哀求——既然有獎學金可以免費上大學，為什麼我不能去申請看看？

媽媽不為所動，但是平常沉默寡言的爸爸卻意外開口了：「讓她試試吧！波麗。」

於是，我拿到了父母的報稅文件。在我填寫獎助學金申請時，我著實被看到的數字嚇了一跳。我把他們的年收入除以五十二，看到他們每週賺到的錢少得可憐。我知道我們經濟不寬裕，但是我們算窮人嗎？媽媽總是說我們不窮，但是現在我心裡感到非常不踏實。

我請爸爸在申請表上簽名，將報稅文件還給他。之後，沒有人再提起這件事。

一個春天的午後，我同時收到了兩封信。兩所大學都收了我，但是提供的金錢援助卻不相同：西北大學提供部分獎學金，喬治．華盛頓大學不但給了全額獎學金，還批准了我的聯邦學生貸款。只要我精打細算，這些錢夠讓我上大學了。我開心得不得了。再見了，奧克拉荷馬市！喬治．華盛頓大學，我來了！

媽媽對我的好消息既驕傲又擔心。她對朋友這樣說：「哎，她自己想辦法，可以免費上大學，所以我能說什麼？只是我擔心她可能會嫁不出去囉！」

嘗到經濟安全感，覺得自己彷彿置身天堂，然後……我懷孕了

大學對我來說是全新的世界。我最遠只到過奧克拉荷馬州的普賴爾鎮（Pryor），從沒去過比它更北或更東的地方。我從未看過芭蕾表演，沒去過博物館，也沒搭過計程車。我的辯論隊友清一色白人，我不認識半個亞洲人，沒和其他人同住一個房間。但最棒的是，我在大學裡並不窮。我有

學生貸款，外加打工，而且上大學前我工作了整個暑假。我把現金藏在白襪子裡塞入抽屜後面，我知道我有足夠的錢撐過每個學期。我嘗到了經濟上的安全感，覺得自己彷彿置身天堂。

大學讀到第二年，吉姆．華倫（Jim Warren）重新回到我的人生。他是我的初戀，也是第一個拋棄我的人。我們認識時，他十七歲，我十三歲。他是辯論隊厲害的高三學長，而我是剛加入的新手高一學妹。現在他大學畢業了，在ＩＢＭ的休士頓分部找到一份好工作，準備成家安定下來。他告訴我，他覺得我可愛又有趣。最棒的是，曾經拋棄我的男人回過頭來求我嫁給他。他看起來很清楚自己在做什麼，對人生應該怎麼走充滿了自信。

我既驚又喜，對他選擇了我充滿感激。我不假思索，立刻點頭。

吉姆求婚後不到八週，我就放棄了獎學金，辦了輟學手續，親手縫製新娘禮服，挽著爸爸的手在奧克拉荷馬市五月大道的衛理公會教堂步上紅毯。那是一九六八年秋天，我十九歲。

吉姆和我坐上他的天藍色福特野馬小跑車，搬進休士頓的小公寓。我在一個星期內就找到一份臨時工作。雖然收入不錯，但我還是想回去上大學。我從未放棄當老師的夢想，換句話說，我一定要拿到大學文憑。

吉姆打趣的說我帶來的是「負嫁妝」，因為即使我沒畢業，但我上喬治．華盛頓大學時欠下的助學貸款還是要還。可是我計畫好了，只要我能讀完大學，找到教職，到時不但會有穩定的薪水，政府還會每年減免我欠下的部分學貸。休士頓大學離家車程大約四十分鐘，一學期的學費才五十美元。我說服吉姆為了我們的未來，我應該回去學校。

一九七〇年，在我拿到休士頓大學的學士學位後不久，吉姆被ＩＢＭ調到紐澤西州分部。搬家後，我立刻在附近的公立學校找到我人生的第一份正式工作，成為特殊孩童的語言治療師。那年我二十一歲，但看起來像十四歲。學年結束時，我很明顯已身懷六甲。校長做了我認為那個時代許多校長會做的選擇，他祝我好運，沒有發給我下一學年的聘書，另外雇用了別人。

我生下了一個美麗的小女嬰，從我的碧姨媽（Bessie Amelia）和媽媽的名字（Pauline Louise）裡各取一個字，為她命名「艾蜜莉雅．路薏絲」（Amelia Louise）。

換尿布和餵母奶的空檔，我想去申請念法學院……

吉姆認為我們的生活沒問題，他賺的錢足供全家開銷，當時我倆都相信我會就這樣待在家裡相夫教子。

我試了，我真的試了。

一開始，我全心全意的做家事。我們買下一棟改建的度假小屋，雖然它在夏天帶著濕氣，冬天又冷得要死（我因此學會屋子隔熱材料的重要性），但價格合理，而且院子裡的杜鵑花在春天盛開時會讓人不禁微笑。我買了一本整修房子的書，將艾蜜莉雅安全的關進她的遊戲柵欄裡，努力改造這個屬於我的小小世界。我重做書架，學會如何為硬木地板打磨拋光，親手換掉浴室地磚（雖然有一點凹凸不平）。中間有一度我決定用壁紙遮住浴室天花板的裂縫，結果悲慘的發現在天花板貼壁紙和在牆上貼壁紙完全不同，我花了好幾天才把頭髮沾上的壁紙用黏膠洗乾淨。

我縫紉，還學做菜。雖然高中時，我曾贏過由食品大廠貝蒂·克洛克（Betty Crocker）舉辦的明日主婦之星大獎，但這其實是紙上談兵，而不是實作競賽（如果你問我鮮奶油的乳脂成分或怎麼為雛菊繡打結，我絕對可以巨細靡遺的告訴你）。媽媽送我一本貝蒂·克洛克出版的食譜當結婚禮物，但日復一日照步驟煮菜讓我感覺麻木，時常心不在焉。我兩度害全家食物中毒，更有四、五次在廚房引發火災。那年耶誕節，爸爸送我的禮物是滅火器。

艾蜜莉雅和我形影不離。她是個喜歡冒險的孩子，什麼都吃，躺在哪兒都能睡著。我愛她愛得胸口發疼、鼻頭發酸。我想要給她世上最好的一切，但不管我再努力，總覺得遠遠不夠。

雖然當時的婦女解放運動正在美國各地如火如荼展開，但是在我們平靜的紐澤西郊區卻嗅不到任何氣息，更別提在我們小小的家裡了。我想當個好太太、好媽媽，但是我想要的不只這樣，我還想要更多。我打從心裡為自己不想和這麼可愛、總是笑臉迎人的女兒待在家裡感到羞愧。

我其實最想回去教書，但我從沒問過吉姆的想法。我知道他會說那麼勞心勞力、工時又長的全職工作根本不值得討論。於是，在換尿布和餵母奶的空檔，我浮起再回學校進修的念頭。一開始，吉姆並不贊成，但他終究還是同意了。我可以重返校園了。

天地一下子又開闊了起來。我簡直像個闖進糖果店的孩子，什麼都想要。我先是想進語言治療研究所，後來又去拿了工學院的申請表，最後我開始考慮進法學院的可能性。我承認當時我對律師要做些什麼根本一無所知，但是出現在電視上的律師總是為需要幫助的好人辯護。而且，想到我居然有機會可以拿到法律博士學位總覺得有點神奇，又想像艾蜜莉雅將來可以告訴別人她媽媽是律師，也讓我樂壞了！

媽媽對我打算去念法學院，反應比當初我告訴她要上大學時更糟。她一口咬定我有問題。我應該乖乖待在家裡，應該生養更多孩子，應該靠吉姆賺錢養家就好。她警告我不要變成「那些爭取女權的瘋女人」，並且說她們不快樂，而且永遠都不會快樂。

我愛我的媽媽，我想要她笑著告訴我：「你做得對。」但顯然這種事不會發生，於是我只能低下頭，獨自勇敢前行。

我全力奔跑，卻還是錯過了火車……

連續三年，每天早上，艾蜜莉雅和我拿著我們的包包，繫上我們亮藍色福斯金龜車的安全帶，往全新的世界前進。艾蜜莉雅和其他六個孩子待在保母家，我則到羅格斯（Rutgers）大學法學院上課。每天午餐過後，我去接艾蜜莉雅回家，分享當天發生的趣事——她告訴我有個小男孩吃布丁時弄得滿頭都是，我則告訴她視力不良的教授指著掛在教室後方的外套，要它起來回答問題。我們大笑著，樂不可支。

我愛死了法學院，愛死了它的生氣勃勃，愛死了教授發問時的咄咄逼人和同學交叉詰問時的針鋒相對。其中我最愛的是它所代表的正面意義：藉由辯論，我們可以讓世界更美好。

讀法學院的第三週，一個教授在課堂舉例時隨口打了比方：「他的女祕書是個典型的波大無腦的金髮美女。」坐在我不遠處的女同學立刻喝倒采表示不滿。一開始只有她一個人，幾秒鐘後，全班同學加入力挺。我們大聲噓他，甚至有人高聲抗議。教授很快的抬起頭來，然後彷彿被什麼東西打到似的倒退兩步。這個小小的群體行動顯然有點撼動了他的世界；同時，也撼動了我。

念法學院第二年，我向華爾街的法律事務所申請暑期工讀。在當時的法律界，男女比例懸殊，大約九比一。到處都流傳著從法學院畢業的女生找不到真正的律師工作，事務所只願聘請她們當祕書或助理的故事。

我面試的第一家事務所有許多女祕書和櫃檯小姐，但幾乎沒有女律師，而這是事務所的常態。我穿著借來的紅黑格紋毛料洋裝，自認看起來幹練專業。我搭火車從紐澤西到華爾街，走向事務所的摩天大樓。第一輪和第二輪面談很順利，到第三輪時，事務所的合夥人將背往後靠，皺著眉看我的履歷表，毫不掩飾他的鄙視。「你的履歷表上有錯字，這是否意味著你的工作水準只有這麼高？」

我沒有退縮。「這是在暗示你，我可不是來應徵打字員的。」

他跳起來，然後又靠回椅背，接著大笑。「我相信你會做得很好的。」

在返回紐澤西的火車上，我重新檢查我履歷表上的每個字，結果……一個錯字都沒有！那傢伙真是個渾蛋。不過當他的事務所表示願意雇用我時，我還是微笑接受了。

我組成了一個為期十週的保母小組，成員包括鄰居的高中女生、對門太太，以及有個小女兒和艾蜜莉雅一樣大的同社區媽媽。華爾街法律事務所的薪水高得嚇人，我們拿來買了第二輛車，還矯正了我的牙齒。我帶著滿口鋼絲和一個讀小班的四歲女兒回去念法學院的最後一年，心裡想著也許我的律師生涯終於有點苗頭了。

畢業典禮當天，我的世界卻完全走樣。那是一九七六年六月，那天早上我頭痛欲裂。我穿著一件醜斃了的孕婦裝、緊繃的絲襪，還有一雙硬邦邦的鞋子彷彿小了兩號。厚重的博士袍罩住我全身，過大的博士帽只要我微微轉頭就會整個掉下來。我懷有八個月身孕，感覺自己像顆巨大的水球隨時會從摺疊椅上滾到地面炸開。我對主講者的致詞充耳不聞，只是集中精神數著自己的呼吸，祈禱我不要昏倒，不要哭出來。

對我來說，法學院代表了所有的可能性，但現在，坐在畢業典禮會場，所有的可能性似乎全化為幻影。懷孕後，我想在法律事務所找份工作的努力全被禮貌但堅定的拒絕了。每個面試官都面帶微笑，可是沒有人給我第二次面談的機會。

我的朋友們全摩拳擦掌地朝著真正的工作而去，但是我不同。二十六歲的我即將要有第二個小孩，只能走進家庭。我相信職場大門已經當著我的面永遠關上了。

幾個星期後，艾力克斯出生了。他是個壞脾氣的寶寶，可以連續哭上好幾個小時。我抱著他坐在搖椅裡，輕輕搖晃安撫，有時也會忍不住和他一起放聲大哭。但是我非常愛他，我知道我擁有一個美滿的家庭，有穩重的丈夫、聰明的女兒和健康的兒子。我做了所有我應該要做的事，一次又一次的告訴自己，幸運之神對我有多麼眷顧，所以我要懂得感恩，要懂得珍惜。

我試著沉澱自己不安定的心，但是夜深人靜時，仍然會懷疑為什麼我總覺得遺憾，彷彿自己拚盡全力奔跑，卻還是錯過了火車。

一邊炸豬排，一邊接受工作口試

幾個月之後，我振作精神，擬定了另一個計畫。首先，我要通過律師資格考試，然後也許我可以想辦法兼職。我打電話給主管機關，告訴他們我還在餵母奶，應試時我會帶著小寶寶，接電話的男士慌張得不知如何應對（這些女人到底在想些什麼？）。總之，我還是拿到了律師執照。我訂製了一塊小招牌，優美的古典白色字體襯著漆黑的底色：「執業律師，伊莉莎白・華倫」。我把招牌掛在我們屋子前廊燈柱的橫桿上。盤算著如果有人上門諮詢，我可以把玩具踢進沙發下，在客廳和他們討論案情。

一九七七年初，一個教過我的羅格斯大學法學院教授打電話過來。春季班即將開課，學校雇了一個當地法官來教法律文書寫作，但是時間到了他卻沒出現，所以校方現在正忙著找新老師來教一週一次的課。他問我有沒有興趣？

隔天晚上，我就上工了。

我的鄰居幫我照顧艾蜜莉雅和艾力克斯，而我得到了另一個機會。我又是老師了。哇！幼兒和教室、煮晚飯和寫學術論文，我的生活變得忙碌充實，心情愉快得不得了。學期快結束時，校方問我是否願意下學期再回來任教。當然！那還用說！

我在羅格斯大學教書快滿一年時，吉姆宣布他又要調職了，但這次ＩＢＭ給了他三個選擇。就我看來，這三個選擇的差異未免大得離奇：德州休士頓、加州范登堡（Vandenberg）和北達科他州的康克利特（Concrete）。

我跑回車上的副駕駛座，從前座的置物箱拿出美國大地圖。范登堡位於洛杉磯和舊金山的半路上；康克利特小到地圖上根本沒標示，但是吉姆說它應該很靠近加拿大邊界。我動也不動的呆瞪著地圖。

我在羅格斯大學的教書生涯結束了。接下來好幾天，我覺得自己連呼吸都很困難，然後我想：這太蠢了。我不能坐以待斃，得做點什麼。

有一天下午，我拿出打字機，開始編排新的履歷表。我知道休士頓大學有法學院，但是我不知道他們是否缺老師。反正給他們寫封信又有什麼損失？我對著打字機擠出一個大大的笑容，開始動手打字：我是個有經驗的法律系老師（算是吧），我有興趣在休士頓大學教授法律文書寫作（或任何他們有缺的其他科目也可以）……。完成時，艾力克斯剛好午睡醒來，我抱著他走出去，將信扔進了郵筒。

沒有回音。

吉姆談到在康克利特工作的那些傢伙有多優秀，他還打電話給朋友蒐集范登堡的資料。我微笑點頭，告訴他聽起來真棒，然後一再告訴自己：「不要慌。不要慌。」

一九七八年春天，就在吉姆必須做出最後決定之前，家裡的電話響了。傍晚時分，正是一天中最忙亂的時刻。我一手抱著艾力克斯，讓他跨坐在我的腰上，一手在油鍋裡炸豬排。艾蜜莉雅坐在地板上畫畫，蠟筆散了一地。我瞄了時鐘一眼，預估再二十分鐘吉姆就會到家了。

白色的電話掛在廚房牆上，幸好它有一條很長的電話線，我拿起話筒，俐落地夾在耳朵和肩膀之間，走回瓦斯爐前。

「我是休士頓大學的尤金．史密斯（Eugene Smith）。」電話那頭的人說：「我們收到你的信，想問你幾個問題。」他連珠炮似的發射出一個又一個的問題：可以教什麼科目？學術研究興趣是什麼？教學方針和原則呢？我的天啊！我從來沒有在工作面談時被問過這些，心裡一點準備都沒有。我試著以平靜、輕鬆的口氣回答，同時搖晃著艾力克斯，祈求他不會突然哭了起來，然後看著油鍋裡的豬排，腦子裡想著：好！如果你們敢在這時候著火，我就把你們從窗戶丟出去！

不知道為什麼，我完全沒想過我可以告訴史密斯教授我再回電給他，一心一意只覺得那是唯一的機會。我也沒想過直接關掉爐火，但至少這次我沒再讓廚房燒起來。

史密斯教授終於問完，掛斷電話。我把豬排擺上盤子，然後坐在廚房地板上，將頭埋入掌心。那通電話是我唯一的機會，我卻搞砸了。我沒有做好準備，我不夠努力，我親手斷送了找到好工作的機會。

一週後，史密斯教授又打電話過來，請我飛到休士頓和系上老師碰面。

在鋼索上騎車，隨時可能喪生谷底

我找到工作了，一個將來可能拿到終身教職、享有優渥薪水和福利的全職工作。我將在休士頓大學教授契約法，並且主導法律文書寫作課程。我會有自己的辦公室（哇！），而且不像羅格斯大學，這次學生會稱呼我「教授」。我打電話給父母報喜，媽媽提醒我要教書又要照顧兩個幼兒、處理家務、讓丈夫開心，想要面面兼顧有多麼困難，說我不應該貪心，拿我目前的幸福生活做賭注。但爸爸沒有提出類似的警告，他說的是：「我的貝希真棒。」

吉姆同意調往休士頓分部，於是那年春末我們再次搬家，迎向新的生活。我們在休士頓郊區買了一棟不錯的房子。我們有兩個可愛的小孩，而二十八歲的我即將成為貨真價實的法律系教授。我真希望我會做側手翻，那麼我就可以化身人體車輪來表達我心中有多麼雀躍。

但我最多只能在每晚的睡前祈禱時，虔誠的向上帝道謝：「感謝主，謝謝祢賜予的一切。」

除了我之外，休士頓大學法學院只有另一個女老師，她在丈夫受聘之後一年拿到了教職。第一年，我被誤認過祕書、學生、學生老婆、不小心走錯地方的其他大學部學生，以及護士。

我一頭栽進與財務相關的法律科目。一開始只教契約法，後來也教商事法和財務金融法。我非常喜歡「做金錢的主人」這個概念，而且這也是法律裡最複雜、最講究技巧、最有挑戰性的領域。我相信只要我在這個領域做出成績，沒有人可以再質疑我的教授資格。即使我是一個帶著兩個孩子的年輕女人，即使在某些人眼裡我看起來就像個學校護士。

在休士頓大學法學院教書的第一年，給了我極大的衝擊。我喜歡上課。每一次有學生掌握住極難觀念的精髓時，我彷彿真能聽到他們腦子裡將所有要點扣在一起的「咔啦」聲，每一次都讓我覺得自己打了一場小小的勝仗。我努力貼近學生的想法，用心帶領他們，無時無刻我的腦袋都有不同的新點子。我們在教室裡傳遞知識，我們教會他們思考，我們在栽培未來。

新工作很難應付，但將我精神拉到緊繃的，卻是我的家庭生活。我和其他媽媽輪流載孩子上學，換我當女童軍領隊時也不缺席，不論是擔任主日學五年級的導師，或烘烤義賣需要的餅乾，我都很努力在做，但永遠都在追趕。我把行事曆掛在廚房牆上，但一點都不想看到它。我覺得自己必須平衡扛在肩上的責任，彷彿在鋼索上騎腳踏車，搖搖晃晃的橫越深不見底的峽谷，只要有一點點意外，比如小狗掙脫繩索或車子拋錨，我們全會一起喪身谷底。

每一個打瞌睡的夜晚，孩子，請你原諒我

吉姆和我沒吵過架。他很少過問我的工作，但是在時間到而晚飯還沒準備好時，或是我熬夜改考卷時，他會一直不斷的看手錶。我相信他覺得我破壞了他工作養家、我做家務照顧孩子的默契。更糟的是，我也相信他是對的。

我用盡全力把腳踏車踩得更快，但是托兒問題卻持續在扯我的後腿。

那是個星期二，大部分美國地區都是陰霾的冬天，不過休士頓卻是陽光燦爛。我當天的課已經結束，急著驅車離開，我必須去鬧區購物中心裡的托兒所接艾力克斯回家。剛過五點，托兒所裡大部分的小孩都還在。艾力克斯坐在嬰兒座椅裡。我看到他時，他沒有起身向我跑來，還是坐著，眼睛看著我。我覺得胸口一緊。

他長得很好看，比同年紀的小孩高大、結實，有一頭金髮、胖嘟嘟的膝蓋，還有一雙棕色的大眼睛。

我把他抱起來。他的尿布濕了，我試著把他放在嬰兒床上換尿片，但他卻緊緊抱住我，開始大哭。我放棄了，把他抱到車上。這時他火力全開，扯直喉嚨又哭又踢。我的襯衫上沾滿眼淚、尿液和鼻涕。

到家時，他和我一樣筋疲力盡。我打電話給鄰居，請她送艾蜜莉雅回家。我幫艾力克斯洗澡，拿出漢堡肉放進鍋子準備晚飯，然後將髒衣服倒進洗衣機。

我在讀法學院時，艾蜜莉雅是我最要好的朋友。她讓我相信結合家庭和非家庭兩個世界的生活是可行的。可是艾力克斯可以連續哭上好幾個小時，哭得滿臉通紅、汗流浹背，似乎對我無法解決他的問題極為憤怒。自從我開始教書，每天早晨都是一場折磨。只要我開始幫他穿衣服，艾力克斯就會把早餐碗扔到地上，嚎啕大哭。當我將他扣在安全座椅上時，他會使盡全力掙扎。當我要離開托兒所時，他會黏在我身上，緊緊抓著，不肯下來。他很重，年紀雖小卻非常強壯，我根本不是他的對手。

我累到骨頭發痛，可是艾力克斯每天晚上仍會醒來至少三次。聽到他哭，我會立刻跌跌撞撞的爬下床，害怕他會吵醒艾蜜莉雅或吉姆。我在黑暗中伸手摸索，抓起大毯子包住我們兩人，坐上那張我從小就有的搖椅來回搖動，安撫他。我們抱著對方。在每一個我打瞌睡度過的夜晚，我祈禱他會原諒我做得不夠好。

謝謝碧姨媽，放下手邊的一切來幫我

但是在那個星期二的晚上，我卻無法原諒自己。我知道那家托兒所不好。即使艾力克斯只在那裡待了兩週，我也曉得它顯然不適合。我不知道為什麼，也許是因為托兒所聞起來有種怪味，也許是因為裡頭的員工不夠友善。我不確定原因為何，但是我知道這樣下去不行。

我教書的時間還不長，卻已經耗盡所有我能想得到的托兒方法。每次的更換都代表了又一次的失敗，每一次都讓我深感愧疚。約定好卻沒出現的保母、改變主意的鄰居、讓艾力克斯整天穿著濕尿布的托兒所。我知道我對不起兒子。

一天晚上，碧姨媽在我把兩個孩子都送上床後打電話過來。那年，她已經快八十歲了。她問我過得如何。我回答還好，卻不禁痛哭失聲。「我做不到。我沒辦法一邊照顧艾蜜莉雅和艾力克斯，一邊教書。我是個糟糕的媽媽。我非辭職不可了。」

在話說出口之前，我從沒想過要辭職。我流下第一滴眼淚的同時，感到我的心彷彿破了一個洞，於是哭得更用力了。

碧姨媽是我媽媽的姊姊。她在一九〇一年出生於印第安保留區，當時那裡還沒有變成奧克拉荷馬州的屬地。她個子矮，身材豐滿，有一雙為關節炎所苦的小手。她從十幾歲就很努力工作，當過祕書、打字小姐和收銀員。她斷斷續續和我外公外婆一起住，時常拿出薪水補貼家用。她獨立又能幹，只除了一樣：她不會開車。她年輕時，外公用他的老福特T型車教她開車，卻意外壓死了一隻火雞。五十年後，提到這件事她仍會泫然欲泣。在那之後，她發誓再也不開車了，而她就真的一輩子沒開過車。

「碧」是「貝希．艾蜜莉雅」的暱稱。我出生時，媽媽說她想為我取名「貝希」。碧姨媽很開心，但她要我媽叫我「伊莉莎白」，只以「貝希」當小名。碧姨媽將我包在粉紅毯子裡，在我頭髮上紮一條粉紅色緞帶，從醫院抱我回家。她每年會幫我買兩件新洋裝，一次在復活節，一次在新學年開始前。她沒有小孩，五十多歲才嫁給在肉品包裝工廠當屠夫的史丹利姨丈。現在她成了寡婦。

那天夜裡，碧姨媽在電話上靜靜的聽我崩潰痛哭。她沒有安慰我，或者告訴我一切都會好轉。她只是讓我盡情的哭。

過了一會兒，我的哭聲變小了。我拿衛生紙擤鼻涕，倒了杯水喝。碧姨媽平靜的說：「我沒辦法明天就到，不過星期四一定可以。」我愣了一下才明白她在說什麼。她連問都沒問，直接放下自己的生活，好飛過來修補我的生活。

兩天後的黃昏，我到休士頓機場接機。碧姨媽帶著一隻叫「小夥伴」的北京狗和七個行李箱從奧克拉荷馬市飛過來，她和小狗在我們家的沙發床上睡了七、八個月。

至少，我又能喘一口氣了，感覺就像有人關掉了我們全家坐上的瘋狂旋轉椅的電源，世界終於慢下來，不再轉個不停。

我問老公，你想不想離婚？「想。」他毫不猶豫的說

可是，這依舊修補不了吉姆和我之間的問題。我讓他失望了。他娶了一個十九歲的女孩，而成熟後的她卻和他預期的樣子大不相同。我非常非常抱歉，但是我沒辦法改變現在的自己。我應該成為貝蒂．克洛克的主婦之星，但我卻屢次讓廚房著火。我應該將心力百分之百投注在家庭和孩子身上，但我卻出乎預料的闖出了另一個天地。我熱愛我一路上所有的冒險，可惜的是，他並不喜歡。

一天晚上，我先將孩子送上床才回頭洗碗、清理廚房。吉姆站在門廊抽菸，看著我。

我問他想不想離婚。我不確定為什麼我要這樣問，我根本沒事先考慮過，問題就脫口而出了。話一出口，我自己都嚇呆了。

吉姆看著我，回答：「想。」沒有任何猶豫，只是一個字，「想」。那個週末，他就搬走了。

當然，沒人能這麼瀟灑的說離婚就離婚。我們也同樣經過了「再想一想」的時期，也做了幾次「再努力看看」的嘗試。我們從沒大聲吵架，不曾聲嘶力竭的指控對方，只是一旦打開了離婚的門，我們心裡都明白等在終點的是什麼。

吉姆搬走後，我不得不面對事實：在這件我本來相信用來衡量人生的重要項目上，我失敗了，而且現在全世界的人都知道我失敗了。

為了艾蜜莉雅和艾力克斯，我決定維持原狀。孩子們和我住在原來的房子，念同樣的學校，上

同一個教堂。我繼續教主日學，碧姨媽為我們張羅三餐。

爸爸還在當維修工，在奧克拉荷馬市的公寓割草、保養暖氣機和冷氣機。那年他六十七歲，這些工作對他來說越來越不堪負荷，但是工作的福利還包括一戶免費的公寓，而他和媽媽打算在那裡住到住不下去為止。

在我和吉姆仍來來回回嘗試挽救婚姻期間，我有了一個新念頭：爸媽可以搬來休士頓，我們可以互相幫忙。他們和碧姨媽幫我照顧艾蜜莉雅和艾力克斯，省下來的保母費就能供養他們。雖然他們必須離開從小生長的奧克拉荷馬，可是他們可以擁有自己的家，還能時時參與我這個小家庭的生活。最重要的是，我需要他們。

於是，他們搬來了。

即使吉姆盡責的按時繳付孩子們的養育費，我也有穩定的教職收入，但是我還是非常擔心錢不夠用。爸媽建議不如他們乾脆搬進來跟我一起住，我很感激他們，但對這個提議卻感到恐懼。幾乎每個晚上，我都像患了強迫症似的不停記帳、算錢。

我告訴吉姆他可以搬走我們主臥室的家具，所以後來我空蕩蕩的大房間裡只剩一張臨時湊和著用的單人床。我把牆上掛著的照片也全給了他，還辦了場清倉大拍賣送走了餐廳的桌子。我在艾蜜莉雅的房間貼壁紙，在艾力克斯的牆上畫上一道大大的彩虹。我想到什麼就做什麼，努力捨棄過去，重建未來。

就在我下定決心維持生活現狀，謹慎的一步一步往前走時，吉姆則奔往完全不同的方向。他戒了菸，減掉十四公斤，開始學跳舞。最後，他認識了一個好女人，很快再婚了。之後，我們就不常看到他了。

愛上這個男人的腿，所以我向他求婚了

有了家人的支援，我的生活比起許多孤軍奮鬥的單親媽媽容易不少。我雖然擔心錢，但我們還是想辦法有驚無險的撐過一天又一天。碧姨媽烘烤鮮桃餡餅、烹煮乳酪玉米粥，媽媽開車買菜，爸爸接送艾蜜莉雅上鋼琴課。孩子的照顧問題終於得到解決，再也不用擔心只要小孩一發燒，我的生活就亂成一團。爸爸的手還是一樣巧，不論是車子拋錨或水管阻塞都難不倒我們了。

即使我的人生發展和我原本的期望大不相同，但是現在我又能自在呼吸了。孩子們健康成長，我的父母過得很開心。碧姨媽告訴我：「八十歲了還有人這麼需要我，感覺真是太好了！」我熱愛教書，很肯定自己往後的人生只會有家人和教學，但是我已經心滿意足了。

那年夏天，爸爸媽媽幫我看顧孩子，讓我去參加一個專為法學教授舉辦的經濟研討課程。二十多位來自全美各地的教授共聚一堂，其中有個人叫布魯斯．曼恩（Bruce Mann）。

很多人都以為兩個年輕的法學教授會互相吸引，一定是因為他們想無時無刻一起討論法律。錯

了，我愛上布魯斯完全是因為他修長的腿。真的。當時天氣炎熱，大家都穿著短裙短褲。第一天早上我就注意到了布魯斯，他坐在我前一排，椅子轉向側邊，大長腿伸到走道上。他有一百八十八公分高，腿長占了身長的一大半，看起來簡直有一英里那麼長！後來我才知道他在念大學和研究所時，暑假都在當網球教練。「秀色可餐」大概就是拿來形容這種人吧？

我在第一天吃中飯前就已經搞清楚他是誰，還有他在當大學教授前是做什麼的。我跳到他面前，用開朗的口氣問他是否能教我打網球。很久很久之後，布魯斯承認他當時有點被嚇到了。「我一點都不想再教人家打網球，特別是新手。我想要教的是法學史，而不是怎麼去打中那顆球。」但是他是個有禮貌的人，沒有直接拒絕我，所以我約了他那天最後一節課之後球場見，一點都沒注意到他臉上的無奈。

我利用打網球的機會蒐集到所有的基本資料：布魯斯既是法學博士，也是歷史博士，專長是美國革命時期的法律。他是徹徹底底的美國北方人，世代都是以堅毅、沉默、努力工作聞名的麻州居民。他和我一樣，以獎學金、助學貸款和打工收入讀完大學。我很快便發現我們的個性南轅北轍，如果說我是那種教導學生尋求改變、為自己的信念奮鬥的實踐派教授，那麼他就是住在檔案室裡、手上隨時捧著舊文件細讀的研究型學者。無論如何，我仍鼓足勇氣問他明天還願意再教我打球嗎？

多年後，有一天布魯斯在喝下大量啤酒之後，坦白告訴我，我的網球不只是打得不好，根本是爛透了。他說我是他教過最糟的學生。我把球打向四面八方，欄杆外、灌木裡、建築物後面。因為我的個性是只要手上拿著武器，就使盡全力攻擊。

然而，他還是愛我，而且當我向他求婚時，他答應了。

我願意與他共創未來，可是……

對他是怎麼愛上我的，布魯斯另有一套說法，不過我相信細節其實並不重要。我完完全全的為他傾倒，直到現在依然如此。我也知道和我一起生活並不容易，但他告訴我他一樣為我瘋狂，只不過他表達的方式比我含蓄得多。

那時的我們只面臨一個問題：結婚不是個合理的選擇。布魯斯是個才在康乃狄克大學法學院當助理教授兩年的單身漢，我卻帶著一大堆他連想都沒想過的附贈品——兩個孩子、一輛紅色旅行車、每晚在我家廚房出沒的奧克拉荷馬老先生和老太太。我熱愛我胼手胝足建立起來的小世界，而且從來沒想過離開休士頓。

認識後不久，布魯斯到休士頓看我。一天早上，我們一起去雜貨店。他凝視冷藏櫃裡的新鮮草莓，我正好站在他身後。

「如果想吃，我們可以買一些。」我說。

他微笑，從櫃子裡拿了兩盒草莓。他告訴我他想起他媽媽，還有當她向他借錢買食品時掩飾不住的尷尬。「我們不吃新鮮草莓這一類的東西。」

從那一刻，我就知道我們會永遠在一起。

很快的，我三十一歲生日到了，我買了一件棉質無袖的白洋裝當結婚禮服，嫁給了布魯斯．曼恩。為了讓孩子們的生活過得容易點，我決定保留吉姆的姓氏。

布魯斯直接辭掉他在康乃狄克大學的教職，搬到休士頓來跟我們一家大小共組家庭（我父母、碧姨媽、兩個小孩，以及一隻北京狗）。事實上，我有點被他義無反顧的堅定態度嚇到了。幸運的是，休士頓大學給了他一年聘書，但是校方也開門見山的直言第二年不會續聘，所以在我們婚姻生活剛起步時，就面臨了一個大問題。如果繼續待在休士頓，布魯斯的事業可能在沒開始前就結束了；但是如果離開休士頓，我就得放棄我在休士頓建立起來的舒適生活和穩定教職。

我們在一起的第一年過得並不容易，但難處和一般的新婚家庭會遇到的挑戰大不相同。我知道我想和他一起共創未來，即使這意味著我必須放棄休士頓的一切，也在所不惜。所以從第一天開始，我們就積極尋找任何可以讓我們待在同一個城市的工作機會。但事情進行得並不順利，過了好幾個月，一點進展都沒有。沒想到幸運之神突然降臨，德州大學奧斯汀（Austin）分校請我們兩人在下學年一起去任教。我們真的好開心，因為這可不是尋常的大學，德州大學奧斯汀分校的法學院可是全美數一數二的。德州大學明白告訴我們，要請我們擔任「客座」教授。換句話說，我們面對的是長達一年的試用期，要校方滿意才會再續聘，但是我們全然不在意。畢竟這是個大突破，我們終於有在一起工作的機會了。

布魯斯教法學史和財產法，我教金融、財務相關課程，至少我們得到了一年的寬限期。我們把休士頓的屋子賣了，開著一輛搬家卡車，載著孩子們搬進奧斯汀租來的房子。我父母和碧姨媽暫時繼續待在一百六十英里外的休士頓，等著看我們是否能像大家期待的那樣幸運，可以在同一個城市裡找到兩份穩定的工作。

不懂得為自己做選擇的人，注定窮上一輩子

要是我夠聰明，我應該選擇教我已經知道怎麼教的科目，可是我按捺不住好奇心，在我們還沒搬到奧斯汀之前就打電話給德州大學法學院院長，告訴他我可以教一個我沒教過的科目：破產法。

為什麼會對破產的人產生興趣？因為一個家庭在申請破產保護時，就是在承認他們已經山窮水盡，完全無法支付帳單。雖然法律上有些枝微末節的處理方法不盡相同，但基本上，破產家庭只能保留非常少的資產，必須放棄其他擁有的一切，包括現金、股票、債券等等，有時甚至連車子和房子都保不住。相對的，他們的舊帳會被一筆勾銷，讓他們可以得到最迫切的需要——一個重新出發的機會，一個沒有成堆帳單把他們拖入萬劫不復深淵的全新開始。

當一個家庭宣告破產時，代表的不僅是家庭的極大失敗，往往也被視為個人的奇恥大辱。對許

多人來說，這就像是站在法官面前，對全世界宣布他們是「大美國經濟遊戲」裡一敗塗地的輸家。我很想知道將他們逼到絕境邊緣的原因是什麼，還有為什麼他們會落到這步田地。我想知道這些人是誰、他們做了什麼，還有到底是在什麼事情上出了差錯。

我認為我尋找的是一個無法大聲提問的答案，因為這牽涉到太多的個人隱私。

我覺得自己的家現在算是安全了，布魯斯和我雖然還沒有工作保障，但是我們可以分擔照顧兩個孩子、三個老人和一隻老狗的責任，雖然需要耐心和一點創意，但是我知道布魯斯和我會互相扶持。然而，我也明白時時害怕你努力得到的一切會被奪走是什麼感覺。破產等於承認失敗，糟糕透了，所以我想要證明每一個申請破產的人都曾經做過某些可怕或愚蠢的事，或者遊手好閒，或者沒有為自己奮鬥過。我想知道努力工作、奉公守法的人或許發不了財，但至少用不著擔心害怕。我想確認這樣的人永遠都不會破產。

在一九八〇年代早期教破產法是個很特別的挑戰，當時國會剛對破產法進行自從經濟大蕭條之後的首度大幅修改。為了幫助破產家庭重新振作，新法增添了許多保護條文。

麻煩的是，該怎麼教授這個新法？我認為舊版的破產法已經沒有教的價值，但是市面上卻還沒有任何一本討論新法的好教科書。所以當德州大學法學院院長接受我的提議時，我不禁有些感嘆自己作繭自縛：接下來這一年，我要一邊被校方觀察，一邊教一門我從沒教過的科目，而且還沒有教科書可以參考。令人興奮，但實在很不明智。

我的解決方法是將教室轉變成電視益智節目《危險邊緣》（*Jeopardy!*）的比賽現場。我發給每個人一本新版的破產法，帶著學生一章節一章節進行。我安排議題：如果答案是「某個法律用語」，那麼問題會是什麼？換句話說，在法界人士和參議員修改這些新法條時，認為他們解決了什麼問題？雖然這並不是正常的授課方式，但是我確信班上學生都將破產法學得非常透徹。

我剛到德州大學法學院不久，一個在破產法修訂時提供不少意見給國會的世界級大教授剛好來學校參訪，他同意到我的破產法課堂上講幾句話。七十幾歲的史蒂芬・瑞森費德（Stefan Riesenfeld）博士個子很小，有點駝背，一小圈白髮環繞著漸禿的額頭。他是個知識淵博的學者，能流利使用四種語言，編寫了三十多本書，一口濃濃的德國腔更讓他宛如一九五〇年代科幻電影裡的天才科學家。他很嚴格，說話直接，曾因對學生大吼：「你腦袋裡裝的是馬鈴薯泥啊！」連同其他「鼓勵」的話而名聲在外。

課堂上，瑞森費德博士以他在新法修正時的貢獻，還有轉述他和幾位有名的國會議員之間的對話做為開場。一個學生舉手發問提到破產家庭，瑞森費德博士解釋會申請破產的大都是臨時工或幫傭一類的經濟弱勢族群，而且注定窮上一輩子。他顯然認為只有一生都不懂得做選擇的人才會淪落到破產法庭，所以這些人，跟我的學生、他們的朋友和鄰居沒有什麼共通點。

於是，我提出理所當然的下一個問題：為什麼他知道申請破產的都是經濟弱勢族群，而且注定窮上一輩子？

我對學生展露自信的微笑，掛著一副「你們等著看」的表情。我以為他會和我們分享一些內部消息，比如國會有特別委員會進行過大規模調查，或是他的同事曾做過相關研究等等。

沒有。相反的，瑞森費德教授（我不可能直接叫他史蒂芬）只是說：「喔！這沒什麼好講的，反正大家都知道！」來打發我的問題，然後又加了一句：「嗯！每個『專家』都知道！」

他話中帶刺，但我沒及時反應過來。即使如此，我還是應該立刻閉嘴。我才開始教破產法，他卻已經有三十多年的經驗了。我還在試用期，他卻是個舉世聞名、獲獎無數的教授。但是我管不住自己，我真心想知道答案。

「嗯，大家都是怎麼知道的？」

他顯然生氣了。他深吸了一口氣。大家「就是」知道，就是這樣。至少，根據他的說法，這是修訂新法時的共識基礎。

我的天啊！我覺得自己好像成了《綠野仙蹤》（*The Wizard of Oz*）裡的桃樂絲。瑞森費德教授是這個領域的權威，他知識淵博、經驗豐富，但是他真的和現實世界脫節了，而且如果連他都不知道，我相信也沒有人會比他更清楚了。

怎麼有人能確定這些家庭是因為做錯選擇才走向毀滅？他們真的不願意認真工作嗎？他們真的錢花得太兇嗎？他們真的和你我的家庭迴然不同嗎？

然後，我的腦海裡浮現一個我從來沒有想過的問題：如果國會對真正的狀況不了解，那麼他們修改新法不是在胡鬧嗎？

瑞森費德教授在那堂課還說了什麼，我一點都不記得了。結束時，我謝謝他遠道而來，我的學生也禮貌的鼓了掌，但是我清楚記得當他走出教室時，我的心都涼了。我在這裡教一群未來的律師學習破產法，但是我卻無法回答一個最基本的問題：為什麼這些人會破產？

三代交織，兩地往返的人生

客座教授的任期結束，我們並沒有拿到希望的聘書，於是我們收拾行囊搬回休士頓。我回去原來的大學教書。德州大學法學院慎重考慮了一年之後，決定聘我為終身職教授，所以我們又將全部家當裝上貨車搬回奧斯汀。這一次，我父母、碧姨媽都跟著搬過來。他們搬進一棟雙併屋子，爸媽住一邊，碧姨媽住另一邊。那隻北京狗已經死了，換成了一隻叫邦尼的可卡犬和她作伴。孩子們在四年內第四度轉學，我們家也添了一名新成員——一隻叫崔佛的小黃金獵犬。布魯斯、孩子和我逐漸適應奧斯汀的生活。布魯斯是孩子足球隊的教練。爸爸幫我在院子裡種玫瑰。艾蜜莉雅參加教會的查經班，艾力克斯是侍祭，我則是主日學的代課老師，同時也是舉辦巧克力燕麥餅乾義賣時的可靠貨源。吉姆仍然住在休士頓，孩子們在假日時常去探訪他。

我們新家的廚房坐落在屋子後頭，採光良好。布魯斯默默接手大部分的烹飪工作，我只偶爾做點拿手菜（通常是餅乾和派，有時會烤一鍋起司通心粉）。我很喜歡一邊聽音樂，一邊和他並肩做菜，看著崔佛張開四肢趴在冰箱前的地板上，聽著孩子們在二樓走動的腳步聲。有時陽光斜射進屋，布魯斯轉頭對我微笑，我的心就會因為感謝生命中有這麼多美好的事物而漲得滿滿的。

如果不是布魯斯沒拿到德州大學的永久教職，我們很可能會在奧斯汀一直住下去。他在聖路易斯的華盛頓大學找到工作，雖然該校也有一流的法學院，卻遠在一千三百二十公里之外。布魯斯很快就在聖路易斯租了一間小公寓，開始當起空中飛人，每週往返。他仍舊是艾力克斯足球隊的教練，艾蜜莉雅初中管弦樂團表演時我們也是全家出席，一起努力在演奏中分辨她的單簧管聲音。我們努力過正常的生活，但是所有活動都要等到他趕上在達拉斯機場轉接的班機後才能啟動。我們繼續在找工作，但是想要在同一個城市找到兩個終身教職實在太難了。

我們搬到奧斯汀後不久，我大哥唐雷德便收到一個壞消息：他太太南茜被診斷出罹患血癌。過去二十年，唐雷德一直過著我老爸夢想中的生活——空軍飛行員，最後甚至官拜中校。唐雷德和南茜隨軍隊調動多年，其中六年他更是在美國和越南之間來來回回，後來總算在德州葡萄藤市（Grapevine）買了房子安頓下來，但是現在南茜卻病了，而且病得很嚴重。

我父母、布魯斯和我每隔幾天就會開車到聖安東尼奧（San Antonio）的軍醫院探望她。每晚我會虔誠的幫她向上帝祈禱。南茜表現得很樂觀正面，但是有一天她突然拉住布魯斯的袖子，小聲而急切的請求他為她寫遺囑。她想讓唐雷德和兒子們知道該怎麼處理她的財產（包括她的結婚戒指、鋼琴、她爸爸留給她的部分農場），以及她想要什麼樣的喪禮。她告訴布魯斯用不著擔心她，她只是想為我大哥和孩子們準備好一切，讓他們在失去她時清楚知道她的意願，不會不知所措。她在遺囑上簽字不到一週，便與世長辭。

我二哥約翰的健康也在差不多的時間亮起紅燈，他一輩子都在工地上班，年近半百，所有累積的疲勞和內傷終於爆發出來。雪上加霜的是，一九八〇年代的石油危機讓奧克拉荷馬州的許多新建案停擺，要找到工作，機會近乎於零。

石油危機對三哥大衛的事業打擊更大。過去十幾年來，他的生意就是整合不同的石油供應來源，再提供給全美各地的經銷商。石油業的繁榮讓他發了大財，但石油危機也讓他的事業一敗塗地。他總是說只要他的顧客能付錢給他，他就會沒事，問題是他的客人也一樣沒錢了。他照常每天早上四點半起床，努力工作，但還是挽救不了頹勢，造成全球數十億美元經濟損失的洪水猛獸毫不留情的一口吞掉我三哥畢生的努力。

我們繼續過著三代交織、兩地來回的家庭生活。我父母和碧姨媽仍然幫我照顧孩子，只不過現在不再需要餵奶、換尿布了，變成要開車到處接送他們。每個星期我們總會一起在我家做飯兩三次，成了鰥夫的唐雷德也會時常來看我們。節日時，三個哥哥和他們的家庭會一起出席。大衛的女兒只比艾蜜莉雅大一點，放暑假時會在我們家長住。我們總是竭盡所能地互相幫忙。

我媽很擔心三個哥哥，也放心不下我。她的個性向來如此。不過爸爸看到我的事業起飛相當開心，他和媽媽不同，從來不認為我努力工作會毀了我的孩子，或者我會因此孤老終生。事實上，我覺得他很享受看到他的小女兒在大學、圖書館、美麗的校園裡占了一席之地。他會愉快的告訴別人我是法律系教授，如果有機會往下說，他還會如數家珍的細數我不但寫文章、到處演講，還得過好多次優秀教師獎。他對我的高收入感到自豪，當報紙第一次引用我的話做為專家評論時，可以看得出來他開心得很。

走上破產這條路的人，全因好吃懶做、遊手好閒？

爸爸還是一樣無法自在談論跟「錢」有關的話題，「破產」兩字更是他的禁忌。儘管我已經教破產法好多年，卻從未聽過爸爸在我面前講過這兩個字。當我叔叔或他在五金行遇到的人問他我的演講內容是什麼時，我注意到他總是將視線移開，含糊其辭說道：「喔，她研究的那個比較冷門，我們從來沒有為她操過心。」然後趕緊轉換話題。

也許是個性使然，爸爸和我兩個人都很怕沒錢，很怕自己變得一文不名。他的回應是完全不談錢，也不去談如果沒錢了要怎麼辦——絕口不提；而我的回應是學習契約法、財務投資，以及研究最關鍵的失敗原因，將所有相關知識裝進腦袋裡。

同樣的痛點，爸爸假裝視而不見，希望這樣就不會受傷；而我則是戳破它，正面還擊。

在我對破產新法研究越來越深入後，總會不停繞回到同一個問題：為什麼有人會破產？我找不到有說服力的答案。當時的年輕法律系教授幾乎都是理論派，他們的所有文章和著作都以理論為基礎，但是理論無法提供可靠的答案讓大家參考，也無法解釋到底是哪個環節出了錯。我緊緊抓著「申請破產的人和我們不同，其他人很安全」的信念，以為在尋求為什麼有人要申請破產的答案時會見到一堆騙子和好吃懶做的人。

幸運的是，我在研究剛起步時就遇到兩個優秀的夥伴：一個是泰麗・蘇立文（Terry Sullivan），她剛拿到博士學位，被視為社會學院的明日之星（泰麗後來成了維吉尼亞大學的首任女校長，事業非常成功）；另一個是已經有十一年律師經驗的破產法專家杰・威斯布魯克（Jay Westbrook，現在他也是成就非凡，不但是個著名的破產法學者，還是公認的國際商事法專家）。當時，我們只是三個年輕的法學教授，興奮的想進行幾乎沒有任何法學專家做過的研究——我們決定蒐集破產家庭的資料。

泰麗領著我們規畫抽樣數量、列出我們想取得的資料清單、影印個案、記錄數字，開始建立資料庫。在此之前，我從未參與過這種謹慎規畫、系統性取得資料的專案。我相信我們蒐集到的資料能勾勒出申請破產者的輪廓，然而漫長的取樣過程就像是在鑲嵌一幅巨型馬賽克壁畫，只能一次一小片一小片的往上貼。

在資料蒐集期間，我曾到聖安東尼奧的法庭旁聽。這座老舊的法庭牆面都是木鑲板，正值盛夏，冷氣涼到可以在一分鐘內把你凍成冰棒。那個年代的人仍必須親自到法官面前陳述，才能得到債務免除的裁決（現在這個程序已簡化成郵寄通知）。我坐在法院後方的長椅上凍得發抖。

法官座位比房間裡的任何座位都高，不過我幾乎沒注意他，而他也完全沒有看我一眼。我專注的看著在法庭裡進進出出的人。我猜我之前對破產人的刻板印象太過深刻，以為會看到一群衣衫襤褸、賊頭鼠眼或邋遢猥瑣的人，但是他們看起來和正常人沒兩樣，大出乎我意料之外。

站在法官面前的人，膚色、體型、年齡各不相同。好幾個男人穿著明顯不合身的西裝，其中兩三個還戴上德州領結，看得出來幾乎每個人都為了上法院特地打扮過。他們像是一群要到教會做禮拜的好人。一對老夫婦手牽手，小心的走下通道，在前頭找位子坐下。一個少婦輕輕晃動鑰匙串，逗著膝上的嬰兒。所有的人都很安靜，不是一言不發，就是壓低聲音交談。律師們（至少我以為他們是律師）就像牧羊犬一樣，把人群從一個地方趕到另一個地方。

我沒有在那裡待很久。我覺得自己彷彿認識法庭裡的每一個人，讓我難過到迫不及待想離開。那種感覺像目睹了一場車禍，而傷亡者居然是你認識的人。

你以為自己很安全，但其實你很脆弱

我們後來蒐集到的資料，證實了我在聖安東尼奧法院的觀察：那些在法官面前請求免除債務的人，曾經都是不折不扣的中產階級。他們上過大學，有過好工作、結了婚、買了房子，但是現在卻一敗塗地，站在法官和全世界面前，準備放棄他們擁有的一切，只為了可以在討債公司的壓迫下喘一口氣。

資料蒐集得越多，看到的故事越可怕。全美各地申請破產的人幾乎絕大多數都是遇上難關的正常家庭，聖安東尼奧也不例外。一段時間後，我們發現將近九成的人申請破產不外乎三個原因：失去工作、健康問題和家庭破碎（通常是離婚，但也有少數是配偶死亡）。當這些家庭走進破產法庭時，基本上都已經走投無路了。在爸爸被辭退或是媽媽罹癌後，無法擺脫經濟困境超過一年或更久，他們沒有存款、沒有退休金，車子或房子全被貸款壓得死死的。許多人積欠信用卡債的金額超過一年以上的收入，欠下這麼多錢，即使一輩子都不再買東西，即使爸爸明天就回原來的公司上班，媽媽立刻奇蹟似痊癒，像山一樣高的負債只會在罰金和循環利息的助長下每隔幾年就翻一倍。等他們來到破產法庭時已經債台高築，放棄一切換來無債一身輕，看起來比現狀好太多了，絕對值得吞下個人尊嚴，厚著臉皮尷尬的申請破產。

然而糟糕的是，申請破產的家庭數目不斷攀升。我和夥伴們在一九八〇年代早期開始蒐集資料時，每年有二十五萬戶家庭申請破產。沒錯，經濟衰退確實動搖了國家經濟根本，讓許多家庭陷入絕境，但是在經濟復甦之後，申請破產的家庭數目卻出乎意料的增加了一倍。突然間，報章雜誌、電視新聞出現了許多評論，指責美國人不辨是非，買一堆不需要的東西，卻在繳不起帳單時躲藏逃走。銀行大聲抱怨許多人不付信用卡帳單，他們大量使用「遊手好閒、欠債不還」一類的語彙來抹黑破產的人，彷彿申請破產的人不只是在經濟上跌了一跤，還犯下了不可饒恕的罪行。

部分的我想繼續相信這個「遊手好閒」版的故事，因為這會讓我覺得心安，但是在蒐集資料的過程中，我逐漸看到了這些人的真面貌。

在我們的研究裡，有一項要求是請破產人以自己的話去解釋為什麼他們會申請破產。我以為大多數的人會為自己辯解，講一些美化自己或為自己開脫的故事。

我還記得自己坐下來拿起第一疊問卷開始讀時，眼睛已經累到快閉上了。

接著，上頭寫的答覆卻像有人結實的在我肚子上打了一拳。紙上充滿了自我厭惡的情緒，有個男人只以三個字來解釋他為什麼會破產：

蠢　蠢　蠢

寫到他們的生活時，許多人責怪自己不該向銀行借了他們其實沒有搞懂的貸款。他們責怪自己沒有意識到他們的工作沒有保障。他們責怪自己誤信居心叵測的丈夫或紅杏出牆的太太。顯而易見的，我看到的大多數人都將破產視為個人的巨大失敗，代表他們是徹頭徹尾的輸家。

有些人把他們的故事哀傷的說給我們聽，比如孩子病死、在同一家公司工作三十三年後被無情裁員；而有些人則一語道破赤裸裸的現實：

老婆罹癌死亡，保險給付後仍需自付六萬五千美元。

找不到全職工作。打五份工才能付得出房租、水電、電話費、食物和保險帳單。

他們以為自己很安全，不論工作、健康或婚姻都不用掛慮，但天不從人願。

我的手指滑過其中一張問卷，看著一個女人努力解釋為什麼她的人生會變成一場大災難。這裡或那裡拐個彎，她的人生或許會完全不同。

離婚、不幸福的再婚、生了場重病、找不到工作。這裡那裡拐個彎，或許我的人生也會完全不一樣。

媽媽，你講的笑話不大好笑

一九八〇年中期的一個早春上午，在德州大學教職員的休息室裡，大家都在交頭接耳議論一個令人吃驚的傳言：上學期有七個學生被同一個教授死當。我沒說什麼，但我很清楚那個教授是誰。我教的兩門課學生人數都不少，其中有幾個傻瓜以為他們可以不用念書就能過關。他們想錯了。正確來說，是他們七個人想錯了。

我認為教書是一件嚴肅的事。選修我的課的那些學生，很快就會畢業走進社會，他們將被賦予極大的權力，也許權力大到他們自身都不明白。他們會處理其他人的金錢、其他人的生意，甚至其他人的人生。每學期的第一節課，我都會許下同樣的承諾：只要努力用功，我會將相關知識傾囊相授。即使我從不懷疑他們的學習能力，但我對「努力用功」這部分非常堅持。

現在我已經在德州大學教了好幾年書，自認一切都很順利。我對自己更有信心了。有一天小學放假，我決定帶七歲的艾力克斯到我的課堂上。我讓他坐在教室最後一排玩《星際大戰》的貼紙簿，然後教了一堂自認精采的課。內容艱深，但師生討論熱烈，而且我還穿插了好幾個笑話免得有人感到無聊。

下課後，艾力克斯和我手牽手走在沒人的走廊回我的辦公室。午後的陽光穿過玻璃窗斜斜照進來，我覺得這真是一個完美的親子時刻。我微笑，心情愉快的問他：「親愛的，你喜歡我剛才上的課嗎？」

艾力克斯停頓了好一會兒，顯然在選擇他要使用的字眼。最後他終於說：「媽媽，你的笑話其實不怎麼好笑。」

我彷彿被一刀刺中胸口，來不及細想前便脫口而出：「可是，親愛的，他們都笑了啊！」

這次他回答得毫不猶豫。「他們非笑不可，媽媽。」

呃……我猜我要學的事還多著呢！

漸漸的，在銀行、破產法等相關議題上，我開始會和其他學者爭論。每次聽到有人說破產法庭裡全是一些不負責任的騙子和懶蟲時，我就會忍不住大聲反擊。這當然不是交朋友的好方法，但我不在乎。

法官大人，你知不知道創業者要多拚命才能讓公司生存下來？

我開始接受更多的演講邀約。有一次我受邀參加一場芝加哥破產法官舉行的研討會，討論法院該如何處理申請破產的中小企業。其中一個與會者是知名法官，他主張任何中小企業遇上財務困難時，應該立即將公司轉交給銀行。

我認為這種做法極不公平。他到底知不知道創業維艱，人們要多拚命才能讓公司生存下來？大企業失敗時，破產法庭會法外施恩，給予種種特別保護，讓他們有機會重整經營下去。為什麼中小企業就不能得到相同的待遇？

那個法官和我一起坐在舞台上的一張桌子後面，我們針鋒相對、互不相讓，同桌的其他人一個接一個慢慢離席，最後只留下我們兩個爭奪固定在我們之間的麥克風。那個法官大概比我重四十多公斤，刻意用身體把我擠開，不讓我拿到麥克風。我雙手緊抓住桌緣，擠回去搶發言權。我整個人和他肩抵著肩，火力全開地反擊他的主張，力陳所有人都應該得到同樣的重整機會。戰況越來越激烈，我們壓在對方身上的重量也越來越多。我相信畫面看起來一定很可笑，但是對我來說，這不只是一場理論上的辯論。我覺得我認識那些被他輕易否定的人，並認為他們值得我為他們而戰。

我瞄了他一眼，滿意的發現他脖子上的青筋劇烈跳動著。他滿臉通紅，汗水淋漓，我懷疑他會不會就在這個小小的舞台上氣到中風。

對一個溫柔種玫瑰、教會義賣總是盡責提供巧克力燕麥餅乾的社區媽媽來說，有這麼邪惡的念頭真是罪過啊！

一九八五年，賓州大學打電話來問我願不願意去面試一個工作機會。隔年，他們也打電話問布魯斯是否願意去應徵另一個職缺。這兩件事互不牽扯，我們花了點時間才搞清楚，賓州大學法學院需要兩個教授，一個教契約法和破產法，另一個教法學史。同一個城市裡有兩份好工作，這樣的機會終於出現了。

我應該感到雀躍，但是我沒有。賓州大學是數一數二的好學校，但是費城感覺上離我的哥哥、姪女、姪子和表兄弟姊妹好遠好遠。光是想到要再把兩個孩子、父母、碧姨媽、兩隻狗狗搬到好幾百英里外，就已經覺得累壞了。但話說回來，賓州大學畢竟是法律歷史學家的殿堂，校方還答應會支持我的破產法研究。再加上布魯斯住在聖路易斯，分居兩地對我們是種折磨，所以來回討論許久之後，一九八七年秋季我們終於決定兩人一起接受賓州大學的教職。我們在離校園約五英里處買了一棟舊石屋，屋裡還是好幾十年前的樣子，需要大大翻修，所幸房子非常開闊寬敞。

碧姨媽整裝待發，她已經八十六歲了，和她的狗狗邦尼等不及要搬到賓州和我們一起生活。就在我們開始為大遷移做準備時，爸爸表示他和媽媽決定要在奧斯汀多待一些時日。

搬到費城後不久，爸爸和媽媽就來探望我們。有一次媽媽獨自坐在客廳，一邊彈鋼琴一邊唱歌好幾個小時。她談到好久都不太提起的童年往事，回憶她在大草原的成長過程，以及她和爸爸新婚時期的生活。

我的父母之後幾個月又過來兩三次，我問他們什麼時候才要搬來費城？最後，爸爸終於說：「貝希，我們不會搬過來，我們必須搬回奧克拉荷馬。」

孩子們長大了，我已經不再像從前需要那麼多幫手，但是我非常想要爸爸媽媽住在附近。我們是骨肉至親，是對方生活中的重要一部分。我不明白為什麼他們不願意搬來費城，我利誘、懇求他們，甚至要賴哭泣，但是爸爸只是以淡定而堅持的語氣，輕聲告訴我：「我們必須搬回奧克拉荷馬。」

布魯斯和我幫他們在奧克拉荷馬市買了一棟房子，因為古怪的顏色，爸爸貼切的稱它為「舊藍屋」。房子和我三哥大衛的住家只隔了兩個街區，離二哥約翰家也只有一小段車程。他們搬進新家幾週後，我接到大衛的電話。「你勸勸媽媽吧。」他說：「她說她不要換新駕照。」在奧克拉荷馬市這種幅員廣大的城市，沒有車等於沒有腳，而且她也才七十八歲。

我打電話給她，但她很堅持。「我再也不想開車了。」

我還記得媽媽握著斯圖貝克老爺車方向盤的身影。當車子停下來等紅綠燈卻無法重新發動時，她會把排檔推成空檔，拉起手煞車，打開引擎蓋，從前座下方抓起很大支的螺絲起子，跳出車外，握住螺絲起子的金屬部分，一邊用力敲打引擎，一邊喊著要我用手壓下油門。她說不出引擎的任何一個零件名稱，也不知道這麼做的理由，只是爸爸告訴她要這樣做，而我們最後總是能安全的把車子開回家。現在媽媽卻不想再開車了。

所有的事都變了。艾蜜莉雅再也不是我最要好的朋友，現在這個青春期的少女留著一頭長髮，視媽媽的存在如芒刺在背。布魯斯扮演和事佬，擋在我們之間免得場面過於火爆。雖然她一點都不想聽我的意見，但我看得出來她已經慢慢磨練出自己的智慧。

艾力克斯也變了。他照樣是個彆扭的孩子，看什麼都不順眼，但七年級的他個子比我高，聰明又幽默。他五歲時，我們送他一部德州儀器的初階電腦，經年累月的鑽研後，現在已經成了不折不扣的電腦高手。在他的敦促下，我們四個（布魯斯、艾力克斯、崔佛和我）一集不漏的看了《星艦奇航記：銀河飛龍》（*Star Trek: The Next Generation*），又一起成了影迷。同時，艾力克斯也從孩童蛻變成了青少年。

接著，艾蜜莉雅離家上大學，艾力克斯沉浸在書中世界。十多年來，我頭一次覺得胃裡的那個結開始鬆動。也許我沒有毀了我的孩子，我終於可以放下職業婦女對家庭的負罪感。

銀行哪會無聊，他們正忙著從你身上賺錢呢！

我仍在大學教破產法，但是教室外的世界也變了。不管經濟景不景氣，申請破產的人數都在不斷攀升。到了一九九〇年，一年就有超過七十萬戶家庭申請破產保護，比起十年前我剛開始教破產法時增加了一倍以上。這種現象嚇到我了。

春季班剛開課，一個學生來辦公室找我。她走進來，打了招呼，左看右看就是不肯看我。最後，她終於問我她能不能關上門。我知道接下來會發生什麼事，因為她不是第一個。

「我父母破產了。」她哭了起來。我把面紙盒推向她，等她說下去。

他們經營小生意。在她父母領出所有退休金、失去房子後，破產了。

她哭得上氣不接下氣。我繞過辦公桌，拉了張椅子在她身邊坐下，輕輕撫摸她的手臂，拍拍她的手。她在意的不是父母無法支付她的學費，事實上她已經自食其力好一陣子了。她不停掉淚，因為對她所愛的人來說，世界完全崩塌了。

同樣的事不只發生在教室內。學校的祕書、餐廳員工和其他教授，會來告訴我他們的孩子或老朋友遇上的麻煩。在信件收發室或排隊等三明治時，也會有人攔住我。大多數人想要的不是我的幫忙，他們似乎只是想讓我知道。我想他們是希望聽見我說：「很多好人最後也破產了。」至少我是這麼認為的，所以我也總是這麼告訴他們。

一九九〇年代初，各家大銀行投入更多資金，意圖遊說國會再次修改破產法。

一條老掉牙的法律意外的扯住了這些大銀行的後腿。自美國獨立以來，就明令禁止以不合理的高利率借錢給他人，也就是嚴禁俗稱的「高利貸」行為。經濟大蕭條時期，政府為了確保錢存在銀行的安全性和可靠性，又增訂了更多法條。從那時開始，銀行就成了一個無聊的行業，他們不准再參與任何瘋狂、高風險的投資。為了預防意外，銀行必須保留非常多的預備金。美國聯邦存款保險公司（ＦＤＩＣ）必須保證銀行客戶的存款安全，但是因為有高利貸的禁止條款，銀行不能收太高的利息，所以銀行賺錢的唯一方法，就是花很多力氣去確保所有放出去的貸款都能準時且全額收回來。銀行設下層層關卡，避免將錢借給沒有能力償還的人。

在高利貸的禁止條款和一九三〇年代銀行法規的支撐下，銀行成了幫助美國經濟成長的大功臣。他們借錢給一般家庭買房子，而按月支付的貸款成了另類的大型儲蓄計畫，等到屋主退休時就能擁有一個價值極高的資產，也就是他們可以居住而不用付房租的地方。長期以來，銀行借錢給人們買車子、付大學學費，也讓小型企業主有子彈可以創業。其中有五、六家大銀行更提供大把大把的資金，讓企業主能夠錢滾錢，從而創造更多的就業機會。所謂的銀行業，就是評估顧客，確定他們有能力償還貸款，同時小心翼翼的微調利率，維持和對街銀行的良性競爭。

直到一九八〇年代之前，一切都運作得完美無缺。

然後，在幾乎暗箱作業、沒人公開討論的情況下，發生了一件影響深遠的事：最高法院推翻了一百多年前訂立的銀行法，接著國會悄悄通過了修正案，正式取消利率上限。一夜之間，銀行業徹底改變。美國大銀行的高利貸禁令消失了，撤銷管制成了新的口號。各家大銀行猶如猛虎出匣，開始在信用卡加收林林總總的費用和越來越高的利息。兩年前的非法行為現在成了核心戰略，銀行發現信用卡帶來的利潤豐厚，於是開始以超高利率借錢給可能還不出錢的客戶。到了一九九〇年，銀行瞄準的對象居然換成了收入不多或收入不固定，甚至失業、已經朝不保夕的人。換句話說，他們的新目標就是那些將來會出現在破產法庭的人。

然而，當銀行在賺進大筆誘人的新利潤時，也不得不面對衍生出來的新問題。申請破產的人數創下歷史新高，大銀行必須註銷的壞帳自然越來越多。

某一年春天，花旗銀行的高層主管打電話給我。他看過我的破產法研究論文，想請我參加他們的一日研習會，幫他們腦力激盪想出減少破產損失的辦法。

我搭火車從費城去紐約，和上百個花旗員工一起走入曼哈頓的花旗銀行大廈。我被領進一間亮敞的會議室，裡頭坐了大約四十名西裝革履的男士。我拿出我的報表和圖片，花旗銀行的人也拿出他們的資料，大家開始討論。

對於銀行提出的破產數據，我並不感到驚訝。大多數的人在申請破產之前，其實早已是挖東牆補西牆，在寅吃卯糧的情況中掙扎了許久。他們不是突然在某個星期二欠下一大筆卡債，然後星期三就決定跑去破產法庭。出現在破產法庭的人，通常很久以前就出現了捉襟見肘的徵兆。我給花旗銀行的忠告很簡單：如果你們想減少損失，就不要把錢借給已經經濟困難、負擔不起高利率債務的家庭。

我的演講結束之後，不少人低聲交談，也有不少人舉手想發問。但在其他人開口之前，一個年紀略長的男士說話了。先前他一直很安靜，只是帶著淡淡的微笑看著大家討論。

「華倫教授。」他語氣堅定。

會議室裡鴉雀無聲，顯然開口的這位來頭不小。

「我們很感謝你能來出席，真的，但是我們完全不考慮縮減借給這些人的貸款，因為他們正是給我們銀行最多利潤的一群人。」

他站起來，表示會議結束。花旗銀行從此便和我斷絕往來。

事實就是如此。只要人們申請破產，銀行就要蒙受損失，即使他們知道只要在借錢前先檢查客戶的信用評等就能避免呆帳，但是他們還是執意繼續貸款給這些人。事實上，銀行是反其道而行，在客戶越付不出帳單時，反而提供越多的選擇：申請新信用卡來整合所有帳單（只要二九％的利率……）；抵押房子取得信用貸款（如果付不出錢，房子就變銀行的了……）；或是利用二胎房貸，三胎也不成問題！

他們濫發信用卡，連可愛的小狗狗都不放過

大型銀行為什麼要這麼做？門道就在這裡：即使有破產損失，只要銀行繼續借錢給有困難的人，就能賺到更多的錢。是的，銀行在客戶破產時必須註銷壞帳，但是他們能從還沒申請破產、仍在苦苦掙扎的邊緣人身上賺到更多更多的錢。只要客戶在一年內沒破產，銀行就有賺頭。高到不像話的利率和手續費，讓銀行立於不敗之地。

即使銀行的利潤年年創下新高，他們仍不知足。他們創造出更多名目收取附加費用，想出更多提高利率的方法，更積極的行銷信用卡。信用卡推銷員開始跑大學校園，以不需要信用評等和父母簽名來招攬大學生。孩子們紛紛收到事先核准的信用卡申請表，甚至連可愛的小狗狗都不放過，這樣的荒唐例子曾在地方報喧騰一時。

為了提高報酬，銀行試著推展全新策略：如果他們能夠說服政府限制破產保護呢？沒錯，很多家庭破產了，但這不表示銀行不能再逼迫其中一些人多吐出點錢。只要他們不能申請破產保護，也許會有更多人搬回父母家、向鄰居借錢、當了結婚戒指，或是中斷健康保險，誰知道呢？只要每年有五、六十萬戶家庭再勒緊褲帶一點，也許銀行損益表上的數字會更亮眼。

銀行家或許沒解釋得像我這麼詳細，但是他們的策略已不言可喻：瞄準那些經濟有點困難的家庭，借給他們更多錢，收取高額手續費和嚇人的利率，倘若客戶想申請破產，則將他們的申請管道

堵死。

只要對破產法懂個皮毛（我現在懂得可多著呢），就不難看出大銀行的意圖。我當時只是個大學教授，無力改變任何事，但是這些新策略所代表的厚顏無恥卻大大激怒了我。對銀行而言，破產法的改變不過是提高利潤的另一個機會，但對許多家庭的父母、孩子、孫子、伯伯、嬸嬸、表兄弟姊妹而言，破產法的改變將會奪走他們因裁員或生病陷入困境後的唯一復原機會，所背負的痛苦無法衡量。

布魯斯和我帶崔佛去散步時，我告訴他大銀行正打算怎麼重創美國家庭。有一晚在我告訴布魯斯我對這件事有多憤怒時，忍不住激動起來。銀行真的不知道他們會害死多少人嗎？

我揮動雙手，咬牙切齒，越說越快，越說越大聲，到最後已經氣得說不出話來。然後，布魯斯問了一個從開始就不斷啃噬我的問題：

「那麼你打算怎麼做？」

爸爸八十一，媽媽八十，相處的每一分鐘都是向上帝借來的

一九九二年，哈佛大學法學院邀請布魯斯和我去擔任一年的客座教授。而在兩年前，杰、泰麗和我將我們對破產法的研究心得彙整成一本書，書名叫《如同我們免了人的債》（*As We Forgive Our*

Debtors）*。此書出版後引起不少人關注，至少在學術圈內引發廣泛討論，也贏得了一個國家級的獎項。杰和我正在改寫我們合作的破產法教科書，準備再版；在融資擔保方面，我和林恩・羅帕奇（Lynn LoPucki）教授一起合寫的書也在進行中。另外，我還主持了兩個關於企業破產和家庭經濟困境的研究計畫，拿過四個傑出教師獎。我對目前的工作狀況很滿意，沒想要改變。

不過，布魯斯認為在麻州待一年應該滿有趣的，而且離他家人也比較近。艾力克斯的想法很簡單：搬去麻州，就能去現場看塞爾提克隊（Celtics）的比賽。再說誰拒絕得了在哈佛試教一陣子的誘惑？畢竟，我連去都沒去過。所以我同意了。

那時艾蜜莉雅已經離家念大學，而碧姨媽說她和邦尼狗狗寧願回奧克拉荷馬和我爸媽一起消磨時間，於是布魯斯、艾力克斯、崔佛和我便搬到了麻州劍橋。布魯斯和我再一次同意接受為期一年的試教工作，這一次即使失敗，我們一起在賓州大學的好工作還會等著我們回去，心情自然輕鬆許多。本質上，這其實更像是一場有趣的探險。艾蜜莉雅多數時間都不在，而艾力克斯則把握這次的轉學機會，加入高中足球隊，並負責為舞台劇準備道具。崔佛已經老了，但每天下午見到丟出去的球還是興奮得不得了。

我的父母感恩節過來探望我們，我以為他們會很高興去參觀著名的哈佛校園，但是他們卻似乎興致缺缺。第一天吃晚飯時，媽媽環顧餐桌，問我：「艾蜜莉雅什麼時候會回來？」

我先前已經提過兩天後艾蜜莉雅會從大學回家，所以爸爸回答：「星期三。」

過了一分鐘後，媽媽又再問一次：「艾蜜莉雅什麼時候會回來？」爸爸彷彿第一次聽到一樣，神色自若的回答：「星期三。」

幾分鐘後，她問了第三次，爸爸語氣輕快的說：「星期三。」他低下了頭，當他抬起頭時，我們都看到他眼中的痛苦。

隔天，在爸爸陪我去五金行時，我問他媽媽怎麼回事。他說她只是累了，每個人疲憊時，記性都不太好。但是從這件事開始，我已經意識到爸爸媽媽不會跟著我一輩子。當時爸爸八十一歲，媽媽八十歲，我感覺自己和他們相處的每一分鐘都是向上帝借來的。

學期快結束時，哈佛給了我終身教職的聘書，但是卻無法續聘布魯斯。我一點都不想再分隔兩地，於是一口回絕了。我的學生在最後一節課送我一隻小黃金獵犬，他們為牠取名「誠信」（Good Faith），並且央求我再回來開課。

小信剛到我們家兩天，崔佛就得了急性肺炎死了。我打電話給爸爸，哭得聲嘶力竭，他完全聽不懂我在說什麼。他只好一個一個問：「你受傷了嗎？艾力克斯還好嗎？艾蜜莉雅沒事吧？布魯斯呢？」當他提到崔佛的名字時，我好不容易才擠出「是」來回應，然後他也開始哭了起來。我能說什麼呢？狗狗一直是我們的家人。二十年後，崔佛的照片還放在布魯斯的書桌上。

＊編按：書名出自馬太福音：「免我們的債，如同我們免了人的債。」

布魯斯和我搬回賓州後，哈佛的法學院長仍會不時打電話給我。他們的聘書沒有截止期限，或許我願意再考慮一下？

不用了，真的，謝謝，不用了。我們在賓州過得很好。艾蜜莉雅的學校不遠，碧姨媽和邦尼從奧克拉荷馬搬回來，就住在我家二樓。艾力克斯還在念高中。過去十二年來，我們搬了這麼多次家，現在終於有安頓下來的感覺。

走，去哈佛，到最高的那座山頭呼喊吧

但是我的心並沒有真正安頓下來。布魯斯的問題「那麼你打算怎麼做？」仍時時跳出來質問我。我的工作時間變得更長，研究範圍也更大了。我發表更多文章，努力寫下一本書，擬定一個又一個的計畫。我到處演講，試著將破產保護的重要性和對美國家庭的影響告訴任何願意聽的人。

在我們搬回賓州一年後，有一個春日午後，布魯斯和我開車時聽到收音機傳出銀行發言人的訪談。那傢伙連連抱怨，說申請破產的都是一些想占大家便宜、不事生產的懶惰蟲。我氣壞了。訪談結束後，我忍不住大聲批評，反擊那個發言人說過的每個論點。車子越開越遠，我一路抨擊他的刻意誤導，一點都沒有停下來的意思。

我氣呼呼的瞪著窗外，駕駛座上的布魯斯瞄了我一眼，以堅定的語氣說：「接下哈佛的工作

吧！」

布魯斯很少會做出令我驚訝的事。在這個家，我才是天馬行空的幻想家，而他總是冷靜的告訴我，把天花板漆成暗紫色不是個好主意，或者為什麼不能徒手拔掉花床裡到處蔓生的藤蔓。（暗紫色的天花板看起來漂亮極了，但是我為那個園藝技術錯誤付出了慘痛的代價：後來我才知道那些藤蔓是有毒的，而且我對它們嚴重過敏。）

布魯斯開口前都會先仔細想過，顯然他已經反覆考慮哈佛的事好一陣子了。賓州大學是所好學校，但是布魯斯認為如果我想要讓別人聽到我的想法，應該站上找得到的最高山頭去大聲嚷嚷。他的論點是，去哈佛大學當教授可能會提高我做出實質改變的機會。

我們的人生走到這裡，一切又不同了。我再也不是家庭事業兩頭燒的職業婦女，我只是一個四十五歲的大學教授，兩個孩子都已經長大。艾力克斯離家上大學，艾蜜莉亞繼續攻讀管理碩士學位。九十三歲的碧姨媽深居簡出，白天沒人在家讓她感到寂寞。她說她不想傷我們的心，但是她想帶著邦尼搬回奧克拉荷馬市，後來我們在占地寬廣的浸信會老人照護社區幫她安置了一戶小公寓。現在基本上就剩我們夫妻兩個人了，布魯斯說分隔兩地的生活對他、我和小信不是問題，而且搬到麻州就代表了可以時常見到布魯斯的父母、兄弟姊妹、姪子外甥，我們可以再度過起有其他家人的親近生活。

在此同時，不管經濟景氣好或壞，申請破產的案件數目年年創下新高。每一年有超過八十萬個美國家庭申請破產，丈夫、太太、小孩的人生受到嚴重衝擊。換算下來，等於每二十六秒就有一人申請破產。想想，一天有二十四小時，一週有七天！多麼可怕的數字！

美國出了大問題，而且似乎越來越糟。我很擔心，事實上，我是既擔心又生氣，也做好為這些家庭奮戰的準備。我沒有詳細的計畫，但我知道戰鬥就是要全力以赴，將我手上所有的一切全投入戰場。我要使盡全力，看我能做到什麼程度。

於是，我拿起電話打給哈佛法學院院長，告訴他我就要來了。

第2章

捲入破產法大戰

我的華府初體驗，結果輸慘了

先說在前頭：接下來這個故事，並沒有以喜劇收場。它猶如聖經故事「大衛與歌利亞」（David & Goliath）的翻版，只是這一次大衛射出去的石子沒擊斃巨人，反而貫穿了自己的喉嚨，也開啟了我和華盛頓政治圈漫長而痛苦的糾纏。

首先我必須解釋一下，我是怎麼捲入這場戰爭的。故事得從我搖頭拒絕開始說起。

一九九五年，國會決定成立審查委員會重審破產法，柯林頓總統指派奧克拉荷馬州前任眾議員麥克・希納爾（Mike Synar）組織一個超黨派的九人小組，計畫花兩年時間完成審查，向國會提出報告。麥克正在電話上，問我是否願意和他一起參加美國破產法審查委員會。

麥克和我在青少年時代就認識了，當時我代表奧克拉荷馬市立高中參加辯論賽，麥克是馬斯科吉（Muskogee）高中的代表。雖然從那之後，我們再也沒有見過面，但是當年的十四歲男孩似乎一直記得我——在決賽中擊敗他們的十五歲女孩。

我一口回絕了。當時我只想投入更多研究或寫書，想對申請破產的人有更多了解，想知道他們的人生出了什麼問題。我對華府一無所知，但光從報章雜誌看到的，就已經夠讓我反感了。

於是麥克邀請我到華盛頓，和他共進午餐——就只是吃頓飯。

一個改變世界的機會，你要不要？

見到他很開心，麥克當時是政壇新秀——由於他的競選對手在選前被爆料家裡有張心形水床，這一點很難被保守的奧克拉荷馬州選民接受，紛紛轉而支持當時二十八歲的麥克。麥克進了國會之後，先後卯上大菸草商和美國步槍協會，十六年後，他競選連任失敗。

如今的麥克看起來仍很年輕，有一頭黑髮，眼睛炯炯有神，帶點傻氣的笑容讓我聯想到一九六〇年代電視劇集《安迪格里菲斯秀》（*The Andy Griffith Show*）裡的小男孩奧佩（Opie）。他看起來總是在趕時間，說話時手勢很多，習慣（很有技巧的）插話。我們先在他的華盛頓辦公室碰面，很快的，他就找了一群年輕的幕僚，大夥兒一起步行到附近一家熱鬧的餐廳。

我們邊吃邊聊，話題大都繞著當年參加高中辯論的事。麥克談他喜歡的啤酒和撲克牌，我告訴他我把孩子忘在高速公路休息站的趣事。他巨細靡遺的說起我們少年時在辯論比賽交手的故事，誇張的語氣引得年輕幕僚哄堂大笑。

午餐時，我們幾乎沒有提起委員會的事。麥克知道我為什麼保持戒心，沒錯，委員會理論上應該是中立的，但我聽說銀行已經對國會展開遊說，希望進一步限縮破產保護，讓已經在苦苦掙扎的可憐人過得更艱難，所以我一點都不想和這次修法扯上關係。

此外，麥克和我也不算是真正的朋友。我高中時只和他有過數面之緣，之後再也沒聯繫。在我們共進午餐前，我打了好幾通電話調查他的背景，每個人都告訴我，在他當眾議員期間和多家大銀行往來密切。

當我站起來離開時，麥克陪我走出餐廳。這時只剩我們兩人，他很認真的告訴我，他讀過我的書，知道我的立場，他試圖說服我：想想看，這個委員會可能會帶來的改變，想想看那些每年申請破產的無助家庭，擺在你眼前的，是可以讓你真正發揮影響力的機會。

接下來他提出了一個交換條件：如果我願意和他合作，想出三個好主意，透過立法來幫助深陷債務泥淖的家庭，那麼他會盡全力讓這些點子變成真正的法律條文。他的意思是，我負責發想出改變破產法的點子，而他則利用他的政治影響力來實現這些點子。

這個提議完全超出我原先的想像，我完全沒料到他會這樣說。大家都說這傢伙為大銀行護航，結果他竟然努力想幫助陷入困境的家庭，太讓我意外了！

即便如此，我還是猶豫。我相信麥克的意圖是好的，但是我懷疑他真的做得到。何況，我從來沒有在政治圈子工作的經驗，唯一參與過的政治活動就是投票。但他拋出的餌很誘人，如果我們合作，只要在法案上做出三個修正，也許真的能幫助那些面臨破產的家庭。想要幫這些受害家庭，這真是個好機會。

回家的路上，我一直在想這件事。我的辦公室塞滿了一疊又一疊申請破產保護者所填寫的問卷，許多人詳細寫下他們的故事，告訴我他們的人生出了什麼差錯，描述他們在破產法庭時內心覺得自己一敗塗地的羞愧感。我想像著一個好不容易實現夢想開了餐廳，結果卻生意失敗的家庭；我想像著一個終於和家暴的丈夫離婚，卻必須獨立撫養好幾個孩子，付不出帳單的疲憊年輕媽媽；我想像著賣光所有資產，後來甚至債台高築，只為了一次又一次將兒子送入戒毒中心的老夫妻。

活得如此堅強的人，卻在瞬間告別一切

兩天之後，我打電話給麥克，答應他的邀請。

委員會的工作只是兼職，我仍然在哈佛教書，開始每次飛去華府一兩天的生活。我是委員會的資深顧問，負責提出計畫、主導研究，以及起草建議書供委員會審核發布。

接下來的幾個月裡，我越來越投入。我和其他委員碰面，組織研究團隊，雇用優秀的研究員，訂定時程表，明列待辦事項。麥克開始和更多人接觸，討論我們的計畫。整件事很讓人興奮，感覺

就像起草藍圖，要開始打造一個全新的未來。但最棒的是，每天夜裡躺在床上想著那三項修正辦法，能幫助美國勞工家庭的三個改變、三個願望，感覺比過耶誕節更棒。

然而，沒多久一切急轉直下：在委員會還沒開始正式運作之前，在我們連要選哪三項修正都還沒達成共識之前，麥克得了腦瘤。他停下工作，入院接受化療。我最後一次見到他時，他瘦得只剩一把骨頭，頭髮掉光，雙手抖個不停，光是和我說話就讓他筋疲力竭。

一九九六年一月九日，麥克走了，得年四十五歲。

追思會那天下著雨，天氣又濕又冷，我們聚在歷史悠久的聖公會聖約翰教堂（St. John's Episcopal Church），就在白宮對面的拉法葉廣場，柯林頓總統和參議員迪克．德賓（Dick Durbin）都上台說了話，場面盛大，幾乎所有政治人物都來了。許多人握手擁抱，但我沒和任何人交談，在這之前，我沒見過他們。

離開教堂時，我相信自己以後不會再和華盛頓有任何瓜葛了。麥克和我有個約定，現在麥克死了，我也不打算再回來。

其實，麥克的葬禮是我半年來參加的第二場。前一場葬禮場面很小，卻更讓我難受。

一九九五年夏天，爸爸打電話告訴我，媽媽長了惡性息肉，必須開刀切除，不嚴重，不用擔心，醫生說用非侵入性的手術就能解決，只要住院兩天就好。

不嚴重，爸爸嘴巴上雖然這麼說，但他的憂心全寫在臉上。布魯斯和我決定回去奧克拉荷馬陪家人。

我到家才幾個小時，三哥大衛就把我拉到一旁，告訴我不久前他在住家附近看到媽媽走來走去，顯然是迷路了。我問爸爸怎麼回事，他說媽媽只是太累，被附近彎彎繞繞的街道搞糊塗了。爸爸喜歡牽著媽媽的手，年輕時沉默寡言的他現在話多了些，幾乎一開口都是「波麗，你還記得嗎……」，試著喚起媽媽的記憶。

醫師告訴我們手術很順利，媽媽似乎也恢復得很好。她動完手術的隔天，我們全待在她的病房裡聊天。仁慈醫院（Mercy Hospital）允許我那個青少年的兒子和二十多歲的外甥、外甥女，用輪椅推著我媽媽在走廊四處閒逛。大家都很開心，我們還從護理站拿餅乾和果汁來邊吃邊聊。

媽媽出院前夕，爸爸覺得我們留在病房只會讓她無法好好休息，於是他把我們趕回家，只留他一個人靜靜的在床邊握著媽媽的手。凌晨時，媽媽從病床上坐起來說：「康恩，我又開始脹痛了！」然後往後一躺，停止了呼吸心跳。醫師趕來搶救，但她心臟病發作，沒救回來。驗屍報告指出她有嚴重的冠心病，只是從沒被診斷出來，當然也從沒接受治療。

二嫂芭芭拉打電話來，告訴我們媽媽去世的消息，「親愛的，我很難過。」但我沒哭，我根本不相信。媽媽才八十三歲，或許有人覺得她很老了，但看看碧姨媽九十三歲了，還矯健如昔，我外婆直到九十四歲過世前都還精力充沛，活力十足。媽媽最近狀況是比較差，但她一直都活得那麼堅強那麼健康。

這才是我最難接受的：媽媽一輩子活得那麼堅強，但一眨眼工夫卻走了。親友從各地飛來參加她的葬禮，幾天後，我回到爸媽家裡的客房，躺在單人床上哭泣。爸爸走進來，我坐起身，伸出雙臂，我以為他會擁抱我，告訴我雖然很悲傷，但我們還有彼此，傷痛會漸漸淡去。

但他站在那裡動也不動，然後說：「我想死。」

接著他痛哭失聲，我上前抱住他，輕撫他的肩膀。他還是哭個不停。我告訴他：「雖然我們的心都碎了，但我們還有彼此，傷痛會過去的。」這是我希望從他那裡聽到的話，雖然我不確定是不是真能如此。

多撐一天，可以多救五千個家庭

麥克・希納爾過世後兩個月，柯林頓總統指派一位來自威斯康辛州麥迪遜市（Madison）的律師接管美國破產法審查委員會。

布蘭迪・威廉森（Brady Williamson）十分優秀，是個相當活躍的執業律師，在總統選舉時不僅代表柯林頓協商辯論相關事宜，還為他安排行程會晤外國領袖。在法律界，他以參與美國憲法第一條修正案和他在最高法案打贏的一件破產案而聞名。他在那件破產案中表現傑出，但我不認識他。

而現在，破產法審查委員會成了他手上的燙手山芋。

麥克死後，我們原本的工作幾乎全部停擺，但名義上，我還是委員會的資深顧問。布蘭迪打電話來時，我開門見山的告訴他：麥克死了，我已無意留下。但布蘭迪希望我在他來找我討論他的計畫前，先不要辭職。我同意了。

布蘭迪很可愛，不是電影明星那種俊帥，只是可愛。他個子不高，戴眼鏡，留八字鬍，眼睛炯炯有神，反應快又風趣。幾天後他來找我，我們一起坐在玻璃前廊裡，享受難得的一個溫暖日子。我端了一杯冰紅茶給他，小信把牠的頭枕在他的大腿上。小信和其他黃金獵犬不同，牠平常對陌生人很有戒心，所以我將牠的舉動視為布蘭迪「或許是個好人」的訊號。更重要的是，我有點可憐他，因為我已經很清楚其他委員的想法，要帶領這個團隊將會相當艱難。不過，那不是我的問題，我就要躲回到我的書本和課堂世界裡了。

布蘭迪原本就是個優秀的律師，他做足功課，明白其他委員為什麼反對我們的主張。他接手委員會熟悉一切後，也知道要面對的情況並不樂觀。共和黨控制的國會抓住每個機會修理柯林頓，兩次的政府停擺造成社會極大騷動*。除此之外，還有大銀行以前所未有的強勢姿態要求修改破產法。布蘭迪不認為柯林頓會在此時和大銀行為敵，如果連總統都不想得罪銀行，又有誰敢造反？

經過這麼久，我總算慢慢意識到：雖然破產的人數眾多，但要號召他們團結基本上是不可能的。走上破產程序之路後，每個人都迫不及待的想趕快離開，何況這一大群人還要面臨失業或嚴重的健康問題等重大危機。我們的研究顯示，申請破產的人並不特別集中於某個年齡、性別、種族或地域；相反的，他們只是一群走投無路的可憐人。他們大部分的時間不是忙著變賣車子，就是在兼差賺錢。他們連躲討債電話的時間都沒有了，哪可能有空坐下來寫信給國會？何況，他們大多數對於自己的破產引以為恥，對許多人而言，申請破產是一生中最不想讓人知道的祕密。

因此在政治上，他們幾乎是一群隱形人。但這些掙扎度日的家庭要對抗的，卻是全美國最有組織、資本最雄厚的遊說團體（而且在接下來幾年內，還會更壯大更有錢）。

情況看起來相當無望。麥克死了，委員會完全停滯不動。如今大銀行可以為所欲為，經濟上需要喘息的拮据家庭將被徹底摧毀。如果說有什麼是人為操控的不公平賽局，這就是最好的例子了。

布蘭迪企圖說服我的方式和麥克不同，布蘭迪認為，數百萬戶的美國中產階級家庭正在沉淪，而銀行所採取的行動會讓他們的負擔雪上加霜。他承認委員會可能無法有什麼作為，達不到麥克要改善破產法的心願，但是我們有機會扯住大銀行的後腿，至少拖住一陣子。如果我們能站穩腳步，現在開始反擊，我們還能影響委員會，不讓銀行有機可乘。只要我們能做到這一點，我們就有機會做得更多。

＊譯註：政府停擺（Government shutdown），指的是在國會無法通過足夠預算，迫使美國聯邦政府關閉一些政府機構，暫時停止提供「非緊急」及「非必要」的服務以節省開支。

我的三個願望泡湯了，如今目標變成了在現行法律下能搶救多少是多少。此外，正如布蘭迪所指出的，只要現行破產保護法多留一天，就能有多五千個家庭得到他們最需要的重生機會。

老天，情形實在是太讓人沮喪了，不過我還是點頭答應，而且馬上和布蘭迪計畫起我們該如何盡快採取行動。也許我們終究會輸，但是只要我們多撐一天，就有更多家庭可以緩一口氣。

少來了，又沒有人拿著槍逼你簽卡債……真的嗎？

美國破產法審查委員會一點都不好玩，一點也不。

我們的任務，是寫出如何修改破產法條文的報告，好呈交給國會參考。多虧了我寫的書和演講，大家都已明白我的看法。不幸的是，這些看法都跟審查委員會最常對外公開發言的委員伊迪絲．瓊斯（Edith Jones）法官南轅北轍。

瓊斯是德州的聯邦法官，是保守派裡的重要人物，在兩位布希總統執政時被提名為最高法院法官。我有個德州的好友告訴我，小布希總統以「伊迪絲阿姨」稱呼她。我相信在瓊斯法官的眼裡，申請破產保護的全是一群投機取巧的無恥之徒，只要有機會一定要占其他人便宜。她曾經寫道：「沒人拿槍指著消費者的頭，強迫他們在信用卡申請書上簽名。」她宣稱，她擔心「現行制度會讓更多人心存僥倖」，並認為這件事「關係到個人品格及榮譽感，我們有責任不做超出自己財力的事」。在瓊斯法官的談話裡，經濟上的失敗與道德上的失德沒什麼不同。

然而，我的研究數據卻顯示完全不同的結論：重創這些家庭的，是生病、失業和婚姻破碎。踏上破產之路前，他們大都會咬牙苦撐，只要撐得下去就會試著還錢，直到再也無力支撐為止。就我來看，申請破產的家庭大都是時運不佳的好人，可惜瓊斯法官對我的觀點嗤之以鼻。

不管是對瓊斯法官或我個人來說，這場論戰都沒有牽涉到金錢，也沒有銀行付我們錢要求我們表明立場。我們只是兩個看法不同的人，也許她覺得我對人性太樂觀，而我則認為她對人性太沒信心（也或許是她覺得我對大銀行太沒信心，而我認為她過於樂觀）。在修法議題上，瓊斯法官自始至終堅持站在對大企業有利的一邊，而我從頭到尾都和她槓上。

和瓊斯法官的來回攻防非常殘酷且令人疲憊，我買了一部傳真機放在哈佛大學的辦公室，只要有人發傳真過來，機器便會發出滑稽的提示聲。瓊斯法官發了好多讓人痛苦的傳真給我，多到讓我覺得自己就像巴甫洛夫的狗一樣：只要一聽到傳真機的聲音，胃就會緊縮不舒服。

在私人生活方面，我也得努力照顧父親，自從媽媽死後，他就像丟了魂似的。每天晚上，我都會打電話給他，告訴他當天發生了什麼事：比如艾力克斯喜歡電腦課，但覺得其他大學課程很無聊；比如艾蜜莉雅在拿到企業管理碩士後搬到加州，似乎和這次交的男朋友很認真；比如三色堇開花了，或葉子在變色了。大多數的週末我們會一起看球賽轉播，雖然他在奧克拉荷馬，而我在麻州，但只要某一球打得特別好或特別爛，我們就會立刻打電話討論。我嘗試所有能想到的方法填補媽媽不在的空虛，但是寂寞如黑夜仍毫不留情的吞沒了他。我哀求他搬來和我們一起住，但他來了波士頓小住兩次後，說他覺得媽媽還留在他們的家裡，所以他想要繼續待在那邊。每隔兩天，他就會開車去韋塔姆卡我媽的墓地。

我感覺得出來我正在一點一點的失去他。他一直很瘦，現在更彷彿成了半個透明人，淡藍色的眼睛黯淡無神。醫師為他做了檢查，宣判他得了攝護腺癌，他向我保證他得的是那種進展很慢的癌症。他承認，他每晚都睡不著。

最糟的時刻，莫過於他哭泣時。爸爸向來沉默，過去我幾乎沒看過他哭，但現在他變了。當我在電話上愉快的講著院子裡的花時，他會說媽媽最喜歡玫瑰花，然後就安靜了下來，我可以聽到他哽咽的聲音，有時他甚至會哭到喘不過氣來。我覺得無能為力，我想最後害死他的不是癌症，而是心碎。

再一次好人贏了，不過只有一票之差

接下來兩年，我往返奔波，在華盛頓與奧克拉荷馬之間來來回回。在破產法審查委員會舉行聽證會時，我也必須飛到底特律、西雅圖、聖安東尼奧、聖塔菲等各個城市。

破產法審查委員會能見度最高的工作之一，就是舉辦公聽會。工作人員和我努力列出能平衡雙方出席者的名單，確保出席者有銀行業代表、消費者代表、保守派經濟學家、自由派經濟學家。然而，平衡的名單是一回事，公聽會能否維持公正是另一回事。剛開始，我以為公聽會的真正目的是讓全國人民有參與破產法修法公開討論的機會，但後來我才知道就算我們維持出席者名單平衡，公聽會現場往往會嚴重偏向一方。

舉例來說，無論我們是在哪裡舉辦公聽會，都有同樣的一批人固定出席。幾次之後，布蘭迪暗示我，那是因為銀行付錢給某些遊說團體，要他們到處跟著我們。相反的，申請破產的家庭當中，只有極少數會來參加公聽會。委員會首席顧問瑪莉莎・雅各比（Melissa Jacoby）努力想找更多破產申請人參加，但他們大都不願讓自己在財務上的失敗弄得世人皆知。

就算他們想來參加，大部分的破產家庭也負擔不起一天不工作的損失與交通上的花費。他們不像遊說團體有銀行當靠山，可以住豪華旅館，並負責一切開銷。因此，與會的破產家庭屈指可數，幾乎沒有人在公聽會上分享自身的經驗，讓外界看見他們面對失業與巨額醫療帳單的恐懼，看見現有破產法如何為他們帶來重新站起的機會。於是，那些說破產者「玩弄現行法律」的委員，從不需要和任何有慘痛經驗的人對質。

整個過程令我啞口無言。

按規定，美國破產法審查委員會的報告應該在一九九七年十月出爐，在此之前，委員們必須投票決定該向國會提出哪些建議。大家都沒有把握，氣氛緊張。瓊斯法官鼓吹我們向國會建議修法提高破產門檻，讓那些申請破產的家庭更難通過。還好，最後附議的只有四票。布蘭迪領軍的五名委員向國會建議繼續大張安全網，只微調一些細節。雖然這和當初麥克·希納爾答應我的三個願望差很多，但至少委員會的正式報告是站在弱勢家庭這一邊的。

將報告送交國會的那一天，典禮安排在華盛頓舉行。委員和工作人員幾乎全員出席，只有我沒去。好人贏了，雖然是一票險勝，但我已經受夠了政治操弄，再也不想忍受華盛頓的烏煙瘴氣了。

破產法審查委員會報告提交之後兩天，我飛回奧克拉荷馬。爸爸所謂的「惡化較慢的癌症」，擴散速度並沒有慢下來。

時候到了，爸爸要去找媽媽了

爸爸八十六歲了，他想待在家裡等死。在我一生中，我不記得他要求過我為他做什麼事，但他現在卻拜託我：「就讓我死在家裡吧！」

哥哥們和我同心協力，我們打電話給臨終醫院請求協助。我們劃分責任，確保準備好了所需要的一切。約翰和大衛每天都去照顧爸爸，而我則是一有機會便立刻飛回去。

我在郵購圖錄上意外看到以二次大戰飛機為主題的影集，我買下全套錄影帶送去給爸爸。我以為他看到這些老飛機會很開心，會指著這架那架回憶二戰時的故事，但他對這些舊事卻興趣缺缺，他只想談和媽媽有關的話題。

爸爸從沒對我們這些孩子透露，但我看得出來他很痛苦。他的呼吸時快時慢，每次要換床單或調整枕頭而移動他的身體時，他總會不由自主的呻吟出聲，然後馬上就叫我們放心：「沒事，我沒事。」

十二月時，唐雷德和我在同一個週末都回家看爸爸，四個孩子都在跟前，爸爸似乎決定該是離開的時候了。他握著我的手，告訴我他有多麼愛我，說我是那麼堅強，一切都會好轉起來。他對我說的最後一句話是：「時候到了，我應該去找你媽媽了。」他閉上眼睛後就一直沒再張開。不到一小時，他便走了。

安葬爸爸之後，我在悲傷中度過了好長一段時間。之後好幾個月，甚至好幾年後，只要看到或聽到什麼有趣的事，我就會想著待會兒要和爸爸分享，然後才猛然想起他已經不在了，整個人立刻陷入揪心的思念與哀痛之中。

我不再看球賽轉播。沒有爸爸，球賽也失去了吸引力。

兩年後，碧姨媽以九十八歲高壽在睡夢中過世。幾天後，我站在韋塔姆卡墓地，碧姨媽長眠在我左手邊，靠近墓園北緣，和我的外公、外婆及其他的舅舅阿姨一起葬在這個家族墓地。我的爺爺、奶奶和爸爸那邊的親屬則葬在我的右手邊，靠近墓園南緣的家族墓地裡。爸爸媽媽一起合葬在兩家墓地中心點的另一塊單獨墳地，他們在許多年前親自選了這塊地。我不禁好奇：當初他們反抗父母私奔，使得兩家人鬧翻，如今在另一個世界，是否還會有人在意？

布魯斯和我更寂寞了。布魯斯的家人，他的父母、兄弟、姊妹都住在我們家附近，每隔幾週都會有人過生日，節日時大家也會聚在一起慶祝。然而，我們曾經喧鬧的房子卻顯得如此安靜。我們的孩子長大成人，我的父母和碧姨媽全不在了。布魯斯和我比以往更常去健行，而小信總是緊跟在我身邊。我花在工作——教學、寫書、做研究——的時間也越來越長了。

你以為銀行業認輸了？不，他們只是換個戰場重來

破產法審查委員會的投票結果，表面上看來是美國家庭贏了，但我們卻高興不起來。因為很快的，銀行業就找到了另一個向國會施壓的新方法來順遂他們的意圖。

早在幾個月前，大銀行已經知道局勢對他們不利，破產法審查委員會可能不會提出他們想要的修改報告後，便迅速開闢了第二戰場。他們不等委員會的報告書出來，而是搶在委員會提交報告的一個月前（也就是一九九七年九月），就提出自己的修法版本，爭取國會議員支持。等到委員會正式提交報告，那份由銀行業起草的修法版本早就在國會中占了先機。

這個策略非常有效，雖然銀行業在和我們對戰時輸了，但他們成功掌握了話語權。在他們所描述的世界裡，國會得在「付帳單的誠實者」與「想賴帳的狡猾者」之間選擇，完全無視破產者所面

臨的醫療費用與失業所帶來的巨變。對所有陷入經濟困境的人，一切簡化為一個標準：你到底付不付你的帳單？

銀行業並未提議完全刪除破產保護。畢竟，破產保護早在美國獨立時就已經被開國元老寫進憲法，即使是大銀行也不敢妄想改變。他們想要的，是修改破產法，大量且大幅度的修改。他們提議修改的內容大都非常非常複雜，而將事情複雜化完全有利於銀行業。因為他們建議修改的枝節越複雜，媒體和大眾就越無法監督，銀行也就能以此為掩護進行他們真正想做的事。（幾年後，我看到銀行在向政府要求紓困時也使出相同的手法：躲在專業術語和話術後面，刻意將事情複雜化，以躲避公眾的檢視。）

一旦銀行所提出的修法版本（多達數百條細項修改）通過，經濟陷入困境的家庭要取得破產保護將會難上加難。它會讓拋棄債務的難度大增，同時聘請律師的費用也會大漲。需要的文件變得更多，要求的資格審查更嚴。它會讓一窮二白的人還要被追繳助學貸款，會讓帶著孩子生活的單親家長幾乎無法從深陷債務的前任伴侶那裡拿到小孩的撫養費（過去幾十年來，破產法特別照顧單親家庭，但是現在，信用卡公司打算擠開他們去搶前任伴侶所剩無幾的錢。到現在只要想起這件事，我仍會氣得咬牙切齒）。另外，新的法案將會給予討債公司永遠合法騷擾債務人的權利。

總而言之，銀行版的破產法草案會讓許多已經陷入困境的家庭過得更慘。就我來看，這個草案簡直臭不可聞。

就在我們絕望的時刻，甘迺迪意外登場

美國破產法審查委員會的工作結束後，我恢復了原本的生活，大部分時間都花在教書、研究以及回奧克拉荷馬與哥哥們相聚。幾個星期內，幾乎沒人再提起委員會的報告，反之，銀行業聘用的遊說團體看起來勢不可擋。

但是，我無法就這樣置身事外。現在每年都有超過一百萬個家庭申請破產保護，所以我選擇以我能力所及的方式繼續為他們奮戰：我開啟新的研究專題，和消費者團體對話，也為法官和律師演講。有時候接到媒體的電話訪談時，我也會盡力向他們解釋美國家庭所面對的威脅。

有幾個心志純良的盟友也開始反擊了，還有一群律師成立了小型後援會。包括美國消費者聯合會（Consumer Federation of America）、消費者聯盟（Consumer Union）、全國婦女與家庭夥伴關係（National Partnership for Women & Families）和美國勞工聯盟暨職業工會聯合會（AFL-CIO）等非營利組織也加入戰局，只不過大家的資源相當有限，何況每個團體為了捍衛所屬會員，本來就有自己的仗要打。據我所知，在這場破產保護的戰局中，我方甚至連一個領薪水的全職人員都沒有。

前後好幾個月，我們和銀行業的實力相差懸殊，看似完全沒有勝算。感覺就像在狂風暴雨中吶喊，卻根本沒人聽見我們在說什麼。

然而，就在絕望時刻，我們找到了救星。

時間是一九九八年四月十七日的星期五下午，地點離波士頓港不遠，就在我住家對岸，離我家不過幾里路。我要見的人，是素未謀面的參議員泰德．甘迺迪（Ted Kennedy）。他聰明年輕的首席顧問梅洛蒂．巴恩茲（Melody Barnes）聽了我的破產法演講，認為我應該來和她老闆見個面，便安排了這次會談。

幾分鐘之前，同樣聰明年輕的美國破產法審查委員會的首席顧問瑪莉莎．雅各比陪我一起走進約翰．甘迺迪聯邦大廈。我們搭電梯上了二十四樓，我不禁納悶，在一棟以自己被刺殺的哥哥所命名的大廈裡工作是什麼感覺。進了參議員的接待室，我才發現他每天面對的不只是大樓外嵌著哥哥的名字，他還把三位過世的哥哥——約翰、巴比及喬的居家照片都掛在牆上*。

泰德．甘迺迪參議員很忙，依照行程表，我們只能和他談十五分鐘。我知道我必須爭取時間講快一點，但是就在我們被領進辦公室後，參議員站起來歡迎我，馬上把我拉到房間另一頭的大窗戶前。風景美極了，一眼望去，鄰近的樓房、港口和大西洋盡收眼底。他告訴我他祖父母的故居在哪兒，看我一臉茫然，他開心又熱切地用手指敲著玻璃，說：「就在那裡——就在那裡呀！」他又指著另外幾棟大樓和地標，還表示現在的港口比以前乾淨多了。

---

*編按：喬是指小約瑟夫（喬）．甘迺迪，是甘迺迪四兄弟的老大，在一次轟炸任務中墜機喪生。巴比是羅伯．甘迺迪的暱稱，是甘迺迪四兄弟的老三，在競選總統期間遇刺身亡。

我相信他的幽默感和老愛爾蘭式的紳士魅力一定為他贏得無數訪客的歡心，他的笑聲是如此真誠，聽得出來他望著窗外這片熱愛的土地時，心裡確實充滿了歡欣。

最後我們坐下來，參議員拿起一本小筆記本。寒暄時間結束，現在該進入正題了。破產法是個很複雜的話題，雖然我事先做足了功課，帶來了一堆表格和圖像來輔助說明，難度依舊很高。參議員看起來不大自在，一臉等著要吞下苦藥的表情。當然，該做的他還是會做，只是他知道這不會是一件令人開心的事。

我看著他的表情，決定不用任何表格和圖像，只是平鋪直敘的告訴他關於高額醫藥費、裁員和惡意放款的事實。我告訴他，許多家庭因為財務問題和償還不出的債務而支離破碎。瑪莉莎和梅洛蒂也加入討論，談起為什麼破產法會是這麼多人可以依靠的最後安全網。

參議員仔細做著筆記，提出問題。一開始他沒有多說什麼，但在我講到我們蒐集資料時所遇到的人及故事，他插話的頻率越來越高，說話速度也變快，問的問題更多了。有時他會跳到我們還沒提到的部分，有時他會將話題帶到另一個方向，但無論我們談到什麼，他最後都會繞回來問勞動階級面臨的情況。然後，他要求看我帶來的圖表。

在此期間，他的助理不斷從外頭的辦公室進來提醒他要趕往下一個行程。他揮手示意她離開，然後繼續和我們一起探討問題。

沒多久，參議員夫人薇琪・甘迺迪（Vicki Kennedy）走了進來。參議員介紹我們認識，並向她解釋我們正在談什麼。她問了一些值得深思的問題，他則答應她很快就會結束。半小時後，她又走了進來，輕聲示意他們已經遲到了。

參議員不為所動，夫人一次又一次的進來提醒。她每一次的態度都很溫柔，但是顯然他們有其他行程，而且已經遲到許久了。

我們談了一個半小時後，參議員終於說：「好吧！教授，你成功了。我現在知道為什麼我們必須阻止銀行版的破產法修正案。」他停頓幾秒以強調的語氣說：「你得到我這一票了。」

他露出大大的笑容。我們兩人都心知肚明，每天都有人上門尋求他的支持，而他願意承諾支持我們，是非常不容易的一件事。

我停下來看著窗外的美景，然後說：「謝謝你，參議員，但我們不需要你的一票，我們需要的是你的領導，我們需要有人出來帶頭。」

在參議院裡，主導法案和附議支持是全然不同的兩回事——前者就像是主辦派對的主人，後者只是路過進來喝杯酒。主導法案者需要組織戰力、策畫戰略，知道什麼時候該交換條件，什麼時候該施加壓力。一個認真的主導者不僅要花費大量的心力，還需要投入大量的時間。不管是民主黨或共和黨，都已經有不少參議員站在銀行那邊，換句話說，我們的處境相當艱難。

甘迺迪參議員不發一語的瞪著我許久，他的熱誠絕對不是假的，但他看起來好疲倦。他雙眼腫脹，微微駝著背。他那時已經六十六歲，一直有背痛的問題。他已經當了三十五年的麻州參議員，奮戰過的法案可能比美國歷史上任何一位參議員都要多。

他將目光移向一個塞得滿滿的舊公事包，裡頭全是他當時手上還在奮戰的法案資料。那個公事包很有名——一個裝著他家庭作業的公事包，一個他為了研讀資料到深夜、每天都要背回家的公事包。他將目光移回到我臉上，又望向那個公事包。期間沒有人打破沉默。

最後他終於開口。「帶頭？」他問。

「這些家庭需要你。」我輕聲說道。接下來是更長的沉默。我試著控制自己的呼吸，讓它平穩下來。

他又停頓了一下，然後深深嘆了一口氣，說：「好吧！我答應你，我會盡力而為。」

我謝謝他，起身時他伸手拍了拍我的肩膀。薇琪．甘迺迪走回辦公室，她沒有抱怨遲到的事，當參議員跟她解釋他決定對抗破產法修正案時，她優雅的點了點頭。她說她知道這件事很重要，從她的表情可以看出她很擔心。瑪莉莎和我收拾好資料，快步走出辦公室。

我按下電梯，額頭抵在二十四樓接待大廳冰涼的不鏽鋼牆面，低聲啜泣。

我沒有和瑪莉莎擊掌慶祝，沒有為我們的成功大喊「哈利路亞」。我只是鬆了一口氣，心裡充滿了感激。

一直以來，我都覺得政治很骯髒，我看不起遊說團體，看不起用錢買通政客換取特權的私下交易，但是當我站在泰德．甘迺迪的辦公室外面時，我覺得自己彷彿被一股清流沖洗得乾乾淨淨。

我們長期處於劣勢，但是現在我們有了泰德．甘迺迪。我和他之間沒有任何政治上的牽連，我沒有承諾要捐一毛錢政治獻金，改善破產法制度對他下次競選連任不會有任何幫助。可是他不只答應要和我們一起抵抗銀行版本的修法，而且還願意在參議院主導這個議案。對我而言，這是極為重要的一刻。泰德．甘迺迪同意對抗大銀行和信用卡公司，願意挺身對抗一個糟透了的修法草案，他的唯一理由是這麼做是對的，這麼做才能幫到那些走投無路的勞動階級。

聰明的銀行業，一個「五百五十美元」的謊言

甘迺迪參議員信守承諾。他擬定策略，詳細計畫，遊說其他參議員，然後在時機來臨時，站在國會殿堂對銀行版修法草案全力反擊。

很快又有幾位參議員加入。伊利諾州的迪克．德賓和紐約州的查克．舒默（Chuck Schumer）是新上任的參議員，他們義無反顧的跳入主導；威斯康辛州參議員拉斯．芬格爾德（Russ Feingold）和明尼蘇達州參議員保羅．威爾史東（Paul Wellstone）剛開始第二任的任期，也是馬上答應幫忙。我可以想像他們每個人都很需要銀行的大筆政治獻金來應付花費極大的選舉，但是他們顯然不在乎。他們活力充沛、熱心誠意的加入我們的抵抗隊伍，對此我永遠感激。

為了打這場破產法戰爭，我跟原本也是大學教授兼自由主義者的威爾史東參議員熟稔了起來。

他在工作一天後，有時會打電話到我哈佛的辦公室，當時因為布魯斯回賓州大學教書，小信和我也就習慣在辦公室待到晚上。我一接起電話，他就會裝出如同舍監般的嚴厲口吻說：「教授，這麼晚了你為什麼還在工作？」而我的標準回答是：「參議員，這麼晚了你為什麼也還在工作？」

我們會大笑，然後開始談正事。他為人熱情又風趣，似乎有永遠用不完的精力，但是連他也改變不了情勢仍舊對我們不利的事實。所有的遊說團體、所有的媒體宣傳、所有的政治獻金，看起來都是銀行占盡上風，我們想不到任何方法可以阻止他們的鯨吞蠶食。

銀行業買盡了一切，甚至連數據都是買來的。銀行業主導了三個研究，對外宣稱這三者全是「獨立的」。每個研究的結論，都在強調修法的急迫性。在這些假研究中，殺傷力最大的一個謊言就是：現行的破產法讓每個努力工作、按時付帳單、奉公守法的美國家庭必須承擔五百五十美元的「損失」。這種毫無根據、捏造出來的數字，被媒體當成「事實」廣泛報導了好幾年。

這件事對我打擊很大。我花了近二十年的時間主導一連串的學術研究，兢兢業業的累積嚴謹的數據，為樣本大小、統計顯著性輾轉難眠，為的就是要確定我的報告完全正確。而現在，銀行不過開出一張支票，就能主導一個對他們有利的研究，花錢買數據，然後再買通新聞媒體大幅報導偽造的數字，並讓遊說團體把這些資料交給國會議員的助理。從國會殿堂到全國的報紙頭版，這些捏造出來的「事實」披上了「真理」的外衣，到處流傳。

這個策略和背後的惡意操控，讓我怒火中燒。同時，也讓我覺得恐懼。如果連破產的數據都可以用錢買，那麼誰知道他們下一步又要捏造出什麼？

破產法審查委員會的報告在一九九七年十月送達國會，接下來的三年，我們傾盡全力抵抗銀行業的攻擊，但是到了二〇〇〇年，我們再也沒有資源和銀行對抗，銀行版的破產法修正草案以極大差距在參議院和眾議院過關。幸運的是，至少柯林頓總統成了我們對抗銀行和信用卡公司的最後戰士。一九九八年，我第一次和希拉蕊碰面討論破產法。她在與我們會面後，宣布會為勞動家庭奮戰，抵抗「那個可怕的修法草案」。柯林頓總統原本承受來自銀行的巨大壓力，要他簽署法案，但是在他即將卸任的最後日子，在夫人的支持下，選擇站在掙扎求生的家庭那邊——他否決了這項修正案。

我們仍在努力，盡全力保護勞動家庭，即使只是再拖一點點時間，都好。

再一次絕處逢生，反墮胎團體救了破產家庭

在二〇〇〇年吞下敗仗的銀行業，這回在遊說和宣傳上撒更多錢。很快的，他們花在遊說上的金額創下歷史新高，遙遙領先其他行業，包括菸草商、製藥業，甚至石油巨賈。信用卡公司排隊等著拿錢給小布希當政治獻金，支持他選總統。

二〇〇一年，同一個法案看起來又會在國會過關，而現在白宮裡的小布希還承諾他會簽署這項

法案。前一次的選舉讓眾議院繼續被共和黨掌控，每一個共和黨參議員都準備好要支持銀行版的修正案，連民主黨重量級大老喬．拜登（Joe Biden）也是銀行版草案的主要支持者之一，還有多位民主黨參議員也跟他站在同一陣線。

銀行業者才不管國家正面臨嚴重的經濟衰退，也無視掙扎求生的百萬個美國家庭，他們只顧著施壓，而國會居然屈服了。銀行版本的破產法修正案最終在參眾兩院都過了關，在二〇〇二年底，經過協商後的最後一個修正案版本出現了。不幸的是，就在幾個星期前保羅．威爾史東參議員因空難喪生，我們不只失去了一個朋友，也失去一個關鍵推手。我們的長期抗戰看似沒有選擇的走到了盡頭。

到了此時，我已經對結果不抱任何期望了。從一九九七年起，我們和許多傑出的組織和人才結盟，成功保護了不少家庭倖免於難。我們打過一場偉大的戰役，但是現在看起來我們要輸了。

十一月中旬，我正在辦公室專心準備期末考的考題。電話響時，我嚇得跳起來。我拿起話筒，習慣性的先報上自己的名字，腦子裡還在想著期末考。

我聽到一個男人在電話那頭大聲嚷嚷，他上氣不接下氣的呼吸聲和叫聲混在一起，夾雜著很難聽的髒話。「我們給那些#＊&!!（消音）好看，誰叫他們居然敢招惹我們！」我心想：哇，這是我有生以來接到的第一通騷擾電話，居然發生在哈佛大學。嗯，真是世事難料啊！

我把話筒拿開，正準備掛上的那一刻，突然覺得對方的聲音聽起來非常熟悉，他的英語有個特殊的腔調。

於是我再度把話筒移回耳朵上，又聽了好幾秒，然後我說：「你是甘迺迪參議員？」

「對，對！」他對著電話大喊。「我們都在這兒，在參議院的休息室。我們成功了！我們把它擋下來了。我們贏了！你等一下，我讓迪克來說。」

德賓參議員接過電話，將整件事告訴我。戰況激烈，他說，但最後他們利用了一個意想不到的武器扭轉了局面。

什麼武器？墮胎。當時，正好有一群挺墮胎團體與反墮胎組織打官司，結果不但打贏，法官還要反墮胎組織支付總計超過一百萬美元的賠償金，但沒想到，反墮胎組織申請破產，使得勝訴的挺墮胎團體拿不到錢，法院支付命令也形同廢紙。這起案例讓大家開始討論：破產保護是否已遭到濫用？雖然反墮胎組織聲稱並無濫用破產法，但舒默參議員不同意，並在參議院版本的修正案裡增加了一條防堵類似行為的條文。這一來，打亂了銀行業者原本的如意算盤，引起極大的混亂。

當參眾兩議院的修正案進入協商時，原本兩黨已達成妥協共識，但最後關頭，共和黨眾議員推翻了共識，這一來使得外界都在看接下來的參議院，是否接受眾議院通過的修正案版本。結果，參議院穩住陣腳，舒默、甘迺迪和德賓分頭打電話，拉攏其他的參議員，最後得到足夠的支持，在不需要投票的情況下就否決了眾議院通過的修正案。

德賓參議員解釋完，又將話筒交還給甘迺迪參議員。他停止了大喊大叫，現在傳來的是他開心的笑聲。「我們成功了！」他說，聽起來彷彿他剛在美式足球賽場上達陣得分。

我們贏了，至少在這一刻。這次的勝利是複雜的政治利益下多方角力的結果，需要破產保護的家庭又能安全度過一陣子了。

別躲在遊說團體背後，有種就出來跟我辯論

銀行業者二連敗，但他們捲土重來，而這次投入更多資金，找來更多遊說團體。我們簡直像在和神話中的怪物作戰，砍下牠一顆頭，立刻又長出另外兩顆。

有一天早上，我接到一通全國性電視新聞節目製作人打來的電話。我先前接受過該家電視台不少次訪談，有時具名評論新聞，有時只是幫忙提供背景資料。我一直希望媒體能讓大眾注意到破產保護安全網的重要性，尤其是那些陷入困境的家庭。從製作人急促的語調，我聽得出來他認為這是我的絕佳機會。他問我是否願意參加節目，和一個銀行業者辯論破產法議題。節目進行中不會喊卡，有足夠的時間表達意見，可以直言不諱的討論此議題。

我緊張得胃都疼了──全國性的電視節目？我會不會搞砸？但換個角度想，我可以藉此讓更多人關注這件事。

我答應了。「對方是誰？」

製作人說他還不知道，不過一旦有了人選，他會打電話通知我。兩天後，他打電話來說一切都已就緒，然後告訴我對方的姓名。我問他是哪家銀行的人。

他翻閱資料後回答：「對方只說他是『銀行界代表』。」

我的怒火一發不可收拾，我告訴他我絕對不會和遊說團體的人辯論。我說如果他可以找到一個真正的銀行業者，願意上電視解釋放貸模式和其法律立場，我很樂意和他辯論一整晚，但是遊說團體的人就是不行。

幾天後他又打電話過來，這次他原本興奮的語氣不見了。他告訴我，他一家又一家的打電話給銀行，但沒有一家願意派代表參加辯論。大銀行裡有數不清的高階主管，卻沒有一個人願意在電視上捍衛自己的放貸模式，或解釋他們為什麼要花那麼多錢在華盛頓進行遊說。沒有，一個都沒有。

銀行業者的策略很簡單：不要負責，不要出面，只要繼續躲在幕後，花上好幾百萬美元指使「銀行界代表」在華盛頓遊說所有相關人士，收買媒體散播那個五百五十美元的謊言。

所以我拒絕上電視，從那時起也沒有人再找我和銀行家進行辯論了。我仍然把握住每次接受媒體訪問的機會，偶爾也飛到華盛頓在國會的調查委員會為複雜的破產法作證，但大多數時間，我都待在校園裡教書、做研究及寫作。

很多父母離婚，更多父母破產

二〇〇〇年代早期，泰麗・蘇立文、杰・威斯布魯克和我再次合作進行另一個與破產相關的學術研究。這已經是我們第五次蒐集這類資料，所以我本來以為我們的新發現不會引起太大的關注。結果，我錯了。

到了二〇〇一年，全美國陷入經濟困境的家庭數目多到令人吃驚：

・父母破產的孩子，比父母離婚的孩子更多
・申請破產的女人，比同年從大學畢業的女人更多
・申請破產的人數，比被診斷出罹患癌症的人數更多

用「大量」、「非常多」或「超級多」都不足以形容真正的數目。不管你選哪一個形容詞，問題都比你選擇的詞彙更加嚴重。

當時的情況不再是「任何人」都可能破產，而是有小孩的家庭風險特別高。更準確來說，雖然老年人和沒孩子的人申請破產的數目也創下歷史紀錄，但我們的新發現更驚人的是：有沒有孩子居然成了一個家庭是否會破產的最佳指標，而且這裡指的不是那些教育程度不高、找不到工作的貧窮

單親媽媽之類的家庭。在原本普遍被視為穩定的中產階級家庭——父母雙方都有全職工作，或是在不幸發生前，父母雙方都有全職工作——申請破產的人數如野火燎原般蔓延。

於是，我再次感到痛心，而且這次比過去還痛。以前，我想探討的是為什麼人們會破產？現在，我的問題是：我們國家怎麼了？為什麼會有這麼多人走入困境？為什麼生養小孩會成為家庭經濟的未爆彈？

當時，艾力克斯和艾蜜莉雅都已長大成人。二十五歲的艾力克斯是個經驗豐富的電腦專家，他設計資料庫，也為軟體修正問題，做一些我完全不懂的工作。他即將搬到洛杉磯，住在姊姊家附近，享受加州陽光。

艾蜜莉雅已到而立之年，她和從北印度小村子來美國念研究所的優秀青年蘇希爾．泰吉（Sushil Tyagi）結婚，生了一個名為奧塔維亞的可愛小女娃。我和艾蜜莉雅之間的關係徹底改變，我不再是阻止她享受人生的控制狂媽媽，現在她才是有小孩的職業婦女，而我已升級為「知道怎麼照顧嬰兒的智者」。

二〇〇一年，我趁著哈佛放暑假到加州幫艾蜜莉雅照顧寶寶。奧塔維亞是個壞脾氣的小女生，我抱著她坐在搖椅上一直搖一直搖，就在搖來搖去的這段期間，我愛上了她，而且是徹徹底底、毫無保留的愛，彷彿被流星砸到頭，整個人往後翻倒、眼冒金星的那種愛。其實那種感覺和愛自己的孩子很像，但還要更美好。因為只有純粹的愛，沒有了責任和負罪感，也不用擔心自己是否能為她做出正確的選擇。當了媽媽的艾蜜莉雅可能會是個焦慮的職業婦女，但我只需要很單純的愛這個小寶寶就行了。奧塔維亞給了我機會，讓我品嘗到這輩子從來沒有感受過的純粹喜悅。

到了該回家的時候，我幾乎割捨不下。我的臂彎渴望那個小東西的溫暖，於是我一次又一次的來回東西兩岸。在某次旅途中，我向自己承諾，總有一天我會找到方法成為這個小女孩生命裡一個伸手可及、實實在在的一部分。

破產了？那一定是你亂花錢啦……Really？

艾蜜莉雅和我聊了許多，有時也會談到我的研究。在我頻繁造訪的初期，我拜託她幫我找一些與破產相關的政府資料。艾蜜莉雅原本在諮詢界裡數一數二的大公司麥肯錫上班，後來和朋友一起創業。她說她最喜歡的就是跟數字有關的工作，果然，她很快就提供了許多有意思的洞見。有一天，我們一邊忙著處理小寶寶下巴的紅疹一邊討論數據，突然心生一個想法：我們應該合寫一本書。

布魯斯認為這個主意太瘋狂了，他對我們母女無法和平相處超過一頓飯時間的記憶猶新。他不明白我到底在想什麼？況且，母女一起寫書不是身為哈佛教授該做的事。身為教授只應該和其他教授一起寫無聊的書，而且還要至少列出一百萬條幾乎從來沒人會去讀的註解。

可是對這題材來說，艾蜜莉雅代表的是一個很重要的元素。現在的我已經是「上一代」了，她才是真正的青壯年。我們以自己的生活經驗擬定這本書的架構，比較兩代中產階級的生活。背景分別是一九七一年和二〇〇一年，也就是我們母女二人分別成為母親的那一年。三十年，是一個世代，就在這三十年間中產階級的世界發生了天翻地覆的變化，如何發生的？那就是我們想和大家分享的故事。

艾蜜莉雅還有另一個其他人做不到的優點：她是唯一一個敢直視我的眼睛，冷靜的說「媽，你不大好笑」的人。她到現在還是如此。我在嘗過不少苦頭之後，才明白要和女兒一起工作需要很大的勇氣。

我們倆下定決心，開始投入這項計畫，最後出版了《雙薪陷阱》（*The Two-Income Trap*）一書。我們以一個最根本的問題揭開序幕：為什麼有這麼多家庭申請破產？每個所謂的專家都會告訴你，他們之所以會破產是因為買太多東西。名牌運動鞋、整櫃的衣服和微波爐，就是這些東西將中產階級推入負債的深淵，都被「揮霍的欲望」宰制了。

對於這些傳統看法，艾蜜莉雅採取的策略是正面回擊。在這三十年中，政府蒐集了關於家庭消費的各種資料，從冷凍魚塊到寵物飼料到小男孩的睡衣，五花八門，無所不包。艾蜜莉雅挖掘出所有的相關資訊，發現數字完全不支持傳統看法描繪的故事。以最常被舉例的買衣服來說，即使我們把耐吉球鞋和名牌太陽眼鏡全算進去，美國四口之家在二〇〇一年的平均衣飾消費還是比上一個世代少（已計入通貨膨脹）。那麼，食物呢？即使我們加上外食消費、星巴克咖啡和現榨果汁奶昔，家庭在食物上的平均消費水準同樣比三十年前低。

這並不是說，現代家庭不會亂花錢。比起以前，現在的美國人在電視、付費頻道和家用電腦上多花了不少錢，但是花在家具和家電（包括微波爐）上的錢比上個世代來得少，這一加一減，足以互相抵銷。其他方面也有同樣的消長情況，例如現代家庭在機票上的支出比上個世代多，花在乾洗上的錢較少；多了手機費用，但少抽菸；寵物花費較多，但花在地毯上的錢較少。將一切彙總後，我們發現艾蜜莉雅這一代的中產階級，零散花費其實和我們這一代沒有太大差別。只是她這一代的中產階段朝不保夕，而我這一代的中產階段卻是穩定、舒適且日漸成長。

夫妻倆努力打拚，卻仍爬不出雙薪陷阱

所以，問題到底在哪裡？薪水不漲是原因之一。在二十世紀的大部分時間，工資穩定上升，但是從一九七〇年代開始薪水就開始停滯不前。對中產階級而言，薪水（已計入通貨膨脹）凍漲已經持續了整個世代。

如果其他的條件維持不變，這一代的中產階級可能可以安然過關，不會比他們的父母有錢，但也不會比他們的父母窮到哪裡去。然而，其他條件並沒有維持不變，因為維持生活的必須費用，比如健康保險和教育費用都漲了不少。

住的問題更讓情況雪上加霜。數百萬個家庭都做了兩世代以前我父母會做的事——他們擠出最後一毛錢去買好學區的房子，但他們擠出的「最後一毛錢」和他們祖父母那代不同。因為銀行業不再受到法律約束，我父母那代貸款時所需要的嚴格信用審查，就像恐龍一樣絕跡了，前期優惠利率、只還利息貸款、零頭期款等各式各樣的新產品如雨後春筍紛紛冒出，許多家庭以為這是天賜良機，是把兒女送進好學校或搬進好社區的好機會，於是馬上咬餌上鉤。

買房子的感覺，是如此充滿希望，但是當這麼多錢全流入房市，房價也迅速攀升，讓原本不想冒險的家庭別無選擇：如果不向銀行巨額貸款，就永遠買不到房子。有人說很多中產階級打腫臉皮充胖子，花大錢買假豪宅，但事實證明這也是沒有根據的指控。大部分中產階級家庭的居住面積只比他們的父母那一代大一點點，但屋齡往往要老舊許多。那些又大又新的豪宅，仍然是富豪特權。

隨著家庭財務越來越吃緊，婦女們的選擇都跟我當初一樣：外出工作。不同的是，我當初出來工作是因為我想工作，而現在的婦女卻是不得不工作。

單一收入來源的家庭發現，他們自己越來越跟不上其他人，即使幸運的擁有兩份收入也時常不夠用。平均來說，現代的雙薪家庭在付了房貸、健保、保母費、幼稚園或大學學費之後，每個月所剩的錢比上一代的單薪家庭還少。艾蜜莉雅和我把這種情形稱為「雙薪陷阱」，中產階級家庭都深陷其中，找不到可以逃離的方法。

陷入這種陷阱的家庭，必須做出一些困難的抉擇，首先便是放棄存錢。在我還是個年輕母親時，單一收入家庭平均會將薪水的一一％存起來。到了二〇〇一年，即使許多家庭擁有兩份收入，但平均的存錢比率卻趨近於零。

有些家庭會更努力工作、更精打細算來度過難關。如果一對夫妻可以想辦法送孩子上大學（現在的學費是父母那代的三倍），那麼他們可能還可以擠出頭期款買房子，最後手頭還會剩下一點點錢可供退休養老。

但如果出了差錯，遇上什麼意料之外的事，災難便會像推倒骨牌一樣接踵而至。例如被裁員、長時間失業或生重病，家庭馬上面臨財務危機。他們沒有儲蓄可當後援，而且吃掉薪水的每月固定開銷就是這麼多，即使想減少開支，也幾乎找不到空間。他們無法在爸爸找到新工作前暫時不必繳房貸，該繳的健保費用也無法在這段期間暫時減半。他們動彈不得，在陷阱裡求助無門。

艾蜜莉雅和我把《雙薪陷阱》草稿的前幾章送到出版社，他們似乎很喜歡，但又認為內容太令人沮喪。誰會想看一本這麼絕望的書？輕快點吧，正向點吧，最好讓讀者看了會覺得還有希望！

我們努力試過，但我覺得這就像要在喪禮上講笑話一樣困難。

更糟的是，其實我們送出去的書稿還沒寫到真正讓人沮喪的部分。我們還沒有給出版社看到這本書最令人難過的內容：一旦沒收入，中產階級家庭就只能舉債度日，信用卡債越積越高，越欠越多。今天，小額短期貸款的廣告到處都是，就算利息極高，需要錢的人照樣難以抗拒。這種貸款只要一次沒有付款或者遲還，帳單就會立刻驟增。結果呢？十年內有一千五百萬個家庭申請破產，苦撐中的家庭更是不計其數。從一九九〇年代中期到二〇〇〇年代初，法拍屋的數目也開始攀升。只需要配上《大白鯊》的背景音樂，這本書就足以變身為恐怖片。

為了寫《雙薪陷阱》這本書，我花了好幾個月做研究，得到的是相當不樂觀的結論：中產階級家庭正在崩壞。國家今日的繁榮是由我父母那種人打造出來的，他們了解會遇到的困難和衝突，他們努力奮鬥，決心為他們的孩子提供更好的環境。但是中產階級並不是堅不可摧的，我感覺自己就像在目睹一棟原本堅固的房子慢慢崩塌，窗戶破了，屋頂垮下來了。

這不是一個快樂的故事，相反的，這是一道警鐘，提醒大家美國正走向可怕的錯誤方向。寫完那本書後，我不由得感到憂心忡忡。

中產階級活得水深火熱，總統到底知不知道？

顯然，憂心的人不只有我。原本艾蜜莉雅和我寫書時，對象是那些對政府政策有興趣的小眾市場（畢竟我還是哈佛教授，光是註釋就有五十頁），但《雙薪陷阱》在二〇〇三年九月出版後，立刻受到大眾矚目。《新聞週刊》（*Newsweek*）以三頁篇幅探討我們的書，還刊登了一張艾蜜莉雅在她家後院的照片。晨間電視節目《今日秀》（*Today*）邀請我去談這個陷阱。不到一週，哥倫比亞廣播公司新聞、《波士頓環球報》（*Boston Global*）、全國公共廣播電台（ＮＰＲ）和美國有線電視新聞網（CNN）都報導了這本書。《雙薪陷阱》出版兩週內所引起對美國家庭財務安全的關注，遠遠超過我十年來為破產法的奮戰。

我認為機不可失，藏在心裡那個樂觀主義的我，突然相信這是我進一步改變現狀的大好時機，於是我試著和幾位有意在二〇〇四年角逐總統大位的候選人聯絡，包括佛蒙特州前州長霍華・迪安（Howard Dean）、參議員約翰・愛德華茲（John Edwards）、韋斯利・克拉克（Wesley Clark）上將和參議員約翰・凱瑞（John Kerry）。我也請求在共和黨裡很吃得開的哈佛同事幫忙，詢問他能否安排我和布希總統的幕僚見個面。

我的計畫是把書送給他們，告訴他們關鍵事實，提出政策建議，然後祈禱會有效果。在我的想法中，我會有足夠的時間和他們深入討論政策，不像我和甘迺迪參議員第一次碰面時那麼匆忙。我想談的不再只是破產法，我要談關於中產階級家庭資產負債表的嚴重失衡，我想要我們的領導人知道美國的中產階級家庭正處於水深火熱之中，而且柴火還越燒越旺。

回憶當年，我對競選公職要承受的壓力完全不了解。要求他們先看完我的書，然後花上好幾個小時和我討論政策？顯然，我當時真的是什麼都不懂。

二〇〇四年初，我正在機場等候通關時，手機響了。來電顯示的名字是約翰・愛德華茲。他說他看完了《雙薪陷阱》，想和我討論。我一手拉著行李，一手拿冰紅茶，肩膀夾著手機，緊張得失手將背包掉到地上。背包的拉鍊沒拉上，所以我只好一邊和愛德華茲參議員講話，一邊蹲在地上撿拾我散得到處都是的各式物品。參議員顯然從《雙薪陷阱》接收到我想要傳達的概念，他似乎也花了很多時間去想應該怎麼解決問題。

我們不是輕描淡寫的聊，但也稱不上詳細，可是還不壞。接下來幾個月，愛德華茲參議員又打了好幾通電話過來，除此之外，其他總統候選人的幕僚也都有回電給我。

數個月後，約翰．凱瑞在二〇〇四年四月的一次集會中提到美國家庭的改變，並且推崇《雙薪陷阱》是「真實描述美國家庭改變狀況的一本好書」。對我來說，那真是個不可置信的時刻。凱瑞參議員被認為是民主黨最有可能出線的總統候選人，也許他真的能登上大位，並推動重建中產階級的政策。一切看來都有可能。

但凱瑞輸了，而且我沒和白宮任何人見到面，連個小助理也沒。大選後，銀行版的破產法修正案再次捲土重來，在國會裡一路往前衝。這回，政治獻金成了重要影響因素。小布希第一次競選時，最主要的金主是美國最大信用卡發卡機構ＭＢＮＡ，二〇〇四年競選連任時也是如此，而全美國各地的中產階級家庭，仍舊困在水深火熱的陷阱裡。

傻乎乎的你，拿自己的房子當賭注

既然《雙薪陷阱》一書引起主流媒體的注意，我決定把握機會讓更多人聽到警訊，並大力宣傳書中的幾個主要概念。所以當費爾．麥格羅（Phil McGraw）醫師邀請艾蜜莉雅和我上他的談話節目時，雖然我不大確定要談什麼內容，還是決定接受邀請。

攝影棚裡，人人來去匆匆，有人掛著對講機說話，有人抱著一堆衣服，有人大叫著要人幫忙。艾蜜莉雅和我被領到一個有超大鏡子的小房間，鏡子周圍和洛杉磯機場的飛機跑道一樣掛滿明亮的燈泡。有人走進來宣布艾蜜莉雅的襯衫「顏色不對」，塞了一件全新的上衣在她手裡，直接下令：「去換！」然後，她就再也沒看見自己穿來的那件襯衫了，我們猜想它到現在大概還掛在攝影棚的某個衣櫃裡頭。

大約一小時後，有個年輕的女孩來敲門，催促我們：「換你們了！換你們了！快點！快點！」她對我們拍拍手，我很好奇她是不是每句話都一定要說兩遍。

她領著我們走到冷死人的後台，我聽到震耳欲聾的音樂聲，還有比音樂更大聲的主持人在炒熱氣氛。「你們喜歡這裡嗎？喜歡嗎？」有人對著麥克風尖叫。

幾分鐘後，我走進觀眾群，和艾蜜莉雅一起坐在第一排。當費爾醫師上台時，我跳起來和其他人一起拚命鼓掌。

費爾醫師先訪問一對陷入財務困境、試圖以房貸二胎重新站起來的夫妻，最後費爾醫師叫我的名字，問我對他們的決定有什麼看法。突然間，所有的目光全集中在我身上，攝影機也轉過來對著我，我知道就是這一刻——可以把有用的資訊傳達給廣大觀眾的一刻。我的心臟在胸膛裡狂跳，鎂光燈照得我快瞎了，但是我已經知道自己想說什麼。

我說，利用房貸二胎來還債就像「以你的房子為賭注在玩輪盤」，是「任何一位屋主所能做出的最糟糕決定」。

費爾醫師追問，為什麼大銀行要那麼努力的說服大家，用房貸二胎來整合債務？我回答：

費爾醫師，因為他們就是靠這種手段賺錢的。讓這類家庭欠下更多的債務，銀行才能賺錢。你不向他們借錢，他們就賺不到錢，所以他們只想不斷洗腦消費者，把房子放在輪盤上賭是一件多麼聰明、有智慧和安全的事。

攝影機轉回到舞台上，全場觀眾再次熱切盯著台上的費爾醫師和那對夫妻。我總算能鬆口氣，眨眨眼。

談話節目繼續，我把握機會又說了幾次話，但重點都是同一個：以債養債也許可以暫時解決家庭財務問題，但往往會造成災難性的後果。

艾蜜莉雅和我在節目結束後站起來，我忍不住微笑。我在這個議題上已經努力了二十多年，每一年，我總是盡全力奮戰，做研究、寫論文、接受媒體訪問，甚至還試著給總統參選人（或是給總統參選人的幕僚）提建議。現在，只是在費爾醫師談話節目裡講幾分鐘的話，我就可以接觸到超過六百萬名的觀眾，造成的影響可能比我當教授一整年還有用。雖然我仍在華盛頓為破產法努力不懈，但是情勢相當明顯，我們已經沒有勝算。每天都有家庭深陷泥淖，但華盛頓卻有太多人選擇站在有錢有勢的一方，而我剛才給了六百萬人我所能給的最好忠告，或許那才是促成改變的好方法。

錄影結束後，費爾醫師派人帶我去他的辦公室。費爾說他很喜歡《雙薪陷阱》，而且他認為我們的論點是對的：努力工作的人們正在腹背受敵。我微笑以對，但他的讚美也僅止於此。他顯然認為，那本書是寫給對政策有興趣的書呆子看的，對那些真正陷入財務問題的人沒多大幫助。這下，我笑不出來了。

然後他給了我一個忠告：再寫另一本書，一本能讓大家拿來用的書。

於是，我寫了。

就算政府不幫你，你也別把父母當提款機

艾蜜莉雅和我立刻開始動筆，但是生活裡有太多瑣事，死神也偏偏挑這個時候來造訪。二〇〇三年，吉姆．華倫得了肺癌，幾個月後去世時只有五十八歲。和他離婚以來，我頂多見過他十來次，對於他的英年早逝我仍深感悲痛。而對艾蜜莉雅和艾力克斯來說，失去父親更是沉重的打擊。

幸好，隔年我們有了振奮人心的好消息，艾蜜莉雅又懷孕了。這讓我倆更有動力完成新書，就

在艾蜜莉雅的預產期前，我們完成了初稿。

《你所有的價值》（*All Your Worth*）是一本讀起來很愉快的書，裡頭充滿了積極樂觀的忠告，教導你如何掌控財務、保障未來。老實說，這本書誕生時的大環境並不怎麼前景光明，每天都有家庭陷入財務深淵，而華府卻卑躬屈膝的忙著服務有錢有勢的人。我對局勢很絕望，不認為有什麼事能帶來改變。

我們在第一本書裡已經列出許多華府可以拯救中產階級的政策，但在寫《你所有的價值》時，我們的假設是：如果華府不打算施以援手，你能夠做什麼來保護自己？上一代的人如果努力工作、奉公守法，只要不是毫無節制的亂花錢，結果都不會差到哪裡去。現在，卻再也不是這樣了。如今的遊戲規則已經改變，人們必須學會一套新方法，而且越快越好，才能保護自己和家人。

在我看來，努力工作的人掙扎著求生存，而銀行業者卻把每一個朝不保夕的家庭當成獵物，在他們身上畫上箭靶。我想教導他們，如何蹲低躲伏、聰明對戰，好好照顧家人。

為了達成目標，我們創造了一條公式來幫助人們為「必要支出」（房貸、保母費、水電費之類）、「欲望」（多買一雙鞋、一杯星巴克的拿鐵或一次度假等）和「儲蓄」設立預算。我們稱這套策略為「財務平衡」，我們不是要大家省下每一分不必要的花費，人生太短，怎麼能完全沒有樂趣？相反的，我們協助大家評估自己的財務狀況是否穩健，如果答案是否定的，我們提供策略來幫助大家縮減花費。我們同時建議有債務問題的人應該剪掉信用卡，重回傳統現金交易的懷抱。我看過太多大銀行勸誘客戶借錢的例子，深深明白負債有多危險。我希望這本書至少能幫助幾個人清償債務，遠離負債。

並不是說出版了這本書，我就成了第二個蘇西．歐曼*，但我很享受寫這本書的過程，而且直到現在我偶爾還會收到讀者來信告訴我，這本書為他們帶來了實質的改變。

> 到目前為止，只要在經濟上出了問題，我就回去找我的父母。我不只將他們當成提款機，還把他們當成繼續忽視自身財務狀況的藉口……可是現在，我終於覺悟了。這個月，我們提早四天繳納貸款，而且每個月都有餘錢加速償還信用卡的借款。要做到財務平衡並非一蹴可幾，這大概是最難接受的事實，但只要持之以恆，終會有走到目標的一天。

有時我會收到讀者來函，描述他們悲慘的故事，但大多數的人都會在信裡告訴我他們如何展現決心，而且不再盲目樂觀。

《你所有的價值》上市後不久，艾蜜莉雅和蘇希爾的美麗小女嬰拉維妮亞便誕生了。我們家的這個新成員喜歡人家抱，也讓我好好善用了那張加州搖椅。在夜深人靜的時刻，我常將拉維妮亞抱出嬰兒床，在黑暗中抱著她輕輕的前後搖晃。不是因為她想要我抱，而是我想要抱她。

那年年底我們得到另一個好消息：哈佛大學聘請布魯斯回來當教授。他很喜歡賓州大學，但我們不想再分隔兩地，都希望他能回到我們麻州的家。我們如今已經在離法學院只隔兩個街區的老房子安頓下來，這樣的距離恰恰好，即使下著大雪，布魯斯、小信和我還是能每天走路到法學院。

至於我在哈佛的工作？我繼續主導新的研究專題，在學術刊物上發表論文，但現在我的精力放在更多不同的方向。我不知道《你所有的價值》能否真正激勵人心、造成大改變，但至少我已經找到另一個幫助更多人的方法。

最後，我們還是輸了，徹底輸了

二〇〇五年春末，需要強而有力的破產法保護的美國家庭，終於用光了所有的運氣。參眾兩院以壓倒性票數通過了銀行版破產法修正案，經小布希總統簽署後完成立法。

在投票前兩個月，多年前我的學生送我的愛犬小信死了。我很傷心，對布魯斯說：「不要再養狗了，牠們死亡帶給我的痛苦太大了。」布魯斯抱著我，什麼話都沒說。不過那年夏天，他還是帶回來一隻名為「奧蒂斯」的小黃金獵犬。牠的腳大得驚人，一進屋便跌跌撞撞的找到中央空調在地

＊譯註：Suze Orman，著名的理財天后及節目主持人。

板上的排氣孔，毫不猶豫的躺下來，姿態極為舒服，彷彿牠是為了睡午覺才出生的。

好吧！布魯斯又帶回來一隻狗，我認了，但這一次我絕對不要再愛上牠了（最好是啦）。

新版的銀行法在二〇〇五年秋季生效，超過兩百萬個家庭在那一年趁著新法上路前湧入破產法庭，以免失去最後也是最好的保護。不用說，當新法實施，破產申請的案件數大幅下降。如今，陷入困境的家庭得到的協助變少了，貸款業者終於等到他們夢想的成果。

傷害破產家庭的，不是哪一項特定的新法條，而是無數小地方——例如更複雜的法條、更多必須準備的文件。如今，單親媽媽得到的幫助更少，也更難追討小孩的撫養費。申請破產的費用暴增，有些人仍符合條件，但有些人卻被拒於門外。有些債務得以免除，有些卻不行。有些律師再也不接破產案件，而繼續承辦的律師則調高費用，因為複雜的法律需要更多時間投入，他們索取的律師費也往往高得嚇人。新的破產法修正的有百處以上，各種大大小小的修正全都為了同一個目的：榨乾已陷入困境的家庭，提高大銀行、信用卡公司、汽車貸款公司和其他已經很賺錢的企業利潤。

與此同時，銀行業者在宣傳上也大獲全勝。新法實施之後，很多人以為破產保護已經被完全取消，許多家庭誤以為不管他們有多大的麻煩，都再也得不到任何幫助。討債公司利用這個誤解，告訴大家現在尋求破產是「非法的」，如果他們想利用破產保護躲避債務，國稅局就會來查他們的稅。這當然是謊言，但是聽在一個不熟悉法律又一天到晚被討債公司騷擾的人耳中，大概就會不疑有他的相信了。

所以，本來應該申請破產卻沒有動作的那五、六十萬人後來怎樣了？沒有人知道。可能有人重新站了起來，雖然我不知道背負著巨額債務要怎麼做到這一點。可能有人將褲帶勒得更緊，放棄健康保險，甚至不敢再帶孩子去看病。可能有人為了躲避討債公司的騷擾，絕望的停掉電話服務。可能有人轉入地下經濟，打零工收現金，以避免薪資被債權人拿走。可能有人原本能保住房子，如今房子卻被銀行拿去法拍。可能有人放棄取得大學學位的夢想，有些單親媽媽認為不可能從破產的前夫那兒拿到積欠的小孩撫養費，所以搬回父母家或乾脆自己申請破產。可能有人收掉他們的小生意，因為失去重新開始的機會，他們的小生意再也不可能起死回生。

心情開朗的日子，我說服自己，我們的努力將銀行業迫害美國中產階級家庭的時間推遲了將近十年。從柯林頓總統指派麥克．希納爾成立破產法審查委員會到修正案終於過關，這期間好幾百萬個家庭申請了破產保護，得到喘息的機會。但是心情不好時，我不禁會想，其實這場遊戲從一開始就不公平，勞動家庭根本沒有一搏的機會。到頭來，大銀行終會獲勝，他們的權勢實在太大了。

即使一路上，我們得到泰德．甘迺迪、迪克．德賓、查克．舒默、拉斯．芬格爾德、保羅．威爾史東等無私參議員的幫助，我們還是輸了。即使我們謹慎做研究，有好多數據顯示美國家庭正在遭受迫害，我們還是贏不了。即使美國退休協會（AARP）、全國有色人種協進會（NAACP）和其他好多團體都站在我們這邊，我們還是贏不了。即使是在民主社會，有好幾百萬人支持，我們還是輸了。事實上，我們輸得很徹底。到最後，銀行版的破產法修正草案在參議院以七十四票比二十五票過關，而在眾議院則是三百零二票對一百二十六票，比例懸殊。

這一次和巨人對抗的大衛，被自己射出的石子貫穿了喉嚨。當時的我傷心難過，如今回想起來一樣難受。

破產法之戰，永遠改變了我。雖然在打這艱難一役之前，我已經看見中產階級遭到的不公平待遇，但這場戰役讓我更深深明白戰場有多麼傾斜，中產階級所遭受的迫害完全是人為操弄的結果。

這一仗，我們被打得潰不成軍，但戰爭尚未結束。人們仍繼續被剝削，債務越積越多，銀行壓迫的手段也越來越不留情。

接下來幾年，我不斷尋找反擊的辦法。我聯合了幾個教授，開始針對新破產法所帶來的影響進行新的研究。壞消息是我必須更新《雙薪陷阱》書中的所有研究數據，而更壞的消息是這一次艾蜜莉雅沒辦法幫我，她再度出來創業，而且要照顧兩個年幼的女兒，已經忙得分身乏術。我出手相助幾個大訴訟案，後來為了幫石棉受害者爭取更多賠償，官司還打到最高法院（我只是副手，真正站起來對法官陳述的不是我）。我寫了更多關於美國中產階級家庭崩塌的論文，也開始寫部落格，發表自己的文章，並邀請我的學生參與。我參加由美國聯邦存款保險公司（ＦＤＩＣ）總裁希拉・貝爾（Sheila Bair）組織的委員會，幫助低收入家庭取得收費更合理的銀行服務。

最困難的一點，是找到真正能阻擋這一切的方法。我既忙亂又憂心，無數跡象顯示毀滅性的災難即將發生，但我卻無力阻止。

| 第3章 |

報告總統，你們救錯人了

逼他講白話文，就會發現他在糊弄你

二〇〇八年十一月十三日星期四傍晚，金融風暴席捲全國，宛如颶風，一天比一天更可怕強勁。沒有人知道下一個被沖上岸的殘骸會是什麼。

十分鐘後，三十個飢腸轆轆的法律系學生就要來按門鈴參加一場非正式的討論會，邊吃晚餐邊討論畢業後的生涯規畫。

門鈴響了，我開門讓捧著不鏽鋼盤子的外送服務生進來，屋子裡頓時充滿了烤肉的香味。我已經事先烤好了四盤白桃餡餅，冰紅茶也準備好了。門鈴聲驚醒了找好位置準備再睡回籠覺的奧蒂斯，當初的小毛球現在體重超過百磅，四溢的烤肉香徹底趕走了牠的瞌睡蟲。牠一邊流口水，一邊繞著外送服務生打轉。可憐的年輕小伙子對這隻突然出現的龐然大物顯然有些害怕，我忙著開支票好讓他離開，這時電話響了。對方的聲音很小，自稱是「哈利・瑞德」（Harry Reid）。

我聽得不是很清楚。「誰？」我問。

「呃……哈利．瑞德。」他停頓了兩秒鐘。「美國參議院多數黨領袖。」

「喔。」

要我擦地板或舔信封都行，但我的任務是……

瑞德參議員沒浪費時間寒暄，沒有「你好嗎？」之類的廢話，立刻切入重點。美國正陷入危機，他要我去華盛頓，幫忙監督財政部處理銀行紓困案。

我不知道他心裡到底怎麼想，也不知道我能做什麼，但每個我認識的人對經濟和國家面臨的險境都異常恐懼。我不記得我見過瑞德參議員，我真的不知道為什麼他會找我。但是，既然他打電話來了，就表示他認為我能幫得上忙，於是我答應了。我沒問任何問題，也沒有談條件，當下就應允了下來。

十三年前，麥克．希納爾打電話要我在美國破產法審查委員會幫忙。三年前，國會通過銀行版的破產修正案，破壞了經濟陷入困境家庭的安全網。我在華盛頓的時間讓我對那個地方沒有好感，但這回情勢緊急，金融體系全面崩塌，千百萬個中產階級的家庭正在受苦，所以即使瑞德參議員要我做的是擦地板或舔信封，只要能幫上忙，我都會答應。況且，我認為在緊急狀況下，華府的人會通力合作找出方法解救被金融危機害慘的民眾，而不會再將政治考量擺第一。所以，如果瑞德參議員需要我，我就該回華盛頓。

學生如蝗蟲過境吃光烤肉後離開，我立刻打電話給布魯斯，他出城和一群歷史教授開學術研討會。奧蒂斯懶洋洋的張開四肢躺在地板上，圓鼓鼓的肚子裝滿了學生們偷偷餵牠的烤肉和玉米麵包。我戴上電話耳機，穿上白色長圍裙，一邊和布魯斯通話，一邊洗碗。

我告訴他，瑞德參議員要我參加國會任命的一個五人紓困監督小組（Congressional Oversight Panel, COP）。這名字實在是太棒了*，我在想不知道他們會不會給我警徽和手銬。嗯，手銬大概不可能，但是至少可以給我一枚警徽吧？

國會在六週前以幾近恐懼的心情通過「問題資產救助計畫」（Troubled Asset Relief Program, TARP），授權政府以七千億美金挽救金融體系。在通過問題資產救助計畫的同時，國會也成立了負責監督財政部如何使用這一大筆錢的五人紓困監督小組。

「這實在太棒了。」我告訴布魯斯。「我等不及要和財政部的人見面，討論他們使用這筆錢的計畫。也許我應該明天就向哈佛請假飛到華盛頓。」我興致高昂，蓄勢待發。想到自己可以幫得上忙，感覺真好。

---

*譯註：五人紓困監督小組的縮寫COP，正好是警察的意思。

布魯斯不愧是布魯斯，為我的興奮而開心，但比我冷靜多了。「我在報紙上沒有讀到任何關於監督小組的報導。」（布魯斯是老派人，到現在還是每天攤開報紙看新聞。）「你到底要負責做什麼呢？親愛的。」

我停頓了好幾秒。「喔，嗯，我還沒有任何關於監督小組的資料，但是我猜我要做的事應該和警察差不多吧。你知道的，就是確認事情的進度，還有調查、發現有什麼不對勁的地方就告訴他們。至少，我想應該是這樣的。」我到這時才發現瑞德參議員沒有說明我的角色為何，所以我一點頭緒也沒有。

我們掛斷電話時已過午夜，但我還是坐下來，拿出筆電。我搜尋到國會通過巨額撥款給財政部處理國家「問題資產」的那份公文，然後找到關於五人監督小組的部分。看完之後，對自己能夠幫上忙的樂觀預期頓時冷卻不少。

新通過的法案列出五人小組成員的選擇標準、會拿到的報酬、費用報帳的方法等等；但是列出的職務卻只有短短四個字：「提出報告」。五人監督小組每三十天必須交一份報告給國會。就這樣，沒有要逮捕人、不能帶手銬，自然也沒機會押壞人遊街示眾。

那麼，國會給了我們什麼工具去監督財政部處理那七千億呢？法則上說我們可以「取證」，但身為律師的我立刻注意到監督小組沒有發傳票傳喚證人的權力。我們可以禮貌的邀請對方來作證，但是相對的，他們也可以有禮貌的拒絕（或是不客氣的拒絕，隨他們高興）。我們可以要求政府機關提供「正式資料」，被要求的機關「應該提供」，但如果任何政府機關認為我們想要的屬於「非正式的資料」怎麼辦？呃，我們很可能也拿他們沒辦法。

好吧！所以我們只得到相當有限的授權。沒有發傳票傳喚證人的權力，即使發現有什麼不對勁，也沒有吹哨子要求中止金錢轉移的權力。更糟的是，國會並未要求財政部長必須向我們解釋他的策略。

沒有，完全沒有。看起來國會對五人監督小組的期望就是寫些無聊的報告，在國家經濟走入絕境的期間放在國會議員的桌子上積灰塵。換句話說，這次在華府的冒險之旅，可能不會像我希望的那麼有意義。

但我已經答應了哈利．瑞德參議員，所以不管我怎麼想，我都得去。

一個在銀行工作、很有禮貌的年輕人打電話來

直到現在，只要我一想到二〇〇八年的金融海嘯，還是會想起佛蘿拉（為了保護個人隱私，這裡使用的是假名）。二〇〇七年，在我們進行更多的破產研究時，她是我們的訪談對象之一，當時她已經八十幾歲，她告訴我們，二十多年前他們夫妻退休後，搬到家人居住的南方小鎮，買了一棟樸素的小房子（她說「這樣就夠了」）。在老伴過世後，佛蘿拉一直都是自己一個人生活，靠著每

月收到的社會福利金，過得還不錯。

兩年前，她接到「一個在銀行工作、很有禮貌的年輕人」打來的電話，他告訴她因為現在利率非常低，他可以讓她抵押貸款，每個月只要付一點點錢。她問他如果利率上升，月付額會變成多少錢。根據佛蘿拉的說法，他向她保證「利率上升之前銀行會事先知道」，而且他會「打電話給她，將她轉回到原來的貸款」。

她答應了，沒過多久，她的月付額忽然提高了。她停頓了一下，然後輕輕的說：「那個年輕人再也沒打過電話來。」新的月付額吞掉了她全部的社會福利金。她嘗試過延遲付款、積欠信用卡債、向高利貸借錢，最後債台高築，只能申請破產。

為了找到更多在破產新法生效後才申請破產的家庭，我和夥伴發起另一項破產專題研究。每一個受訪家庭在接受一小時訪談後，可以拿到五十美元的報酬。佛蘿拉知道我們一般會在兩週後將支票寄到受訪者提供的地址，所以她告訴我們下週她就要搬離她的房子了。

「我會暫時先住在車子裡。」她說：「我不知道如何才能收到郵件，你能不能告訴我該怎麼做才能拿到那張五十美元的支票？我真的很需要這筆錢。」

這是金融海嘯背後的真實故事：信貸市場崩塌，將一個又一個的佛蘿拉捲入絕望的漩渦。有些屋主因為做了錯誤的決定，有些試著和金融系統對賭，但是有更多的無辜屋主陷入絕境，只是因為聽信銀行理專信口開河的謊言，而旗下員工做這種事，銀行根本心知肚明。

到了二〇〇〇年代初期，貸款公司看到信用卡業者利用「前期優惠利率」欺瞞顧客來獲取暴利，也爭先恐後投入市場分一杯羹。他們確實狠狠撈了一票。自從利率上限被移除後，銀行收取再高的利息都不違法，於是次級貸款也應運而生。

各種新「貸款產品」如雨後春筍般紛紛冒出。貸款的家庭時常在合約裡看到陌生的術語，比如「期末整付」（balloon payments）、「選擇性還款指數型房貸」（option ARMs）和「提前清償罰金」（prepayment penalties）等。許多人沒有仔細閱讀所簽署的文件，都像佛蘿拉一樣輕易聽信了銀行理專的不實敘述。貸款公司發現貸款產品越複雜，反而提供越多的機會可以在這裡放個陷阱、那裡藏個罰則。

金融業者很快就賺進高額利潤，他們不再像從前那樣謹慎調查借款人信用和收入。購屋頭期款大幅降低，罰款和手續費卻漲得比天還高。貸款業的獲利如此驚人，理專甚至挨家挨戶去敲門，並集中火力將成本最高、最具爭議性的產品推銷給非洲裔和拉美裔的居民。還有一些貸款業者瞄準的，就是像佛蘿拉這樣的老年人。

有時他們以低月付額為誘因，有時他們會告訴你立刻就能拿到一大筆現金。數百萬戶積欠上萬元信用卡債的家庭，誤以為這些貸款是救命仙丹。電視上一天到晚都有權威人士告訴觀眾，還在付信用卡高額利息的人都是笨蛋；甚至連聯準會主席艾倫・葛林斯潘（Alan Greenspan）也鼓勵美國人借二胎房貸。單純以算數來說，這樣講似乎沒錯：如果次級貸款的利息只有三％，為什麼要欠卡債、負擔一九%的利息？問題是，三%只是剛開始的優惠利率，印刷精美的宣傳單上從來不會告訴你，如果利率調高或你遲繳，你的利率將會漲到多高；宣傳單上也從來不會出現漂亮的房子前插著「法拍中」牌子的照片。

這些新貸款為房市添柴加火，導致房價節節高升。一路上漲的房價，吸引了投機客前仆後繼，似乎每個人身邊都有那麼一兩個靠買賣房子賺大錢的人。在房價屢創新高的情況下，大部分的人都選擇無視危險信號，一心想著坐等房市繼續看漲，萬一真付不起房貸就小賺一筆把房子賣了就好，一切都會沒問題。

但事與願違，當房屋市場終於崩潰時，好幾百萬人全被套牢。他們付不出房貸，無法重新貸款，房子也無法脫手。到了二〇〇八年底，高達五分之一的屋主欠銀行的錢高於房子的市值。銀行撤銷貸款，法拍屋的通知堆積如山。

房市崩塌重創了中產階級家庭，對大部分家庭而言，房子不只是居住的地方，更是最有價值的資產。房子是他們的儲蓄、退休金，也是將來要留給子女的遺產；房子不只是他們最大的投資，也是他們最大的希望。付清房貸的家庭等於有了一艘救生艇，不管將來發生什麼事都不用害怕，但如果貸款金額比房價更高，這艘救生艇就像被灌了水泥，會將他們拖入無底深淵。

一蹶不振的房市，徹底擊垮了美國的中產階級家庭。

第一次跟財政部開會，竟然被暗中捅了一刀

瑞德參議員打電話來的一個禮拜後，我便飛到華盛頓和監督小組其他成員見面，開始進行所謂的「監督」。我們要趕快組織起來，越快越好。

問題資產救助計畫的成員裡有民主黨也有共和黨，但負責主導的是小布希政府的財政部長亨利．鮑爾森（Henry Paulson）。當五人監督小組抵達華盛頓時，國會通過問題資產救助計畫才七週，但財政部卻已經承諾一千七百二十億美元的撥款。這麼多錢在幾乎沒人監督的情況下就轉走了，讓我們非常擔心，於是我們要求鮑爾森部長和其他財政部官員來和我們開個簡短的會議。

十一月二十一日星期五，我站在財政部大廈的大門前，心情有點緊張。我和其他兩位監督小組成員——戴蒙．西爾弗斯（Damon Silvers）和理查德．尼曼（Richard Neiman）約在這裡碰面，我們三個是民主黨代表，理查德是眾議院議長南茜．裴洛西（Nancy Pelosi）指定的，我是瑞德參議員指定的，而戴蒙則是另外兩位參議員共同指定的。

戴蒙．西爾弗斯是個大塊頭，個子很高、大手大腳，穿著一身寬鬆的黑西裝、白襯衫，講話速度會讓你覺得他腦袋裡塞滿的各種點子正在爭先恐後的想要被說出來。他從哈佛拿到學士學位、管理碩士學位及法學博士學位，大可到任何一家事務所賺取高薪，但戴蒙對這些都沒興趣。相反的，他到加州為草莓工人組織工會，又到紐奧良為造船工人組織工會，最後成了美國勞工聯盟的首席顧

問。在破產法修正案開戰時，美國勞工聯盟曾經和我們聯手對抗大銀行，因此我和他有數面之緣，所以知道我至少有個不錯的夥伴。

另一位監督小組成員理查德．尼曼，曾是負責監管銀行的官員，後來在銀行業服務過很長的一段時間，最後出任紐約銀行監理長。在那天以前我並不認識他，但我希望他豐富的經驗會對我們有幫助。

財政部大廈是全國性的歷史地標，外觀和白宮很像，只不過更大也更像城堡。巍峨的石柱，美麗的白色大理石，圈圍出十二萬平方呎的面積，周圍小心翼翼的環繞著鐵柵欄，閒雜人等不得出入。這裡的維安由美國特勤局（Secret Service）負責。鐵欄杆大門後是第一警衛哨，所有的訪客都得登記查驗；而設在大廈裡的第二警衛哨，則擁有金屬探測門和檢查攜帶物品的X光機。所有訪客都必須通過兩次檢查，以確定他們真的在事先核准的名單上。在我們三個人終於進到大廳後，立刻有專人帶我們直接走到會議室。

這是我第一次造訪財政部大廈，可是沒有時間讓我四處參觀。我們被告知鮑爾森部長不在，不過其他官員願意花幾分鐘和我們談談，包括鮑爾森部長欽點主導問題資產救助計畫的副部長尼爾．凱什卡利（Neel Kashkari）。

我們知道時間不多，所以凱什卡利一出現，我們就開門見山提出此行最主要的問題。我們追問他各大銀行的最新情況：財政部是否還會進一步紓困大銀行？能否讓我們看看財政部與銀行之間的紓困條件？凱什卡利不贊成我們使用「紓困」一詞，我們為此爭論了兩三分鐘。有一點他倒是說得很清楚：需要大筆現金挹注的危機已經解除，財政部接下來的重點是幫助規模較小的銀行。

會議很簡短，我們很快就回到財政部大廈鐵柵欄門外的人行道上。

但週五這場會議結束後不到四十八小時，新聞報導財政部允諾將再從問題資產救助計畫裡撥款兩百億美元，給先前已經拿到兩百五十億美元的花旗集團，而且還會再給三千零六十億。這全是納稅人的錢，金額之大令人震驚，但新聞爆發的時間點更是叫人難以置信：原來，就在問題資產救助計畫負責人告訴我們大銀行危機已經解除的同時，他的同事就在走廊的另一頭準備著金額龐大的第二次花旗紓困。事實上，後來在「問題資產救助計畫特別監察小組」的報告裡提到，在財政部裡工作的人都稱那個週末為「花旗週末」。

我不僅吃驚，更是怒火沖天。我能理解美國正陷入金融危機，我也知道機密資訊必須受到嚴格保護，更懂得必要時我們必須保密一段時間，甚至有些官員會說：「現在我無可奉告。」可是，我們遇到的卻不是這樣。在我們開會時，財政部的人並沒有表現出任何猶豫或遲疑，他們送我們走出會議室時，心裡很清楚我們相信他的話、相信財政部對大銀行的紓困已經結束，而且他非常清楚自己在誤導我們。

當時，我們五人監督小組甚至連第一次會議都還沒開，不管我原先對合作和正義的期待有多高，都在這一刻幻滅了。顯然，想要讓過程透明化將會是一場十分艱難的硬仗。

誘人的金融商品上，可沒貼著「內含手榴彈」的警告

每當回想起五人國會監督小組任務時，我腦袋裡總會浮現「七千億」這個數字，讓我在睡夢中不時驚醒，即便事情過去了這麼久，我還是偶爾會被嚇醒。金額如此龐大，大到難以想像。

我們可以透過幾個非常簡單的對照，看出這筆錢有多大。比如說，這筆錢可以為全美國每一位兒童買七部筆電；這筆錢，可以供一千三百萬個孩子念完私立大學；這筆錢，足以把地球上的動物送上火星（好吧，也許不行）。

讓我痛心的，是這些錢明明可以花在千百個有用的地方，我們可以用來修路造橋，興建公共交通系統；我們可以在全美各地設立幼兒園，降低州立大學的學費，讓大家再度負擔得起高等教育；或者，我們可以讓聯邦政府在接下來二十年，投資於醫療研究和科學研究的經費增加一倍。

雖然國會對我們的唯一期待只是按時繳交報告，但監督財政部怎麼使用這筆錢的責任，重重壓在我胸口。

一次又一次，政府聲稱國庫沒錢修築橋梁，沒有錢辦公立幼兒園，沒有錢做醫學研究，但是現在美國納稅人卻得花七千億美元為銀行紓困。天底下怎麼有這種事？沒錯，問題資產救助計畫被設計成一項「政府投資」，將來也許可以連本帶利把錢賺回來，但是基礎建設、教育和研究也是投資，而且將來一定會為美國帶來巨大的經濟利益，卻長期被政府忽略，無法獲得足夠經費。

好幾百萬個家庭突然付不出房貸所造成的金融危機，只是問題的表層。在它之下的第二層，才是將「衝擊」惡化為「危機」的元凶。

為了賺取販售新型貸款的豐厚利潤，原本古板無趣的銀行業者也學起了油腔滑調的華爾街交易員。政府對銀行業的嚴格管控從一九八〇年代逐漸鬆綁，到一九九〇年代更是加速解禁，所有大銀行都在尋找以前禁止、如今合法的賺錢新機會。越來越多的銀行發現，將客戶的貸款在華爾街轉賣，會比把債權留在手裡一年一年等著借款人還錢更好賺。剛開始，轉賣貸款為銀行帶來更多現金，讓更多人更容易借到錢，也讓房屋市場更加蓬勃發展；到了後來，當大銀行發現新型貸款能賺得更多時，便開始買賣各式高利潤、高風險的商品。許多大銀行變成了投機客，就像買房子裝修後再高價賣出去的人一樣，不斷在買賣中追求短線利益。

很快的，交易員就發現如果他們可以將幾個貸款債權綁在一起買賣賺點小錢，那麼為什麼不把更多貸款債權綁在一起賣，賺更多錢呢？於是，貸款債權被包裝成超大新商品，然後轉售再轉售，重新包裝再重新分割。時間越久，變化出的花樣越多，交易和包裝也越來越複雜。

到了最後，到處都在賣貸款債權所組成的衍生性金融商品，其中很多就像是不停倒數等著爆炸的定時炸彈。

沒有人在他們賣出的商品上貼「警告：內含手榴彈」的標籤；相反的，這些商品全經過債券信評，得到AAA、BBB之類的評等。問題是這些信評都是由經銷商付錢請來的私人信評公司做出來的，可信度根本不高，何況銀行本來就是他們的潛在客戶，他們還想從銀行賺取超過百萬美元的其他服務。聯邦政府理應監管這些私人的信用評等公司，但「解除管制」的呼聲當道，所以他們選擇轉過頭當作沒看到，放任私人信用評等公司自己訂標準。如此一來，大多數的貸款衍生性商品都得到了AAA級的信評也就不足為奇了。

經銷商拿著這些AAA級的信評，將它們包裝成「穩當安全」的投資商品到處販售。不只退休基金買，市政府、保險公司、非營利公益團體……只要你說得出名字，只要這家公司或組織大到足以吸引華爾街的注意力，大概都擁有一些「AAA等級的不動產抵押債權證券」。

當房市泡沫化、百萬戶美國家庭繳不出房貸時，定時炸彈一個接著一個爆炸了。結果一點也不意外的，造成了全面性的大災難。

金融巨人紛紛腳步踉蹌，接連倒地。最先撐不住的是貝爾斯登公司（Bear Stearns），然後是雷曼兄弟（Lehman Brothers）和美林證券（Merrill Lynch）。一夕之間風雲變色，彷彿整個金融體系即將崩塌，灰飛煙滅。

二〇〇八年秋天，銀行系統進入「禁閉模式」。不管大企業、小公司幾乎都借不到信用貸款，換句話說，許多公司沒辦法購買存貨，甚至付不出薪水。要買房子的人申請不到房貸，要買車的人也借不到車貸。感覺就像有人把好幾卡車的砂石，倒進了轉動國家經濟的大齒輪裡，把齒輪卡死了。

財政部長亨利．鮑爾森向國會求救，向議員解釋金融體系已經停擺，堅稱只有政府出手才能度過危機，讓金融體系再次動起來，才能避免經濟全面崩塌。於是，就催生了問題資產救助計畫（TARP）。

理論上，TARP有兩項任務。首先，它應該要先穩住銀行系統，基本概念是如果銀行有更多現金，他們就會開始借錢出去，也就是說，大企業、小公司都能再度開門做生意了。TARP的另一個任務，是控制次貸危機，降低損害。雖然TARP的細則非常粗略，但大方向是要將七千億美元中的一大部分，拿來拯救受到可怕新型房貸荼毒的美國家庭，以免他們流落街頭。這項任務很清楚被寫進國會五人監督小組的法定任務裡：國會特別要求我們，撰寫報告時要側重「對減少法拍屋所做的努力得到了什麼效果」。

一旦TARP拍板定案，數百億美元便會立刻流入大銀行的口袋。雖然有幾家大型金融業者已經倒閉，但很明顯的，財政部傾盡了全力要確保大銀行安然度過這次風暴。然而，這仍然沒能讓小公司借到錢，於是倒閉的中小企業越來越多。在此同時，法拍屋的數目也不斷攀升。在那段金融海嘯剛襲捲美國的可怕日子，TARP似乎沒有對小公司或陷入絕境的家庭有多少幫助。

少耍專業名詞，請用白話文告訴人民真相

那麼五人監督小組何時要交出第一份報告呢？我們知道，一旦交出第一份報告就如同踏上跑步

機，再也停不下來。依法我們的第二份報告必須在第一份報告出爐後的三十天送達，再隔三十天第三份報告就得送出去，如此運作兩年。我們沒有喊暫停喘口氣的權利，一旦啟動，我們就必須一鼓作氣，跑完全程。

如果這是一個在尋常時期設置的國會監督小組，第一份報告的繳交日期可能在遙遠的未來，好讓成員有足夠的時間認識彼此、做研究、雇用助理、擬定策略。但現在是非常時期，國家面臨重大危機，國會自然希望能盡快看到報告。我們可以選擇置身事外來自保，也可以選擇賣力投入，能幫多少是多少。

感恩節前夕，五人監督小組以電話連線的方式舉行第一次正式會議。我們沒有辦公室，沒有工作人員，甚至連咖啡機都沒有。事實上，共和黨一直到前一週才指派最後兩名成員：德州眾議員傑布．亨薩靈（Jeb Hensarling）和新罕布夏州參議員朱德．克雷格（Judd Gregg）。亨薩靈那天也參加了電話會議，只有克雷格參議員缺席（不久後他辭職了，於是我們有段時間只剩四個人）。

我被選為監督小組主席，大家同意盡快趕出第一份報告。我們將截止日訂在十二月十日，這表示我們只剩下兩週來討論重點、進行研究、寫出報告、修改報告、投票表決及送交國會。天啊！

因為時間緊迫，我提議由我執筆先寫草稿，再給其他成員過目。

感恩節早上，我在廚房烤蛋糕。往年，布魯斯和我會到普利茅斯鎮（Plymouth）過感恩節，那裡離兩百年前新教徒登陸北美的普利茅斯岩僅有數英里。不過，其實這只是個幸運的巧合，我們會去那兒純粹因為布魯斯的姊姊葛蕾奇一家就住在那裡，所有親戚會聚集在她家共度佳節。她老公史蒂夫的手工義大利麵超好吃，總會擺出一大桌義式與美式食物的盛宴。為了表達謝意，我會親手烘烤史蒂夫最喜歡的甜點——杏桃翻轉蛋糕。今年，布魯斯和奧蒂斯會帶蛋糕去參加宴會，留我一個人在家，但他們答應會帶剩菜回來給我。

我把蛋糕放進烤箱，瞪著我的電腦螢幕，心裡想著：在風暴中監督，到底所為何來？我們可以帶來什麼貢獻？

我認為我們應該扮演的是看門狗角色，而看門狗的任務就是在看見威脅時大聲吠叫，好引起大家注意。我們的經濟正在崩塌，好幾百萬人丟了工作，許多家庭失去他們的房子，退休基金不見了，而現在政府手中少數幾樣可用的武器中，就屬國會給財政部的七千億美元最有力了。財政部如何使用那筆錢，將會決定美國經濟是否能脫離空轉，重新恢復元氣。財政部不與我們這群看門狗合作的態度，在和我們第一次開會時就已經表露無遺了，所以我們的監督真要起作用，這些呈交國會的報告將會是我們唯一的機會。

另外，如果我們要在兩個星期內交出第一份報告，我們需要幫助，而且要快。將來我們可以聘請專家和全職員工，但是現在，一分一秒都很珍貴，不容浪費。所以在監督小組剛起步時，之前教過的學生就成了我的最佳幫手。他們年輕、聰明，而且最重要的——他們願意隨時助我一臂之力。在那一刻，在我們有正式員工和設備之前，他們比鑽石更有價值。

加內什・施塔拉曼（Ganesh Sitaraman）是美國夢成真的代表人物。他的父母在他出生前就從印度移民美國，他一路參加童子軍，直到拿到鷹級童軍的最高榮譽，最後進入哈佛法學院就讀。在我教的大一課堂上，他總是舉著手，熱切的想回答問題。下課鈴聲一響，大部分學生都會馬上離開教室，但施塔拉曼不會。每個星期，他會興高彩烈發表他對經濟和社會政策的看法。金融風暴發生時，施塔拉曼已經畢業，但仍留在哈佛做研究。

丹・格爾東（Dan Geldon）和施塔拉曼恰恰相反。在大課堂上，丹總是安靜到讓人幾乎忘了他的存在，但如果你因此低估他就大錯特錯了：他的意志力如鋼鐵般堅強。他哥哥告訴過我，丹七歲時有一回全家在麥當勞用餐，他放下吃到一半的起司漢堡，宣布吃肉是不對的，並決定開始吃素。他的父母臉上只是笑笑沒當真，他大哥忍不住翻了白眼，但二十五年過去了，丹還是一口肉都不吃。

當我邀請他們幫忙，施塔拉曼和丹都二話不說就加入。我們討論了好幾個小時，接著振筆疾書。在施塔拉曼的幫助下，我幾乎每天都有新草稿給其他幾位成員過目，他們修改、提出問題、加上意見，再送回來給我。每天晚上十點左右，我將最後版本傳給丹，接著換他徹夜趕工，將研究資料補上，並一一回答其他成員的問題。每天早晨，我收到改過的草稿，繼續工作，從頭再來一遍。

最後的報告只有三十七頁，以政府報告來說，實在短得不尋常。可是我們想要報告盡可能簡潔易懂，要做到這一點，比長篇大論更困難。

那時候，在電視新聞節目上評論金融危機的專家老喜歡用大多數人聽不懂的術語，比如擔保債務憑證（Collateralized Debt Obligation）、特殊目的實體（Special Purpose Entity）、綜合衍生性商品（synthetic derivatives）之類。不管主題是什麼，來賓在說明時表現出的樣子，永遠都是：「只有我們這種內行人才聰明到有辦法了解實際上到底怎麼回事，所以你們只要相信我們就好。」

我不吃這套。事實上，我認為監督小組有責任確保民眾知道究竟發生了什麼事。繞著金融危機轉的每一個問題都很重要，重要到一定得攤在陽光下。我還記得監督小組剛成立時，在財政部與凱什卡利副部長及TARP其他成員的對話：監督絕不是「相信內行人」，而是確認內行人足堪重任，並讓他們證明值得被信任。

我們的報告以揭露美國險峻現況做為開頭。在送交報告之前三個月，有一百二十萬人丟了工作，超過百萬人即將失去他們的房子，股票市場狂跌四〇%，三大汽車公司宣布可能破產。更慘的是，完全看不到隧道盡頭的微光，美國的經濟每下愈況，一天糟過一天。

寫到這裡，一般的報告通常會繼續補充更多數據，但我們決定不把重點放在人們已經知道的事，而是放在人們不知道的事，於是我們開始提問。

我們一共列出十個問題，這十個問題就是我們報告的主體。這些問題都很簡單，直截了當，我們特地寫得很口語化，沒用任何艱澀字句。舉例來說，我們問財政部：

・你們的策略，對減少法拍屋有幫助嗎？

・金融業者在拿了納稅人的錢後，到目前為止，他們做了些什麼？
・你們和金融業者的交易，對美國人民是否公平？

我很喜歡報告裡使用的直白文字。捨棄術語和糾結囉嗦的廢話，讓每個人都能看懂我們在問什麼。此外，使用淺白的文字也能直接戳破那些專家的屁話（請原諒我的用詞，但我不知道還有什麼形容詞能表達得更貼切）。是的，這次的危機確實牽涉到許多複雜的金融交易，但其中一大部分的「複雜」根本是專門設計來掩飾真相的。財政部已經表態不打算與五人監督小組合作，想知道發生什麼事的唯一方法是開門見山的問些直接的問題，希望得到同樣直白的回答。不繞圈子，無所遮掩。

我們將報告遞交國會，然後對外公布。

另一個我之前教過的學生迦勒．威佛（Caleb Weaver）發現參議院裡有個專供錄影的房間，裡頭設備一應俱全（甚至還有各式各樣的假布景，我去錄影時被問到的第一個問題是：「你要用假植物還是假窗戶？」）。我錄了一小段四分鐘的說明（背後是假窗戶），解釋五人監督小組的任務，並簡介報告內容。我們將它上傳到 YouTube，同時也架設了網站，讓大家可以看到我們的報告，在網站上和監督小組分享自己的故事。

YouTube 和網站，聽起來都不像是傳統國會監督小組會做的事，或者至少在二〇〇八年仍不是大多數人認為國會監督小組會採行的方式。但是我們相信，如果我們要當好稱職的看門狗，就該盡全力讓美國人民參與。

網站架設好之後，電子郵件如雪片般飛來，有人訴說他們失去了房子，有人絕望的需要金錢援助，有人對我們國家正在發生的事深感挫折。對人們願意在網路上傾訴，我其實有點驚訝，畢竟我們只是個定位不清的政府監督小組。但這次危機卻是關係到每個人的，人們覺得他們的整個世界都在崩塌中。也許他們感覺到我們的報告代他們發聲，也許報告上問了他們想問的問題。

我本來希望我們的報告可以不受政治干擾，可惜到最後未能如願。在監督小組寫報告的這兩個星期，我們傳閱草稿，電話連線開會，相互以電子郵件往來，全是因為我們希望可以提交出一份全體成員一致同意的報告。但是最後，亨薩靈眾議員投票反對報告內容。

所以，我們的第一份報告上只有三名民主黨指派的成員簽名，沒有任何共和黨的支持。

我開始明白，監督絕不容易，接下來的每一步都將走得非常困難。

人民閃一邊，政黨利益擺中間

十二月十日，國會五人監督小組的第一份報告出爐，我和投下反對票的亨薩靈眾議員有約。他邀請我去他國會山莊的辦公室，我以為他要和我討論接下來五人監督小組可以有什麼不同的作為。

那天早上，我再一次迷路了，而這次的地點是國會大廈的地下室。我的另一個學生麥可・內格朗（Michael Negron）陪我一起去，在上法學院之前，麥可是海軍軍官，所以迷路這類小事根本難不倒他。

國會山莊的各辦公大樓以錯綜複雜的地下通道相連，小型交通電車在奇怪的地方轉彎，辦公室號碼排列的邏輯我到現在還是搞不懂。我們在這裡左轉，在那裡右拐，最後麥可宣布我們就快到了，海軍的方向感真是一流。

亨薩靈出來迎接我們，大家互相握手，麥可和我、亨薩靈和他的一個手下，四個人一起走進他的私人辦公室。我坐在沙發邊緣，大衣放在腿上。

在亨薩靈眾議員對第一份報告投下反對票後，我一直想知道他有什麼不同的想法。或許他認為我們應該先進行某個調查項目，或許他知道什麼方法可以去監控TARP的現金流向。或者，他想對財政部施壓，讓他們努力減少法拍屋的數目。或者，他想討論對花旗銀行令人震驚的第二次紓困，以及財政部的人公然對我們說謊。五人監督小組可以做的待辦事項每天都在增加，我不曉得這位眾議員心中所想的輕重順序是什麼。

亨薩靈眾議員給我一個大大的笑容，然後說：「我想知道你打算怎麼分配預算。」

怎麼分配我們的預算？

眾議員進一步解釋，他想知道我打算將監督小組的預算分配多少給共和黨、多少給民主黨。

我提醒他，我們在調查的是同一件事，寫同樣的報告。國會並沒有特別撥出確切的預算給我們，但是他們願意提供必要的經費讓我們完成工作，做我們應該做的事。我告訴他，我堅決認為錢不該分成兩派。小組的運作方式不該分政黨，我們應該超越黨派，團結合作。

這位眾議員試著把話說得更明白。他說他了解我們是個團隊，應該不分黨派一起合作，這樣很好，但我顯然不知道華盛頓的潛規則。他說完笑了起來，接著不停繞回他開頭時的問題：有多少預算由民主黨控制？有多少預算歸共和黨？

繞了幾圈後，他的語氣變了。「聽好了，」他說：「這就像是一場球賽，一隊打赤膊，一隊穿上衣，壁壘分明。」我的腦海立刻閃過鮮明的畫面：男孩們互相架拐子，每個人都在搶那顆籃球，一隊穿著上衣，另一隊則裸著上身（當然，兩隊都沒有女生）。

亨薩靈的要求很清楚：他想確定他的政黨能分到錢。

我想我也許不應該感到意外。兩星期前，在五人監督小組舉行第一次電話會議時，亨薩靈眾議員提出的第一個問題，就是要怎麼把成員分成兩組。我完全沒有想過這件事，所以在那次電話會議中我完全沒有準備。但現在，我們已經花了兩個禮拜，做足了功課，寫了一份讓財政部無路可逃的報告，我們還是沒有辦公室、沒有電話、沒有咖啡機，我們當然也沒有監督美國歷史上最大紓困案的明確計畫。我們需要趕快理出頭緒的事多如牛毛，而眾議員卻認為待辦事項中最重要的是分配預算，以確保每個政黨都拿到它「應該分到的錢」？歡迎光臨華盛頓。

我從那一次電話上被亨薩靈的驚嚇回過神後，坐下來仔細將這件事爬梳了一遍。我的看法是：我們是一個短期委員會，在美國經濟危機中臨危受命，TARP和監督小組是兩黨一致同意下的產物，要解決國家面臨的問題也絕對需要兩黨共同合作。我認為亨薩靈想要兩黨各派自己人，將會導致五人監督小組起內訌，浪費時間精力，而無法集中精神監督這起史上最大的紓困案。

何況，政府並非沒有兩黨通力合作的前例。在九一一時，國會調查小組便不分黨派進行了深入調查，寫出一份簡潔有力的報告；當時也是只有一筆預算、一組工作人員。若要避免任何黨派之爭，我認為這才是五人監督小組應該堅守的態度。

所以，當天我在他的辦公室表明立場：所有的工作人員都是一個團隊，不分黨派為五位小組成員服務。監督小組只會有一筆預算，而非兩筆。就是這樣，沒得商量。如果亨薩靈因此想要引戰，那就戰吧！就像他說的，我不懂華盛頓的潛規則，但他不懂的是：我一點都不在乎華盛頓有什麼規則。

當天稍晚，國會舉行了TARP聽證會，亨薩靈上台作證，並解釋為什麼他會投反對票。他說他不確定「每一個小組成員都擁有所需要的資源和權力去進行有效監督」，他說在他確定這一點之前，他的良心讓他「不能對任何報告投下贊成票」。他在國會裡宣布，不管我們的報告內容是什麼，他都會投反對票。

看來，當天表明立場的人並不只我一個。

過程中還發生不少角力，但最後我們還是堅持奉行不分黨派的做法。我們聘了一個行政主任處理民主黨的事，一個副主任則負責共和黨。至於其他的工作人員，我們盡力雇用第一流的人才來做第一流的工作，完全不考慮他們的政黨傾向。我們詢問所有監督小組成員，請他們推薦人才，並提議工作重點。我則想辦法將所有的組員和工作人員組織在一起，建立一個真正的團隊。

即使如此，從眾議員那裡聽到的「壁壘分明」心態還是令我擔心。不管國家面臨的危機有多嚴重，不管此刻的狀況有多緊急，政客們考慮的重點永遠是「我的人馬」、「你的人馬」，然後把人民扔到一旁自生自滅。

努力工作追逐夢想，買了房子卻輸掉一切

第一份報告送出去之後，接下來輪到我們的第一場公聽會上場了。我們認為，法拍屋情況最嚴重的內華達州克拉克郡（Clark County）是個拉開序幕的好地方，所以我們排定第一份報告提交後一週的十二月十六日，在那裡舉行國會五人監督小組的第一場公聽會。

拉斯維加斯以前是個新興城市，現在房價卻如瀑布似的一瀉千里。我之前在美國破產審查委員會辦的公聽會，老是有一堆穿著昂貴西裝、拿著優雅公事包的遊說團體工作人員參加，每一場都相當安靜、正式，而這場公聽會卻完全不同，感覺上更像是家長會或教徒聚會。

公聽會在內華達大學拉斯維加斯分校的一個全新大禮堂舉行，該建築設計成法庭的樣子，是法律系學生的練習場所。戴蒙、理查德和我坐在最前面開庭時法官坐的位子，由我負責拿小木槌。禮

堂裡擠滿了穿牛仔褲或工作服的人，而且顯然大家都一肚子火。觀眾裡可能還是有幾個人是受雇於銀行的遊說團體，不過他們顯然知道自己該保持低調。

現場有不少新聞記者，走廊裡全是攝影機。我們安排了幾個人出來作證，包括執著於政策細節的人和商人；我們也聽到人們親口陳述他們的生活如何被此次金融危機摧毀。其中艾史崔達（Estrada）先生的故事，清楚讓大家知道這次的金融災難到底是怎麼回事，我相信我一輩子都不會忘記那位有著兩個女兒的父親。

艾史崔達在T恤外套了件外套，戴著一頂繡了「美國海軍陸戰隊」的紅色棒球帽。他和太太都有工作，為了讓兩個女兒上好學校，夫妻倆盡力擠出錢在好學區買了一棟房子。這房子對艾史崔達來說意義重大：「它就是我夢想中的家，因為我可以拉開車庫門，看見女兒就在馬路對面的學校操場玩耍。」當房貸暴漲時，他們無法準時繳款。他試著和銀行協商，而且以為他已經和銀行達成共識了。但突然間，房子就被法拍了。「最後，」他說：「銀行告訴我，十四天內我的孩子們必須搬離那棟房子。」

艾史崔達先生描述後來發生的事：

> 我六歲的女兒有天帶了一張寫滿她朋友名字的紙回家，她說，那些是會想念她的人，因為我們必須搬走了。然後我告訴我女兒，我說：「我不在乎我是不是得住在貨車裡，但是我一定讓你

繼續去上同一所學校。」我相信上帝會有所安排，讓我們能再搬回這個家。

艾史崔達先生中間停頓了幾次，平復情緒之後，才能講完他的故事。他的痛苦和絕望似乎感染了整座禮堂，我屏住呼吸，免得哭出來，我注意到戴蒙的手在發抖。即使到現在，我還是會時常想起艾史崔達先生和他的女兒，這種事本來就不該發生。

其他人也站出來講了許多類似的故事。監督小組沒有錢可以給他們，也沒有權力阻止任何房子被法拍，可是我們承諾會將他們的遭遇讓更多人知道，並且在我們執行任務時記得他們。當然這樣遠遠不夠，但至少這代表了某些意義。人們謝謝我們來這裡辦公聽會，然後沉默的魚貫走出大禮堂。

公聽會結束後，戴蒙、理查德和我開車駛過拉斯維加斯郊區。這裡離美麗的飯店、壯觀的水舞噴泉不遠，但我們看到的卻是搬空的房子、塞滿家具的貨車、前院插著法拍屋牌子和蓋到一半被棄置的工地。這裡沒有富麗堂皇的賭場，相反的，我們見證了無數個相信美國夢、努力工作追逐夢想的人卻輸掉了一切。

監督財政部？見鬼，他根本沒把我們放在眼裡

離開拉斯維加斯之後，接下來一星期我都在擔心財政部會有什麼反應。我們的報告直白的問了

財政部十個問題。如果他們打算跟我們合作，我們在最近幾天應該會收到回應。

布魯斯和我飛到加州，跟孩子及外孫女一起共度耶誕節。這時奧塔維亞七歲、拉維妮亞三歲，正是最可愛的年紀。她們喜歡烤耶誕餅乾，喜歡打扮成公主模樣。她們認為「奶奶」（奧塔維亞對我的稱呼）是世界上最棒的，但是我對那個耶誕節卻印象模糊，因為其他人在屋裡忙著包裝禮物時，我都在艾蜜莉雅家前面的人行道上拿著手機和其他監督小組成員討論，焦躁的來回走動。

十二月三十日，我接到電話，財政部終於回應了。我打開筆電，下載他們發來的郵件，迫不及待想看看他們給了什麼答案。結果？一封內容空洞的例行公文。我目瞪口呆，不敢置信。稍晚，ABC新聞以下面的說法歸納了財政部的回應：

> 複製、貼上是從前高中生寫期末報告時慣常使用的作弊伎倆……沒想到美國財政部在回應國會五人監督小組十二月提出的問題時，居然懶得動手寫下真正的答案，而拿出高中時的老辦法，將之前發表過的文件重新剪貼，甚至直接從網站複製，編輯出一份長達十三頁的報告，並且對監督小組提出的好幾個問題避而不答。

財政部長直接把國會五人監督小組踩在腳下。

我的看法是，對我們來說，這是一個決定成敗的關鍵。我們用最淺白的語言問了最簡單的問題，好讓每個人都能看到所謂的「內行人」拯救我們國家經濟的計畫。但是財政部不回答我們的問題，意味著他們不將監督小組當一回事。他們表達出的是：「相信我們就對了，走開！」

這一次，我們必須做出選擇，是要戳破他們的謊言，還是要在任期內當個縮頭烏龜？監督小組十天內就要交出下一份報告，我們該怎麼辦？

很簡單，我們決定讓大家清楚看到財政部有多麼忽視監督小組所提出的問題。

在第二份報告裡，我們製作了一張對照表。我們將第一份報告提出的每一個問題放在第一欄，將財政部對該問題的回答放在第二欄，然後將我們的評論放在第三欄。如果財政部沒有回答那個問題，我們就在第二欄寫上「未回答」。總結下來，我們提出的十個問題，財政部未回答或只回答一部分的，也是十題。我們一次又一次的在題目後填上「未回答」，財政部的耍賴態度明顯到不能再明顯了。

我們的第二份報告繼續走簡單路線，它就像張購物清單，第一欄是我們想要的，第二欄是我們得到的，讓大家親眼看看財政部如何漠視我們。

亨薩靈眾議員同樣對第二份報告投下反對票，但這回我們有了另一名成員——共和黨的前新罕布夏州參議員約翰．蘇努努（John Sununu），他選擇和三名民主黨代表站在一起，所以這份報告算是得到了兩黨的支持。

我在破產法上為許多家庭奮戰了這麼久，多年下來幾乎得不到任何關注，我心裡多少認為我們的第二份報告也會有同樣的遭遇，但是，結果出乎意料。人們知道這次的賭注太大，而金融危機更是把銀行的紓困案推到聚光燈下。

二〇〇九年一月九日一大早，我出現在《早安美國》（*Good Morning America*）晨間新聞節目，拉開了媒體報導第二份報告的序幕。接下來一整天，我都在接受記者採訪，還去上了ＡＢＣ、ＣＮＢＣ和ＣＮＮ。數家新聞媒體嚴詞批評財政部，《波士頓環球報》寫道：「如果納稅人花上幾十億為銀行紓困，他們當然有權知道錢到底是怎麼用的。」（說得太好了！《環球報》加油！）

看門狗狂吠，美國民眾注意到了，但是財政部長亨利・鮑爾森繼續保持沉默。不到兩個星期，他辭職了。對我們提出的兩份報告，他沒舉行過一次會議、沒給我們一通電話，也沒做出任何有意義的解釋。

溢價換回銀行股票，財政部做的是賠本生意

第二份報告公開時，五人監督小組已經在為第三份報告努力了。這時我們已經聘用了娜歐蜜・鮑姆（Naomi Baum）為行政主任，雖然我對華府的運作方式幾乎一無所知，但娜歐蜜對國會山莊可是瞭若指掌。她個子嬌小，身高約一百五十公分的她毅力驚人。娜歐蜜有將近二十年的華府工作經驗，她帶來的冷靜與自信平息了我們的慌亂。她將我們從習慣性熬夜拯救出來，為我們雇用員

工，現在的五人監督小組已經有能力可以同時啟動多項調查，也終於有餘裕可以邊走邊嚼口香糖。

戴蒙提出一個很棒的主意，他建議我們研究TARP所做的投資是否合乎公平交易原則。我們可以仔細檢視財政部給大銀行數十億美元交換回的銀行股票，付出的代價是否與市價相符。亨利．鮑爾森部長曾經告訴大家，所有交易都合乎市價或接近市價，換句話說，納稅人付出一百元，收到的股票價值也應該是一百元。

如果鮑爾森部長的說法為真，那當然是合理交易，我們就不用再往下調查了。不過，既然監督是我們的責任，戴蒙認為我們應該親自檢查所有的數據。於是，五人監督小組雇用了一流的投資研究事務所分析TARP的所有交易，然後我們再請兩組不同專家一遍遍檢查他們的工作成果。

我們細看他們分析的數據和專業解釋，結論叫我不寒而慄。

在這些交易上，財政部顯然當了凱子，而且是大凱子。在與前十大銀行的紓困交易上，財政部每花一百元，收到的資產只值六十六元，截至二〇〇九年一月，累計短收超過七百八十億美元。換言之，財政部就是在變相補貼這些銀行，事實不容抵賴。財政部對外說的是一套，對內做的是另一套，我們再次逮到他們說謊。

雖然政府終究收回了投資在花旗銀行和其他大銀行的錢，但當時TARP在做這些交易時，沒有人知道未來會如何，而所有風險都不合理的由納稅人承擔。在那一刻，美國人民只能相信鮑爾森部長的話，問題是他說的根本是假話。

他的行為，猶如大大甩了民主一巴掌。

罩子放亮點，我們自己人不批評自己人

到我們提交二月份的報告時，美國人有了新總統。本來這代表我們有機會為經濟尋找新的方向，並且重新思考紓困策略。然而，金融海嘯日益嚴重，經濟已達崩潰邊緣。歐巴馬在當選後很快就表示，新的行政團隊將繼續執行鮑爾森的紓困政策，更糟的是他選擇了銀行業出身的提摩西・蓋特納（Timothy Geithner）為新任財政部長。蓋特納在紐約聯邦儲備銀行擔任總裁期間，監管華爾街銀行多年，曾在二〇〇七年被花旗銀行提名為集團首席執行長，也曾兩度親自參與紓困案：二〇〇八年春天，他主導營救大券商貝爾斯登；二〇〇八年秋天，金融海嘯襲捲全球時，他和鮑爾森部長合作挹注保險巨擘美國國際集團（ＡＩＧ）。

新任財政部長剛上任的頭幾個月，五人監督小組和他見過幾次面。三月中旬，新聞報導ＡＩＧ發放一億六千八百萬巨額紅利給「員工」——沒錯，就是把公司搞到快破產的同一批人。消息一出，舉國憤怒。一名共和黨參議員甚至氣到叫ＡＩＧ的高階主管「要嘛辭職，要嘛自盡」。

五人監督小組擴大調查範圍，我們對財政部處理紓困的不妥之處主動出擊。我聽說許多華盛頓的政治人物感到很驚訝（還有人氣急敗壞），我們對民主黨政府居然也毫不手軟，跟對共和黨政府

一樣嚴格。但我不在乎，也不會因此停手。

四月上旬，我接到勞倫斯・薩默斯（Lawrence Summers）辦公室打來的電話。我和他不熟，但在二〇〇〇年代初期他還是哈佛校長時我們見過幾次面。根據報導，一九九〇年代勞倫斯和提摩西・蓋特納都在財政部工作，自那時起，他就成為蓋特納的精神導師。勞倫斯現在是白宮國家經濟委員會（National Economic Council）的主席，換句話說，除了指導財政部長蓋特納，他還負責在經濟議題上輔導歐巴馬總統。打電話來的助理問我，願不願意和勞倫斯共進晚餐？

當然沒問題，我回答。約在白宮附近的孟買俱樂部（Bombay Club）可以嗎？助理建議。那是一家安靜、燈光柔和，專門服務華盛頓高層菁英的餐廳。

勞倫斯一到餐廳，坐下時先點了一杯健怡可樂。他掃視菜單，立刻點餐，食物很快送上桌。那一餐吃了很久，我們熱烈討論紓困案、銀行解禁和法拍屋危機。我還向他提議創立一個消費者金融保護機構的想法，他看起來非常有興趣。我們沒有針鋒相對，但我將此歸功於勞倫斯的態度，我寧願面對誠實的對談和辯論，也不要再遇到那年春天我在華盛頓看得太多的推拖閃躲。

當晚接近尾聲時，勞倫斯往後靠著椅背，給了我一些忠告。到了此時，我已經數不清他到底喝了多少杯健怡可樂，我們的桌子上到處都是食物碎屑和濺出的沾醬。勞倫斯的語調很友善，他是這樣起頭的：「你可以選擇。」我可以選擇當自己人，或外人。外人想說什麼就說什麼，但圈內人不會聽他們的。自己人則擁有許多資源，以及實現想法的機會，因為手握權力的人會聽他們說的話。

可是，想當自己人就要明白一個顛撲不破的真理：自己人不能批評自己人。

看來，我被警告了。

第一次上 talk show，我到底在講什麼……

過去好幾個月，為了紓困案和五人監督小組的工作，我一直在接受記者訪問，但要上全國性的電視節目，我還是非常緊張。四月十五日，也就是在和勞倫斯．薩默斯共進晚餐後一星期，現在的我簡直坐立難安。

傍晚時分，我站在《史都華每日秀》（*The Daily Show with Jon Stewart*）攝影棚的客用小廁所裡，緊張的打量身上的套裝，確定它很乾淨。我把臉貼近鏡子仔細檢查，尤其是嘴唇、鼻子和下巴，因為我剛才吐了。

我將擦手紙巾沾濕抹臉，然後胃裡湧上另一股酸液，我又想吐了。我趴在馬桶上，懷疑是否口紅和粉底都糊掉了。電視台的化妝師已經將我打理好，我一點都不想向任何人解釋為什麼我需要重新補妝。

我看起來慘兮兮。我有嚴重的上台恐懼症，覺得五臟六腑全在翻攪，胃部抽痛，膽汁的苦味在我的嘴裡蔓延。在小廁所裡的我進退維谷，但《每日秀》的錄影再一會兒就要開始了。

在家時，布魯斯和我常把《每日秀》錄下來，開心看著喬恩．史都華言詞鋒利地逼得自以為聰明的來賓啞口無言，可是現在我很懷疑自己能否挺過這關。我被記者訪問過不少次，但這一次不同。在任何一秒，整個訪談可能會變成一個大笑話，要是大家以為我努力在做的事也是個笑話，該怎麼辦？

我第一萬次問自己：為什麼要同意上喬恩．史都華的節目？我也第一萬次回答自己：因為只有在很多人——好幾百萬人——參與下，監督才有意義。《每日秀》給我另一個引起更多人注意的機會，去討論國家出了什麼錯，以及我們接下來該怎麼辦。

我含了一口冷水，吐出來，然後回到小小的等待室。幾分鐘後，導播拉著我以光速穿過狹窄的走廊，經過許多小房間，來到厚重的黑布簾後。我們走到登上舞台的入口，然後我一踏出去便籠罩在耀眼的光線下，感覺像剛踏出登月小艇的太空人，不同的是我沒有得到事先在基地練習的機會。

當我在喬恩．史都華對面坐下，我最先注意到的是我們居然坐得這麼近。離我不過咫尺的史都華直接丟出一個又一個問題，開頭實在是慘不忍睹。我們用閒聊的方式，談到TARP和國會監督小組的一些問題。史都華輕鬆開著玩笑，而我卻一路思索該怎麼回答。照我的理解，他想傳達的訊息很清楚：他認為叫一個小小的五人監督小組去看管財政部怎麼花七千億紓困，根本蠢斃了。

其實不只是開頭幾分鐘慘不忍睹，接下來越來越糟。喬恩．史都華念錯財政部的某個方案縮寫，而我不自覺的馬上插嘴糾正——是P-PIP＊（讓我說明一下，它的發音是「皮—PIP」。三歲的拉維妮亞一直誤認它是什麼廁所笑話）。當「P-PIP」一說出口，我嚇呆了，我瘋了嗎？居然敢在喬恩・史都華的節目糾正他？我們四目相對，我一定是扮了個鬼臉，因為史都華問我：「你心裡在罵髒話對吧？夫人。」

我尷尬的承受觀眾的爆笑聲，然後他問了理所當然的下一個問題：「P-PIP是什麼意思？」

糟糕，我一下愣住了。「我忘了。」

就在我說出「我忘了」的那一秒，我的心沉到谷底。這下，不用再有壓力了，我在華盛頓的生涯結束了。我想，就是這樣了。明天我就向瑞德參議員請辭。如果我連TARP所屬的方案名稱都記不住，我當然應該辭職。也許他們可以再找一個沒這麼蠢的人來主導監督小組。

史都華又接連問了兩個問題，然後，感謝上天，進廣告了。我從椅子上起身，史都華抓住我的上臂，對我說：「你想在這裡傳達一個重要的訊息，可是你還沒做到。如果我讓你再說一句話，你想告訴大家什麼？」

我們再次四目相對，他的臉就在我的眼前，然後我告訴他我內心真正的想法。他說：「好！你等著。」

這時候節目還在進廣告，舞台導播過來趕我下去。史都華說：「不，她留下來。」節目經理說：「不行，我們沒時間了。」然後每人都加重語氣把剛說的話又說了一遍，史都華擺出老闆的架式，堅持說道：「她留下來。我知道我們可以擠出時間的。」

導播退下後，史都華轉頭看著攝影機，收拾桌上的紙張。然後他警告我：「你沒有多少時間。」

兩秒後，攝影機的紅燈亮起。我以為他會問我問題，讓我有機會把剛才告訴他的話當著攝影機再說一次。可是我錯了，他問我的是其他問題。我心裡想，反正我豁出去了，我想說什麼我就說什麼；而我也確實那麼做了。我當時說的話比下面的長一點（而且有點口齒不清），但基本上我傳達的訊息如下：

> 這次的金融危機可以不用發生。從一七九〇年代到一九三〇年代，美國經濟一直都有繁榮與蕭條交替循環的特性，每隔十到十五年便會出現一次不景氣，但我們總會想出辦法度過難關。走出經濟大蕭條後，美國政府加強了許多法規限制，給了我們沒有金融危機的五十年，但是在一九八〇年代，我們開始逐漸對這些法規鬆綁，於是又回到了榮枯交替循環的老路。等這次的危機過去，我們將會有一生一次的機會重寫規則，我們做出的選擇將會決定美國的經濟是要重回榮枯循環，還是更加穩健，讓普通老百姓有機會享受真正的繁榮。

說完了。我深深吸了一口氣。

＊編按：P-PIP是公私合營投資計畫（Public-Private Investment Program）的縮寫，外界又稱「排毒計畫」。

然後喬恩．史都華指著我說：「這是過去六個月以來，我頭一次覺得好過一點……我甚至覺得聽起來像是財金版的心靈雞湯。謝謝你。這些話讓我們對事情有更全面的了解，在我來看，確實言之有理。」

當你大到不能倒，再高的風險你都不會放在眼裡

我也許忘了P-PIP代表的是什麼，但另一組縮寫卻深深烙印在我腦海裡，怎樣都忘不了。那就是：TBTF（Too Big to Fail，大到不能倒」）。

「大到不能倒」不是新創的概念，但在二〇〇八年春天金融巨人貝爾斯登倒地時政府介入援救後，將這概念推上高峰。二〇〇八年秋天，哈利．瑞德打電話給我之前兩週，我才在哈佛大學的課堂上教到這個概念。

那天我們一邊在討論次級貸款金融商品如何毒害整個金融體系，我一邊拿著粉筆（我喜歡用粉筆）在黑板上寫下幾個重點。然後我問全班同學：經濟惡劣的情勢顯然會持續好一段時間，有些公司可能會倒閉。如果現在你是一家大型金融業者的負責人，你要怎麼做才能確保十年後你的公司還在呢？

大家紛紛舉手。一個學生說：「要儲備現金，保留很多很多現金。趕快把握時間把不良資產處

理掉，留住現金，直到風暴結束。」

我說：「嗯……有人有其他看法嗎？」

所有的手都放下了。剛才的學生已經答出了教科書上的標準答案，為什麼我還要問有沒有別的看法？

在長長的沉默後，一個學生突然跳起來，飛快舉手。

我沒叫他，讓沉默延續下去。

另一隻手舉起，然後又一隻手、再一隻手。最後，三分之一的學生舉起手，所有人臉上都帶著微笑，對另一個答案背後代表的狡黠感到佩服，而還沒想到的人則一臉疑惑。

我終於點名其中一個學生發言。這個教科書上沒提的答案，就是：盡可能且盡快的擴張你的銀行。即使這代表你得承受極大的風險，或即使你得付出過高的金額去收購小公司。或即使你必須進入危險的市場，做不賺錢的生意。反正，你就是要無所不用其極的去擴張、再擴張。然後——重點來了——向其他每個人借錢去付這筆擴張的代價。

為什麼？因為當一家金融業者真的大到欠所有其他大公司很多錢時，那麼它在整個經濟裡就太重要了，所以政府絕對不會讓它倒閉。如果一家銀行在美國聯邦存款保險公司裡有二、三十億美元的支票帳戶，那麼政府會用盡一切方法讓這家超大型銀行繼續營業。

當然，現實世界比黑板上的幾行字複雜許多。可是這個基本概念簡單易懂，我們自然不是第一個想到的人。我的學生只花了兩分鐘，就看穿要怎麼建立一家「大到不能倒」的銀行。

到了TARP真的拍板定案後，除了受益的銀行家之外，幾乎所有的美國人都恨透了「大到不能倒」這件事。

是的，我們的經濟正在崩塌，政府必須介入以免進一步惡化，但是大銀行的規模並不需要這麼大，而且這麼緊密連結。它們變成這樣，是人為的選擇，而非必然的結果，至於美國政府在處理紓困上，更是犯了嚴重的錯誤。

我教授生意失敗的課將近三十年，所以分析陷入困境的公司正好是我的強項。一般而言，當一家公司快要破產時，任何為起死回生所做的努力都要附加許多條件：高階主管被開除、股東權利被刪除、債權人只能收回債款的幾分之一、新的營運計畫要完整……做不到？那就不要想有新錢挹注。

二〇〇八年金融海嘯發生時，政府應該採取類似的方法。在營救保險巨人AIG時，幾乎就要這麼做了，直到財政部介入，帶來了完全沒有附加條款的TARP。

二〇〇八年八月及九月，AIG眼看就要度不過難關時，接下來就按照正常程序走。公司要求債權人減少應收金額，而公司會償還部分債款，沒有人可以拿到百分之百借出的錢，但也沒有人會沒收到一分錢。

然後，美國政府出錢為AIG紓困。突然間，所有債權人都拿到百分之百的債款。換句話說，美國納稅人補貼了AIG債權人原本已經同意的金額之外的損失。舉例來說，身為AIG最大債權人之一的高盛集團（Goldman Sachs）就拿走了一百二十九億美元。這麼多白花花的銀子，高盛一定覺得耶誕節提早在十月來臨了吧？

但不只AIG一家如此，TARP還捧著大量的錢白送給其他銀行，不需要銀行做任何回饋——沒有要求債權人減收債款、沒有開除高階主管、沒有承諾不再進行高風險交易，於是「大到不能倒」的這些銀行彷彿吃了禁藥一樣瞬間恢復元氣，他們得到的不只是政府的紓困，而且是沒有任何損傷及條件的紓困。

「大到不能倒」讓超大型銀行以在賭城度週末的醉漢心態來經營銀行，再高的風險都不看在眼裡。來吧！在黑色二十二號上押注十億美元！如果贏了，高階主管和股東將會富可敵國。萬一賭輸了，把銀行掏空，讓納稅人買單。

沒有附加條件的紓困養出了「大到不能倒」的怪物，我相信我們將會長時間為此錯誤付出極大的代價。

這麼多聰明人，全部陷入「團體迷思」中無法自拔

我參加《今日秀》錄影後的第六天，五人監督小組和財政部長蓋特納舉行了第一次公聽會。雖然無法得到完整的交易資料，但我們認為這會是我們想得知真正狀況所做的努力很重要的一步。

紓困案在國會投票時並沒有被定位為「拯救銀行計畫」。相反的，他們告訴國人，紓困會讓銀行能借錢給中小企業，而且對減少法拍屋有幫助。然而，當這些毫無條件的支票送給大銀行之後，所有當初的承諾全像沙漠裡的小冰雹蒸發得無影無蹤。沒錯，財政部的確選了幾個區域試辦法拍屋貸款計畫，也把中小企業貸款掛在嘴上，但實際效果卻乏善可陳。我們可以挑明了說：TARP就是在拯救銀行。

那麼大銀行怎麼處理他們拿到的錢？有些把錢鎖進了保險箱，守著不用；有些拿來收購其他銀行或相關併購案，讓「大到不能倒」的他們變得更大。更糟的是，他們做的事都和TARP的初衷背道而馳：這些大銀行不但縮減對中小企業的貸款額度，還進一步欺壓付不出貸款的屋主，將房子法拍。

當然，即使在財政部開始把TARP的錢送出去之後，也不是所有銀行都能得到巨額挹注。許多小銀行被屏棄在外，懇求政府借給他們一點錢，有些銀行等不到政府回應就倒了。到了二〇〇九年四月，將近五十家小銀行宣布破產，更多銀行掙扎求生。他們的許多客戶——中小企業也失去了貸款來源，跟著紛紛倒閉。

這些錯失的機會，到現在仍讓我沮喪得想尖叫，中小企業老闆、屋主、失去工作的男男女女，他們不是什麼統計數據，而是現實生活中失去一切的好幾百萬人。

在金融海嘯中，我們五人監督小組也盡速架設自己的組織。到了五月，我們已有二十名左右的工作人員。提娃娜・威克爾森（Tewana Wilkerson）是娜歐蜜・鮑姆的左右手，同樣有豐富的國會經驗。老是戴領結的史蒂夫・克羅爾（Steve Kroll）是個聰明風趣的律師，他和另一名有豐富證券法經驗、毅力驚人的女律師莎拉・漢克斯（Sara Hanks）共同主導我們的重點調查。

我們組織了一個兼容並蓄的菁英團隊，有投資銀行家、金融主管機關的官員、法庭律師、經濟學家、會計師和一位好萊塢劇作家（好吧，其實他在去加州前是個信用評等專家）。更棒的是，我們說服了已經退休的倫理學泰斗威爾森・亞比尼（Wilson Abney）重出江湖，來助我們一臂之力。

如此多元的背景是慎重考慮後的選擇。我認為我們面對的是史無前例的危機，所以需要匯集各方面的想法，越多越好。況且，我們之中有好幾個人認為「團體迷思」是造成這次金融危機的原因之一*。這些大銀行家們幾乎都用相似的策略經營規模如此龐大的集團，主管機關也犯了同樣的毛病——事實上，許多人在政府機構與民間銀行之間來回任職，已是大家心照不宣且行之有年的傳統。換言之，金融業裡的關鍵人物幾乎從沒接收過來自不同世界的觀點。

我們的工作人員越多，對辦公室的需求就越緊急。要在華盛頓馬上找到一個地方安置全新的政府單位，就像要在曼哈頓找到一個景色不錯、房租不貴的一房公寓一樣困難。不容易，但也不是不

---

*編按：團體迷思（groupthink）是指某團體因具有高度的凝聚力而壓抑個人獨立思考及判斷的能力，放棄提出不同意見的機會，造成團體做出錯誤或不當的決策。

可能。我們找上了別人想不到的房東：政府印刷局（GPO）。

政府印刷局離國會山莊不遠，就在聯合車站旁的小巷子裡。政府印刷局的業務就如字面所說的，為政府印刷最高法院解釋文、法律條文和其他官方文件。它裡頭有個大工廠，每天要裁切、裝訂好幾公噸的紙。這是一棟一八六〇年代的建築，設計沉穩、格局方正，強化的地板和厚重的外牆讓它看起來彷彿一座堡壘。

早期這裡需要上千名工人應付繁重的印刷業務，為數以百萬計的文件裝訂、封箱。但是，如同美國其他的印刷廠，自動化和電腦化徹底改變了印刷局，現在它所需要的操作人員已經大幅減少。

這就是為什麼我們會借用工廠三樓和六樓的部分區域，和印刷局員工只用薄薄的木板隔開。我們會議室的某面牆上甚至還嵌著一個歷史悠久的馬桶，戴蒙堅信這裡根本是個改裝過的男廁，但我從來沒問過我們的房東（我們已經付錢租下這個地方了，我一點都不想知道答案）。雖然電梯很慢，內部陳舊，大白天時這個地方倒是非常好，完全沒什麼大問題。到了晚上，工廠那邊的人都走光了，只有鄰近的街燈透過高窗照進來一點微光，映照出機器巨大的輪廓。監督小組的工作人員需要熬夜加班時，通常會聚在一起，把燈開得超級亮，不過當你必須走過又大又空又黑的工廠去上廁所時，看著外頭空無一人的夜色，你所看過的每一部恐怖電影都會閃過你的腦海。

國家印刷局在電梯上方安裝閉路電視，好將訊息傳達給每個員工（例如「恭喜某某員工服務滿二十週年」），其中有些訊息還放了照片。我第一次到我們的新辦公室時，迎接我的是電視螢幕上放大好幾倍的老鼠照片。我對老鼠害怕到極點，我連松鼠都無法喜歡，所以一看到螢幕上那隻放大好幾倍的老鼠時，立刻放聲尖叫。其實照片上的字幕，是提醒大家午餐一定要密封。但從此之後，只要入夜後我還在辦公室，就會想起那些老鼠——如果每個人都把午餐妥善密封了，那些老鼠現在準備吃什麼？

國家印刷局的人非常大方好客，他們很友善，對我們不正常的工作時間異常容忍。他們幫助我們找家具，豎立更多的臨時木牆。他們邀我們去參觀工廠，欣賞他們的成品。最棒的是，他們支持我們。在電梯或走廊遇見時，他們會為我們加油，幫我們打氣，要我們逮住那些壞傢伙，這正是我們努力在做的事。

他們蹲下來假裝不在家，一直不來應門

依法五人監督小組是暫時性的組織、兼職的工作，二〇〇九年春天，我依舊在哈佛教書，經常在波士頓和華府之間飛來飛去。

每次我從華盛頓飛回家時，布魯斯都會去機場接我，然後一起去「夏日小屋」（Summer Shack）吃飯。這家餐廳占地寬廣、非常熱鬧，每天會在牆上的大黑板寫下當天的新鮮進貨。在炸香魚的季節，店裡也會提供，雖然我不吃，但布魯斯愛極了。

我們總是坐在同樣的位子，點同樣的飲料和開胃菜。我喝淡啤酒，布魯斯喝漁夫啤酒，然後再來一份炒蛤蜊。薩爾．奇勒米（Sal Chillemi）是夏日小屋的元老級員工，一看到我們走進來，就會把啤酒和菜單一起送過來。我總會留一塊玉米麵包帶回家給奧蒂斯吃，牠總是張大嘴一口吞。興致高昂的晚上，我會迫不及待的告訴布魯斯我們在哪個議題上引起公眾的注意，或者找到很棒的資料。灰心喪志時，用餐時間只能情緒低落的有一搭沒一搭說話。還有幾個晚上，我心情沮喪到緊閉雙眼仰靠在椅背上，將冰涼的啤酒杯壓在自己的額頭。

五人監督小組很快又遇上財政部擺出「聽我們的就對了」的不合作態度。蓋特納部長宣布要對大型銀行展開「壓力測試」，檢核他們是否已有足夠的資本再度站穩腳步，負責測試的是聯準會。如果銀行通過測試，大眾就能對他們的穩定度更有信心，呃，至少當初他們是這麼說的。

五人監督小組提出一個非常直接的問題：到底這個「壓力測試」的壓力有多大？我們找來一流的專家想要做評估，卻接到聯準會和財政部的通知，拒絕我們的參與。他們嚴格限制我們取用他們評估銀行的數據，事實上，我們甚至無法完整取得他們用來為銀行打分數時所做的測試內容。我們施壓、抗議，軟硬兼施，派律師去警告他們，但不論我們有禮貌的請求或沒禮貌的威脅，沒有一樣能奏效，「壓力測試」仍被列為高度機密。

當財政部宣布測試結果時，哎，誰想得到呢？居然每家銀行都過關了。半數銀行棒極了，半數銀行傷勢雖然比較嚴重，需要更多錢，可是每家銀行都在康復中。蓋特納部長說：「十九家銀行中，沒有一家有破產風險。」

真的嗎？在財政部宣布每家銀行都快痊癒之後，我們又再次要求：現在可以把測驗資料給我們了吧？得到的回答是：「不行，門都沒有。」

在二〇〇九年的春天和夏天，我們一次又一次大聲且公開的抗議聯準會和財政部拒絕給我們資料，但是他們毫不讓步。直到現在，我們還是不知道「壓力測試」到底測了什麼東西。

我們已經來到TARP的門前，用力拍門，但他們蹲下來假裝不在家，一直不來應門。

二〇〇九年六月，財政部開始和大型銀行協商另一回合的交易。依照TARP當初的安排，銀行向國家借錢，他們得折價將銀行股票賣給政府當交換。這樣的做法來自一個概念：如果紓困成功，銀行恢復運轉，就能讓納稅人在未來可以賺到股票價差。如今「未來」到了，政府開始和部分銀行結算，拿回納稅人賺的錢。

那麼，納稅人到底賺了多少呢？這就要由銀行和財政部之間協議的交易價格來決定。如果政府接受過低的價格，就等於銀行占納稅人便宜。

所以五人監督小組決定進行另一項調查。再一次，我們發現剛開始的幾筆交易，財政部關起門來進行（為什麼這回我一點都不驚訝了？）。再一次，我們的專家努力挖掘真相。再一次，五人監督小組發現財政部沒有為美國人民把關。密室交易的結果，財政部只向銀行索取了美國人民應得的六六％，也就是說：原本銀行該還給納稅人一百元，結果只給了六十六元。

這一次，五人監督小組學乖了，我們搶在交易完成之前把它攔了下來。我們行動迅速，趁著大部分交易都還在協商中，我們和特別監察小組成員、負責監督其他紓困問題的尼爾．巴洛夫斯基（Neil Barofsky）合作，很快完成分析並提交報告。一旦報告公諸於世，未完成的協商就只能打開密室之門，在公眾的檢視下進行。由於協商公開，高盛集團因此大幅提高了付給財政部的金額。最後，五人監督小組算出我們幫納稅人多爭取到近八十六億美元。

對一個只有權力寫報告的監督小組來說，這樣的成果算不錯了！

姍姍來遲就算了，居然還袖手旁觀

金融海嘯週年紀念日就要到了，但法拍屋數目卻仍持續攀升。我們寫更多報告，和財政部開會，找不同的政府官員晤談，然而每次都會被同一個殘酷的現實擊潰：財政部的法拍屋救援方案根本是垃圾。我覺得自己彷彿在看網路上的車禍影片，不斷重播又重播，而那些負責指揮交通的人姍姍來遲就算了，到了現場還袖手旁觀。

次貸危機讓許多人互相指責，其中有不少人痛責房貸戶不負責任。那年年初，有名嘴在電視上大放厥詞，說這些「魯蛇」現在成了社會毒瘤，並催生了茶黨這個立場極右的新黨派*。似乎每個人都聽過類似故事，不是認識某個公車司機買了八十萬美元的房子，就是誰家的姊夫靠短期買賣房子賺了大錢，最後在房市崩盤後賠個精光。專家們大聲責備那些跟你住在同一條街上的鄰居是房價慘跌的主因，許多政治人物也和他們同仇敵愾。

對我而言，這種說法簡直倒果為因，就像在說：「喔，我們不能怪可憐的銀行家，他的薪水之所以是好幾百萬美元，正是因為他是專家，他怎麼知道銀行會說倒就倒呢？」然後轉過頭說：「你們這些愚蠢的屋主，為什麼要在那些看不懂的貸款文件上簽名呢？你難道不知道萬一失業，你就會還不出錢嗎？」

這種詭辯，讓我氣到說不出話來。

到了二〇〇九年秋天，蓋特納部長邀請TARP的監督人員一起開會。在此之前，我們和他開過幾次會，他也出席過兩次公聽會。會議在財政部大廈一個富麗堂皇的房間裡舉行，裡頭滿是古色古香的家具、層層相疊的窗簾和厚重金框的油畫，看起來彷彿是國王們要在這裡協商誰分到哪一塊殖民地。

蓋特納部長的娃娃臉，向來是大家八卦的熱門話題。我猜他的外表確實很年輕，但最讓我吃驚的，是舉行這個會議的地點，居然是他的家。他邀我們到這裡，彷彿是要讓我們知道在這個寬敞氣

＊譯註：茶黨（Tea Party）是二〇〇八年由共和黨分裂而出，反對政府增加開支拉動經濟的政策，並認為政府提供津貼給無法償還貸款的人是錯誤的行為。

派的房子裡，他才是主人，而我們只是他的客人，只要我們乖乖守規矩，就不會被趕出去。

他和助理們坐在又長又大的桌子一側，其他人則坐在桌子的另一側，包括五人監督小組的成員、娜歐蜜．鮑姆、尼爾．巴洛夫斯基和代表美國政府審計辦公室（GAO）的吉恩．多達若（Gene Dodaro）。蓋特納說話的速度很快，音量常常低到幾乎聽不見，語調呆板，連珠砲似的不斷往下說，讓人插不上嘴。他顯然極為聰明，對情況掌握得很清楚，但是卻不願意讓我們提問。也許他很焦慮，畢竟有八個人在你背後盯著你、質疑你每個決定，大概不是一件太愉快的事。

這次會議，與我們前幾次和財政部長開會的模式大致相同——他講，我們聽，然後突然間就結束了，沒有任何提問和回答的時間。

我試著控制自己，但在聽這位財政部長不斷吹噓他的部門為復興經濟做了多好又多好的計畫之後，我終於忍不住打斷他：五人監督小組已經多次嚴詞批評財政部的法拍屋救援方案，為什麼財政部對法拍屋的悲慘現狀幾乎沒有反應？我們認為你們的計畫設計不良、管理不良，無法提供長期幫助，我們擔心它只能幫到極少數的人，無法發揮什麼作用。在你們趕著將鈔票一卡車一卡車的送給大銀行紓困後，你們設計出來的法拍屋救援方案卻是杯水車薪，毫無實質幫助。依我來看，好幾百萬人就快撐不下去了，事實上，整個美國都快要撐不下去了。

財政部長似乎對我打斷他的話感到惱怒，但是他很快就開始談起他處理法拍屋問題的方法，重複五人監督小組已經知道且批評過的計畫。然後他解釋為什麼財政部的規畫完全合理，叫我們不要擔心。最後他才說出了重點：銀行一次只能處理一定數量的法拍屋，財政部必須減少數量，好讓銀行不會不堪負荷，這就是為什麼他會提出新的法拍屋救援方案：這項方案所提供的金額，剛好能夠為銀行鋪設安全著陸的「泡沫跑道」＊

原來這才是真相：財政部的法拍屋救援方案，目的是為了幫銀行鋪設一條安全降落的泡沫跑道。今天，數百萬人被趕到街上，無家可歸，美國財政部長卻只顧著讓銀行安全著陸。天啊。

你怎麼能說出這種話？我真希望當時自己能想出什麼話來反擊，但我沒有。我感覺我跟他就像一個正站在冰雪覆蓋的山頂之上，而另一個正爬過死亡沙漠。我們對世界、對問題的看法差太多了。

接下來幾個月，五人監督小組寫了更多報告，指控財政部對法拍屋危機的不當作為，重申大量法拍屋對高失業率和長期經濟成長的衝擊。五人監督小組並非唯一敲響警鐘的人，美國聯邦存款保險公司主席希拉．貝爾也一再提出警告，並試著提出建議好讓更多人可以保住他們的房子。一流的經濟學家和房地產律師在報紙上寫專欄、奔波演講；抗議陳情的人紛紛冒出來。我們做了每一件力所能及的事，但法拍屋的數目卻還是降不下來。

＊編按：鋪設泡沫跑道可以讓飛機緊急迫降時減少撞地起火的可能，用於金融業則是指在最後一分鐘將救急現金挹注到即將破產的公司，這筆貸款對這家公司來說是撐下去的最後一搏。

到底有沒有人違法，政府居然連查也不查

秋去冬來，五人監督小組一開始時的黨派之爭已經成了過去式。我們全心全力追求同一個目標，我相信那段時間，所有成員的確忘了誰是哪一個黨的，連亨薩靈眾議員最後也心軟了，為五人監督小組提出的幾份報告投下了贊成票。我很高興有他站在我們這邊，雖然只是偶一為之。

二〇〇九年十二月，亨薩靈眾議員打電話告訴我，他辭職了，共和黨指派了一位老練的稅務律師馬克．麥克沃特斯（Mark McWatters）來取代他的位子。同年年初，蘇努努參議員也離開了，七個月後，接替他的保羅．阿特金斯（Paul Atkins）也走了，共和黨指派的新人選是聲譽極高的保守派勞工經濟學家肯恩．崔羅斯基（Ken Troske）博士。馬克和肯恩對我們小組緊抓不放的幾個問題都有很主觀的意見，雖然我和他們不見得看法一致，但我非常欣賞他們持續挖掘真相的精神。他們兩人既聰明又投入，讓五人監督小組的調查進行得更精闢而深入。

我從五人監督小組的經驗學到了不分黨派合作的一個重點：不必粉飾太平。我們的背景、觀點都不相同，但小組成員並沒有刻意掩蓋這一點，然後說「天空是藍的」（這話誰會反對呢？），相反的，我們彼此衝撞、相互辯論。我們拚了命研究，因此我們的報告強而有力，我們的語言不拐彎抹角。我認為我們這個多元、跨黨派的團隊做出來的成果，比起任何個人（或任何政黨）能獨立做出的要好很多。在我擔任五人監督小組主席期間，我們提交的二十三份報告中，有十份是五人全數

同意，其中十六份獲得兩黨支持。我覺得這很不錯了。

五人監督小組月復一月的提交報告，蓋特納部長三度到國會作證，其中一支公聽會的影片被放上了YouTube，花旗銀行的執行長維克拉姆．潘偉迪（Vikram Pandit）和艾利銀行（Ally Bank）的執行長也到國會作證。我們要求其他五六家大銀行的執行長作證，但全被拒絕了，因為我們沒有傳喚證人的權力，只要他們不答應，我們就無計可施。

二〇一〇年六月，我們寫了一份特別報告，完全聚焦在AIG的紓困案上。我們顯然打到痛處了，那份報告獲得史無前例的高度媒體關注，讓大眾再一次對AIG到底出了什麼問題感到好奇。兩個星期後，AIG前任執行長漢克．格林伯（Hank Greenberg）要求在我的哈佛大學辦公室見我。他對我們的報告非常不滿，但他也無法反駁我們的指控（AIG進行極高風險交易，對美國整體經濟帶來嚴重威脅）。他想讓我們知道，他是一個這麼棒的執行長，卻沒有獲得應有的回報。當他發現我不會撤回報告中所下的結論——AIG在他的領導下成為危險毒瘤——時，他將怒氣轉向攻擊民主黨籍的紐約州前任檢察長艾略特．史畢哲（Eliot Spitzer）的召妓醜聞。最後當他發現這對我也起不了作用時，他站起來，很不滿的離開了。這次會面再一次提醒我：金融業執行長腦袋裡想的，似乎和絕大多數的人不一樣。

由於格林伯在金融海嘯之前就已卸任，因此當TARP介入，那些獲得紓困的銀行執行長得到的待遇要比他好多了。到了此時，我已經明白政府不會開口要任何一位執行長下台負責，但我仍然希望政府會啟動偵查，看看這些傢伙是否違法。

五人監督小組沒有提起民事或刑事訴訟的權力，但司法部和其他政府機關只要合理懷疑，都有權這麼做。幾個月下來，我一直以為遲早會有政府官員想到銀行系統的崩潰，可能跟銀行高階主管做了什麼違法的事有關；我也一直以為，遲早會爆出一狗票金融業者被起訴的新聞。

結果，沒任何動靜，既沒有銀行業者被上銬帶走，也沒有大規模的起訴。

銀行真的可以凌駕法律之上嗎？當然不是。在一九八〇年代，美國同樣深受金融危機所苦，當時有許多存款和貸款機構利用剛解禁的新法，搖身一變成了大型老鼠會。當年的聯邦政府對銀行可沒這麼寬容，只要看到一家破產，政府會立刻介入調查，如果發現高階主管偽造帳目，就必須為此負責。他們一個又一個被送進監獄，超過一千名銀行高階主管被起訴。我還記得在那波金融風暴時，我的比利舅舅就曾在家族聚會裡說：「我的銀行家朋友以前工作時間是從九到四，現在變成從五到七——坐五到七年的牢啊！」然後捧腹大笑。

其實我無法確定，大銀行裡有沒有人在金融海嘯的前幾個月或前幾年，做了什麼不法的事，而這正是重點所在：我不認為有任何人能確定。為什麼沒有任何大規模公開調查呢？為什麼沒有人去這些銀行查封硬碟、檢查財務報表呢？應該要定時抽檢帳目的政府官員哪兒去了？有沒有哪個部門投入真正的資源在徹底調查這件事？有沒有真正有權力的人，想把這個謎搞清楚？我們從哪裡可以看到這些努力？或者到底有沒有人在努力？

我們應該這樣想：大型銀行年復一年，每三個月就將經過會計師簽核的財務報表送交政府，以顯示銀行狀況良好。然而，他們卻同時將幾十億美元的不良貸款貼上偽造的ＡＡＡ等級債券，賣給全美國的退休基金和地方政府。然後，銀行突然需要上百億政府挹注的現金才能不關門大吉。政府給了銀行大筆的錢，卻從未投入資源及人力去確認銀行財務報表上突然發生的虧損是不是至少有部分是非法行動造成的。

於是，位高權重的執行長們在金融海嘯中照樣坐收百萬紅利，八十多歲的佛蘿拉卻被迫睡在車上。美國政府忙著為大銀行「鋪設泡沫跑道」，卻從未認真調查那些開飛機的傢伙幹了什麼壞事。

我是一個局外人，你最好別來糊弄我

二〇一〇年春天，《時代》雜誌打電話給我，他們正在寫一篇標題為「華爾街新警長」的故事，想要採訪我。他們告訴我，這個故事中的三位主要人物全是女性：美國聯邦存款保險公司主席希拉・貝爾、美國證券交易委員會主席瑪麗・夏皮羅（Mary Schapiro），第三個就是我。五人監督小組的權力遠遠不如聯邦存款保險公司及證券交易委員會，但《時代》似乎覺得無所謂。

我沒見過瑪麗，但我和希拉是舊識。她是成就非凡的律師兼學者，二〇〇六年被小布希總統任命為美國聯邦存款保險公司主席。大多數人都認為聯邦存款保險公司的工作十分無聊，但她完全改造了那個地方，她推動組織重組，加強對小銀行的監督，大大增加聯邦存款保險的資金。我們幾年前就認識，最近我還參加了由她發起的委員會，幫助低收入家庭獲得收費更合理的銀行服務。

我們三人聚在一起接受訪問及拍照，就在我們拍封面合照時，攝影指導發現我比其他兩位要高很多，立刻表示「這樣不行」。《時代》的編輯有備而來，馬上拿出箱子請瑪麗站上去，另外為希拉搬來小凳子。我們的位置調整好後，攝影師稱讚我們確實有警長的架式。

整個過程似乎有點搞笑，逗得我們很開心。事實上，我很享受那段和希拉、瑪麗共度的時光。很多話題我們都能聊，像是：銀行保險基金的負責人希拉擦什麼顏色的口紅，為什麼有人會在乎？為證券交易重建秩序而奮戰的瑪麗不會處理頭髮，是應該關注的問題嗎？如果換作是男性，會忍受外界對自己的外表說三道四嗎？

但我們三個都知道這張照片代表的真正意義：這是一個機會，可以將為什麼華爾街需要接受更高道德標準檢視的訊息傳遞給許多人知道。我猜我們三個人都想過《時代》這期的封面故事，一定會讓人想問一個大家都想過卻不常拿出來討論的問題：既然財經界位居高位的女人少得可憐，為什麼在國家經濟陷入危機時站在領導位子上的居然是三個女人？

在接下來的幾年裡，希拉、瑪麗和我在不同的場合討論過這件事。雖然我們總是以輕鬆的方式交換意見，但這個話題確實讓人憂心。畢竟在《財星》雜誌前五百大企業中的二十家商業銀行裡，只有一家的執行長是女性。我長期參加財經學術研討會，我上女廁從來不需要排隊。

然後，在我和TARP糾纏的兩年半裡，五人監督小組來來去去的十個成員中，除了我之外，全都是男性。

那麼，為什麼財經界女性如此鳳毛麟角呢？為什麼會讓三個女人成了華爾街的新警長？我不能代替瑪麗或希拉回答，但我對自己為什麼會站到這個位子倒是有一番見解：因為，我是個局外人。我從未真正進入過高層金融圈那個溫暖舒適的世界，從未和任何執行長打過高爾夫球，也沒在俱樂部裡面一起抽過雪茄。

有些人會說，如果你從未進過那個圈子，就不可能真正了解他們的世界。但我的看法是，就因為我沒有踏進那個圈子，所以我不會盲從。我以一個局外人的身分仔細研究銀行，所以我不認為有任何人可以糊弄我。我認為金融界大多數男性都很聰明，也賺很多很多錢，但也並沒有比我認識的其他人聰明到哪裡去。不過，這不代表當災難發生時，他們會不知道，也不表示他們不會為了賺更多錢鋌而走險。

有一晚我們五人監督小組加班趕報告，戴蒙告訴我一個別人轉述、讓他印象深刻的故事。在五人監督小組提交第一份報告以淺白簡潔的十個問題向財政部開砲後不久，有人在一個很奢華的地方為鮑爾森部長辦了一場小型的送別會。當時股票市場崩盤，經濟搖搖欲墜，但是在送別會上大家卻對鮑爾森部長處理金融海嘯讚譽有加。到宴會快結束時，五人監督小組成為聊天的話題。在場人士紛紛表示不滿，然後有人提到我的名字。其中一個來賓說：「她就是搞不清楚狀況。」所有人都點頭表示同意。

我問戴蒙是否有女人在場。「沒有。」他說：「我聽說清一色是男人。」

我想也是。

當你手上沒權力，那就訴諸大眾吧！

直到二〇一〇年九月，我接受了另一份華府工作之前，我都是五人監督小組的一員。和財政部及大銀行為了TARP角力了近二年，我認為我們交出的成績單有輸有贏。輸的部分很明顯。我們沒有權力阻止財政部無條件把TARP巨款送給大銀行；對那些超大型的金融業者而言，「大到不能倒」成了新的座右銘。我們也沒有啟動犯罪偵查的授權，也沒有任何資深銀行高階主管被戴上手銬，從辦公室押送出來。我們沒有辦法讓財政部加快幫助小銀行的腳步，截至二〇一〇年九月，超過三百家小銀行和信用合作社宣布破產。我們也不能強迫任何機構貸款給中小企業，導致超過十七萬家的中小企業因為這波經濟危機而倒閉。

光這些就已經夠糟了，最讓我難過的，是我們沒有辦法讓財政部或白宮提出任何可以真正幫助法拍屋屋主的方案。美國史上最大筆的紓困基金，被銀行巨人狼吞虎嚥分食了，好幾百萬個美國人失去他們的家園，即使現在——金融危機發生好幾年後——仍然有好幾百萬人還在付比房價更高的貸款。我依然不時會想起佛蘿拉，想起艾史崔達先生，而我知道全美國有好幾百萬個受害者和他們的遭遇類似。

在我心情最沮喪的時候，最讓我痛心的一點是：五人監督小組無力改變那個看似固若金湯的系統，只能眼睜睜看著它全力保護銀行鉅子，卻讓其他人流落街頭。

話雖如此，我們還是打了幾場勝仗，其中有些影響深遠。

例如我們不止一次吹響口哨，吸引大眾的注意，讓一些躲在檯面下的交易轉而在大眾的監督下進行。五人監督小組幫助美國人民取回不少錢，比如我們二〇〇九年關於分紅的報告，把好幾億美元的錢討回來還給財政部。

在娜歐蜜能幹的領導下，我們建立了一支包括世界級專家和調查員的團隊。他們的工作水準一流，比如說在他們的分析下，得出政府援助汽車業是正確的決定，在法律上、經濟上都站得住腳，而且還留住了一百一十萬個工作機會。雖然我們無法阻止「大到不能倒」，至少我們讓它成了過街老鼠。我也認為我們讓大家注意到政府部門的嚴重缺失，看到它在人民最需要的時刻完全起不了作用，而且和銀行業者走得太近、關係太過複雜，並且預算不足以支應所需。因此在TARP提前終止之後，激起人們推動金融改革的決心。

也許還有其他我沒有提到的、比較不明顯的小小勝利。在離開五人監督小組後，我接下的工作讓我花了很多時間待在財政部大廈。當我走在那些空無一人的通道時，偶爾會有財政部的人把我攔下來打招呼。在這些對話裡，我多次聽到類似評論的不同版本：「你不認識我，但在金融危機時我在財政部的XX局工作。每一次在我們討論應該怎麼辦時，總會有人問：『要是被伊莉莎白・華倫發現了，她會說什麼？』然後大家就會停下來，再重新想過。」

我從不認為他們口中講的人是我，我相信那些人指的是五人監督小組的全體成員，以及我們傑出的工作團隊。我也認為這一類的評論，其實講的是民主。我認為這是「要是被其他人發現我們在做什麼，怎麼辦？」的另一種說法。我相信代表人民發聲，清楚而響亮的提問是值得的，這就是最好的證明。

在那個學生烤肉討論會的傍晚，哈利・瑞德參議員打電話給我之前，我從未真正思考過監督政府的意義。經由五人監督小組，我們有機會讓美國人參與正在發生的國家大事。我們的任務是提供一個窗口，讓全國人民看到自己的決定會如何改變他們的生活和經濟狀況，並且幫他們獲得充分的資訊，讓他們判斷所選出的領導人是否將國家帶往正確的方向。

我在五人監督小組的服務經驗改變了我。雖然我還是沒拿到警徽和手銬，對上電視還是一樣緊張（不過我現在不會吐了），但是我學到了幾個很重要的教訓。我學會了圈內人不喜歡圈外人提問，尤其是不懂華盛頓潛規則又討人厭的大學教授。我也學會了一個最基本的真理：當你手上沒有實質權力，那就訴諸大眾吧！把一切公開，因為全國民眾才是權力真正的主人。

對我來說，監督小組的工時超長，不是一份好玩的工作，但奧蒂斯很滿意，牠因此吃了好多玉米麵包，長了一身肥肉。我常常在啤酒和炒蛤蜊的陪伴下，向布魯斯吐苦水，想到那些金融界天之驕子時還會想罵髒話。而在見過那麼多不公不義的事和聽聞過成千上萬個家庭的痛苦後，我的怒氣總是帶著抹不去的哀傷。即使金融海嘯曾經如此慘烈，但我從不後悔自己為督促政府做得更好而努力戰鬥。我很榮幸有機會在關鍵時刻為國家服務，以自身的專長略盡棉薄之力。

對紓困案的監督以任何角度來看都不完美，但我看到的是它的可能性。我們把一個原本沒沒無聞、無關緊要的小組，努力經營成被體制排擠在外的老百姓的耳目，時時為受到經濟危機重擊的人民發聲，表達他們的觀點。

那感覺真好，真的非常好。

第4章
一天一百萬美元可以買什麼
小烤箱、蛇油推銷員與歐巴馬

雖然五人監督小組還在運作，但我決定接受另一個從天而降的重責大任。它和國會監督沒有關係，卻和金融體系崩潰息息相關。我有這個想法已經有一段時間了，所以當機會來敲門讓我能把想法化為現實時，我無法拒絕。我猜這就像玩拼圖時，看到有一片的形狀似乎剛好可以放入空白處，總會忍不住試試看一樣。

日常生活中常會產生各式各樣的想法，而我這個想法來自多年的研究和教授法律細節的經驗，但是光有好想法還不夠。另外，我也需要說清楚這個想法，我覺得用我之前有次差點燒掉廚房的例子來說明，可能是個不錯的辦法。

救命啊，烤箱著火了！

一九七〇年代，我們還住在紐澤西州時，我喜歡烤吐司當早餐。一天早上，當時才三、四歲的艾蜜莉雅坐在兒童座椅上吃玉米片。我把四片麵包扔進小烤箱，手忙腳亂的處理其他事，很快的就將烤麵包這事拋在腦後。當我看到烤箱冒出黑煙時，我抓住把手，拉出烤盤，四片吐司全著火了。我反應很快，一邊尖叫，一邊把烤盤扔進水槽。三片吐司正中目標，但是第四片飛得太高，引燃了窗臺上那面可愛的黃色小窗簾。

我再度放聲尖叫，然後一把抓起艾蜜莉雅的兒童碗扔向正在燃燒的窗簾。碗裡的牛奶澆熄大部分的火，我冷靜下來才想到丟東西可能不是最好的滅火策略。接著我注意到小烤箱冒出火花，似乎也著火了（那個該死的東西到底烤了多久？）。我拿起玻璃杯，裝滿水，倒在窗簾還沒熄掉的火苗上，然後抓起一條毛巾拍打小烤箱直到一切似乎沒事了，才拔掉插頭。

那大概是我廚房多次起火、爸爸送我滅火器當耶誕禮物的那一年。喔，美好的舊日時光。

那個年代的小烤箱只有開關這一個按鈕。按下「開」之後，很有可能會把吐司留在小烤箱裡一天一夜，直到吐司著火、管線融化、整個烤箱變成一團火球。後來（我不記得是什麼時候了）有人想出辦法，在烤箱上加裝計時器和自動關機裝置。這個簡單的改變，大大降低了忙昏頭的主婦忘了烤箱裡的麵包而讓廚房著火的機會。

三十年後，有一天在我絞盡腦汁撰寫一篇關於政府應該如何保護消費者免於被惡劣金融公司欺騙的文章時，我又想起了那些舊式的小烤箱。到了這時，已經不可能買得到有五分之一機會自燃，再進一步燒掉整棟房子的小烤箱了，但是在二〇〇〇年代，美國家庭還是有五分之一的機會借到導致房子被法拍、人被踢出門的貸款。事實上，不只是可能而已，這些貸款已經變身燃燒的火球，在全美各處流竄。

再以烤箱為例，在銀貨兩訖後，廠商就不能以變更售價為由要求購買者補足差額。（想想看收到這樣的帳單：「請立刻再寄一百元支票給我們，否則你的烤箱將會拒絕再為你的馬芬蛋糕加熱！」）然而，即使是文件簽署多年，信用卡公司還是可以就你已經借出的金額突然要求兩倍、三倍的利息。（「立刻再寄更多錢給我們，否則你的信用紀錄就毀了！」）你簽名前略過的那些要用放大鏡才看得見的小字，告訴你這一切都是合法的！

為什麼會有這樣的差異？答案是美國政府。二〇〇七年在我寫那篇文章時，政府機關有專門的單位負責檢測烤箱安全，如果有任何烤箱可能著火，就會勒令廠商停售下架。事實上，幾乎每件在市面上販售的商品，政府單位都會確保它基本上是安全的。政府機關努力保護人民的安全：兒童玩具不可使用含鉛塗料；成藥不可摻雜殺鼠劑；煞車失靈的車不能上市；當然會爆炸的小烤箱也不能繼續賣。然而，在二〇〇七年，卻沒有任何一個政府單位阻止金融機構兜售潛在危險性十足的貸款。

雖然名稱是金融商品，但是金融商品的待遇從來都和其他商品不同。它們和契約受到同樣的法律約束，也就是說，平等的雙方在協商之後，只要彼此同意，不管內容是什麼幾乎都可以成立。於是，在面對大型銀行時，消費者大都只能靠自己了。

我認為要解決這個問題，辦法其實很簡單：把貸款和其他金融商品都視為一般商品對待就可以了。沒有人會期待消費者去評估小烤箱裡的線路設計是否安全；同樣的道理，我也不認為應該期待消費者去細讀三十頁用小字寫成的信用卡同意書，看穿其中的伎倆。我認為常識和基本安全才是癥結所在。

我在文章裡比較了小烤箱和金融商品的安全性。我建議政府設立一個專責照顧消費者的新單位，確保金融公司遵守合乎一般常識的合理規則。人們還是可以隨自己意願使用貸款和信用卡，但是商品本身應該透明化，不會把魔鬼藏在小字裡，不會有陷阱埋在複雜的法律用語中。

我的想法十分簡單，但不幸的是，執行起來困難重重。

惡意的欺騙，藏在用蠅頭小字寫成的條款裡

這麼多年下來，我聽過很多人談他們的破產經過，每個故事的開頭通常是發生了出乎意料的不幸事件。做得好好的工作突然被解雇，深愛的妻子罹患了癌症，摔裂骨盆的老父讓女兒不得不縮短工作時間。

然後，故事通常在這兒出現讓我怒火中燒的急轉直下，因為就在家庭發生不幸後不久，大型金融公司就會跳出來讓事情變得更糟。

他們時而說謊，時而欺騙，設下誘餌引你上鉤。有時，甚至在獵物識破詭計時，還是厚顏無恥

的蠻幹。

我記得有個男人（就叫他傑森吧）和太太、繼子住在南方小鎮，他失業後連著找了幾個月的工作，終於在離家四十英里的一個倉庫找到職缺。在失業這段時間，他累積了一些債務。他欠卡債，也向小舅子借錢（他因此受到了羞辱，所以想盡快還錢）。既然已經找到了新工作，傑森認為他應該能夠重新站起來了。

他的舊貨車很耗油，而且拋錨過好幾次，所以他決定為新工作的長途路程換一輛可靠點的小車。一個星期六，他把舊貨車開到時常在電台做廣告的大車商店門口。他看了好幾輛車，仔細考量哪一輛車子最適合他的需求，最後決定買下一輛車齡兩年的福特金牛座（Taurus）。討價還價後，他以舊車換新車再補上一些差額，然後開著新車回家，對自己的決定相當滿意。他不是真的想換車，但是他覺得自己有責任讓生活逐漸重回正軌，而換新車是第一步。

幾天後，車商打電話過來，告訴他出了點問題。那天傑森在店裡時，車商說他可以用四％利率貸款買車，但是現在電話上的人卻向他解釋那只是初期利率，真正的利率要高很多，事實上是初期利率的五倍，所以他車貸的月付額將比車商原先告訴他的要多出一百零五美元。

傑森慌了。他新工作的薪水比以前少，要繳的稅額又比他原先估計的高，如今的他必須縮衣節食的過日子，實在負擔不起每個月一百零五美元的額外開支。他告訴車商那他不買了，他會把金牛座開回去，換回他原來的小貨車。

不行，他們說小貨車已經賣掉了。於是，傑森要嘛接受車商的條款，要嘛把福特還回去然後空手而回。就只有這兩個選項。

車商這麼做完全合法。在傑森親筆簽名的車貸合約中，有一行小字印著：「現有利率僅為初期利率」。法律並沒有規定，必須向消費者清楚載明或說明初期利率實際上的意思，也就是說：「初期的意思是在你買車之後，我們可以不需要任何理由就能每個月多向你收取一百零五塊美元。」

就我所知，跟傑森有類似遭遇的人何止百萬。傑森是在車貸上遇到了麻煩，但所有金融商品都可能發生同樣的問題。全美國的大銀行想出了各種辦法收取高額的跳票費用；小額短期貸款的實際利率可能高達百分之四百，搶錢搶得比黑道更兇。

除此之外，還有信用卡公司。他們會故意移動繳款日，突然提高利率，想盡各種花招收取費用——遲繳費、超過信用額度費，以及藉各種名目收取的種種費用。他們故意把合約弄得很複雜，大量使用交叉對照和艱澀的法律名詞，讓正常人看不懂。這麼說吧！我在大學教合約法超過二十年，有些信用卡合約書連我都看不懂。忙著準備晚餐、檢查小孩功課的一般民眾，有多少人會在簽名前仔細檢查合約上的法律迷宮？我相信這種人不太多。

所以，為什麼不派個警察負責管一管這件事？為什麼政府不增設一個單位來阻止這類詐欺？我們應該要求金融業者，用淺白的英文解釋那些金融商品的真相，不再容忍任何欺騙行為，不管是信用卡、貸款、小額短期貸款或學生貸款。

我相信如此一來，傑森和那些有類似遭遇的百萬民眾將會受到保護，不會再被合法搶劫。

先別給我打槍，讓我有機會說明白！

我這篇提議政府增設新機構的文章，在二〇〇七年發表於《民主期刊》（*Democracy*）。那時候，成立一個消費者金融保護局被認為是個不切實際的白日夢。當年坐在白宮裡的仍是小布希總統，共和黨領袖談的都是鬆綁更多銀行法規，而不是加強管制。

然而，從二〇〇九年開始，世界變得不一樣了。美國有了新總統，還有一個剛崩潰的經濟體系。突然間，大家都認為加強對金融業的管制或許不是個壞主意。

在二〇〇九年初，教學和五人監督小組的工作幾乎瓜分了我所有的時間。那年二月，我在五人監督小組的同事、美國勞工聯盟暨職業工會聯合會的首席顧問戴蒙．西爾弗斯邀我參加一個關於金融改革的會議。所有人都知道國會即將針對銀行法規進行大規模檢修，我們之中不少人也猜到大銀行很快會動員起來，重新發動他們的遊說集團，叫公關人員準備迎戰。他們在TARP無條件的七千億美元紓困案中獲利豐厚，現在他們摩拳擦掌，準備抵抗任何會妨礙他們未來賺錢機會的重整。

這個探討金融改革的會議，集結了為美國勞動家庭奮戰的非營利組織和支援團體的領袖，因為戴蒙和其他長期致力這個領域的人很清楚美國人民有多迫切需要真正的金融體系重組；而且他們認為所有想要保護美國消費者財務權益的人都應該開始準備還擊。

會議在華盛頓美國勞工聯盟總部舉行，預訂上午九點開始，但是我遲到了，所以我開始在大廳跑起來。上過蠟的地板又硬又亮，而我又忍不住不去看大廳裡高達兩層樓的壁畫。早上的陽光照得金色的馬賽克磁磚閃閃爍爍，正在勞動的男男女女人物壁畫在光斑下更加燦爛動人。我邊跑邊看，高跟鞋的鞋跟一滑，我失去了平衡。我開始往下跌，迷迷糊糊想著不知道是否會摔斷腿或撞斷門牙，然後又想到這應該要看我落地的姿勢來決定。很幸運的，我手腳一陣亂揮之後，在摔到地面前又站穩了腳步。

會議地點在八樓的大會議廳，我沒去過那裡，但聽戴蒙提過。那個房間有個可以俯瞰白宮的大陽台，在小布希執政時代，美國勞工聯盟被嚴肅警告過絕對不可以有人站到陽台上，否則白宮警衛可能會開槍。不過在歐巴馬總統入住後，白宮倒是從沒發出類似的警告。

會議室裡的每個位子都有人坐了，我估計約有七十五人。大部分的與會者我都不認識，但是我知道他們來自各個民權團體、消費者團體、工會團體，以及將經濟保障當成部分核心任務的宗教團體。這些來自十面八方的領袖，背後代表的團體都是由我所認為的「好人」所組成的，因為如果不是好人怎麼會把自己的生命拿來為其他人的福祉奮鬥。

我走進會議室時，所有的人都已就座。房間裡很安靜，中央擺了一張巨大的會議桌，陽光從桌子旁的長窗透了進來，亮得讓我睜不開眼。我彷彿在還沒準備好前，就踏上了聚光燈照亮的舞台。

戴蒙是這次會議的發起人，他坐在會議桌的首位，右手邊坐著他的老闆，也就是七十四歲的傳奇人物——美國勞工聯盟暨職業工會聯合會的會長約翰・斯威尼（John Sweeney）。戴蒙左手邊的位子空著，他揮手示意我趕快就座。

我以前沒見過斯威尼先生，對他顯露的老態大吃一驚。他的聲音沙啞微弱，只比耳語大聲一點，而且他駝背得很嚴重。然而，他還是很稱職的扮演主人的角色，歡迎大家參加會議。他說話時，沒有人敢動。這是一個組織百萬名勞工的英雄，十三年前他寫下工會歷史，在第一輪選舉就順利當選會長。

那個早晨，他給大家的訊息簡短而清楚：這次的金融危機史無前例，所以我們國家的回應也應該會在歷史上記上一筆，我們應該也必須做出改變來保護美國勞工。然後戴蒙轉向我：「你來告訴他們。」

那天的情形就是這樣。會議行程上列出密密麻麻的討論題綱，從衍生性金融商品法規到國際資本標準，我只有這次機會可以說服大家。

我開始敘述關於消費者金融保護機構的想法。很簡單的概念，但大家都明白這是個大膽的要求，做起來絕不容易。我想要政府增設一個全新的單位，該單位唯一的使命就是管束金融機構不讓他們有機會去占美國家庭的便宜。它將成為主動、積極、凶猛的看門狗，擁有監督和規範所有消費者借貸的權力，包括信用卡、房貸、車貸、學生貸款和小額短期貸款等，全在它的管理範圍之內。

它的唯一任務，就是確保美國家庭的利益不受損害。

所謂「道高一尺，魔高一丈」，大型銀行完美迴避了專為保護人民設計的新法。我指出超過一打以上的聯邦法律對消費者信用評等都有明文規定，但是執行這些法律的責任卻分散在七個政府單位。七個！更糟的是，這些單位都有其他優先處理的工作，比如確保銀行系統的穩定或管理房價政策等等。沒有任何一個單位把保護消費者免於受到危險信用衍生性金融商品的侵害當成最主要的工作，一個都沒有。

在此同時，我們還需要面對另外一個醜陋的問題：猜猜看每家銀行的監管人是誰選出來的？答案是：被監管的銀行本身。兩個聯邦銀行監管單位隨時都在搶生意，因為接受他們監管的銀行越多，他們能拿到的預算就越大。結果可想而知，監管人競相討好各家銀行，於是本來該是做看門狗的角色，立刻淪落成寵物犬。

雪上加霜的是，錯綜複雜的政府單位分工導致金融機構的控管出現好幾個漏洞。事實上，越來越多的貸款機構完全沒有對應的管理機關。沒有任何一個聯邦單位負責監督小額短期貸款、車貸，以及越來越多的抵押貸款機構。那些傢伙基本上想做什麼就能做什麼，他們背後往往有大銀行撐腰，更讓情況進一步惡化。

所以如今的信貸法規亂成一團，執行起來也是有一搭沒一搭。我們需要一個單位，一個專責這件事的單位來訂立新規則，一旦貸款機構改變做法就隨時更新法條，並且強制執行。有了這個新單位，所有的抵押貸款和信用卡公司都會受到同樣的規範，再也不能像逛街買東西一樣選擇寬鬆的監管人，或者想出規避管制的取巧做法。整個系統不僅會比現在有效，而且也會更有效率。

當時我沒有在會議上說，但我心裡認為這個新單位也能幫我們解決一個很實際的政治問題。假如這個會議室裡的團體對於如何在金融商品上保護消費者有一百種不同的主意，我們或許可以協商到減至十二個左右。然後這十二個主意就會像在大草原上釘上柵欄一樣，大銀行遠遠就能看到，然後輕輕鬆鬆的繞道而行。但是，假如我們全部團結起來，支持一種長期的、綜合性的、結構性的解決辦法，維持與時俱進的應變能力，那麼我們或許能夠創造一個和大銀行有效抗衡的奮戰機會。

當天會議室裡的大多數人都是第一次聽到「消費者金融保護局」（Consumer Financial Protection Bureau，這是政府最後定案的名稱）的概念，要求他們支持這種做法難免有些強人所難。這些團體都有自己的使命和經歷，怎麼可能就這樣支持一個沒聽過、沒測試過，且在當時又沒有任何政治支援的想法呢？

人們可以找到許多理由去質疑消費者保護機構；而銀行百分之百會痛恨它，一定會讓遊說集團戰到最後一兵一卒來阻止它成立。雖然這個專責機構會加速政府的效率和性能，但光是增設機構這一點，就足以讓主張政府縮小權限的支持者暴跳如雷了。媒體會用放大鏡檢視、攻擊這個想法，而傾向保守派的福斯新聞網（Fox News）則會樂到後空翻吧？

即使我們贏了，如願成立了這個專責機構，卻來個怕事無能的主管，不敢挑戰難題或看不出會造成危害的潛在問題，又該怎麼辦？畢竟，其他的政府單位剛成立時，大家也都是抱持著高度的期望，只是後來全沉沒在複雜的政治關係裡。我們可能會經過極其困難的戰鬥，好不容易讓政府設立新單位，然後卻看著它一事無成。

但無論如何，我還是對這個夢想滿懷期待；而美國家庭也確實迫切需要一個像這樣的消費者保護機構。我知道倘若會議室裡的各個團體代表不支持我的提議，將來要在國會表決通過的機會便是零了。我也知道，如果第一次討論時大家的重點全放在這麼做不對、這麼做太冒險、我們對它不熟悉等等，那麼這個想法就注定要胎死腹中了。

我說完最後一個句子，緊張的環顧四周。沒有人開口說話。

我看著戴蒙。他看起來很鎮靜，不像平時的他，然後他問大家：「有人有意見嗎？」

我可以感覺到自己的心臟噗通噗通跳著，這讓我回想起自己站在角落，牽著五歲的艾蜜莉雅，第一次送她坐上幼稚園校車。當時我不停的對造物主祈禱：「拜託，請千萬千萬千萬溫柔待她，給她一個機會。」現在我的心情和那天一樣，因為每個想法都和小孩一樣，在還是幼苗時只要一點點事故就足以夭折。

一隻手舉了起來。戴蒙點名那個坐在大桌子另一頭的男人，所有人都轉過頭看他。我不知道他是誰，大氣都不敢出。

「這主意太棒了！」那人說。

我不記得他還說了什麼，只曉得自己總算呼出了一直憋住的那口氣。至少，我比剛才放鬆了一點點。

戴蒙叫起另一個人，得到類似的回應，然後第三個人也表示支持。

戴蒙露出微笑。

接下來，與會者紛紛提出比較實際的問題，有人擔心新機構是否強硬到能成功運作，有人憂心銀行會想出反制辦法讓它一無作為。大家都很緊張，但是第一個表態的男人又出來救場。他給了這個想法信心及熱情，讓我們有足夠的動力啟航。

比起大銀行及遊說集團，我們的資源短缺得可憐。然而，就在那天早晨，一支小小的軍隊開始集結，這些好人支持我的想法，也決定為它而戰。當時我還不知道，但在後來發生的幾場硬仗中，他們真的成了我方最重要的作戰主力。

這些大銀行的真面目，跟蛇油推銷員沒兩樣

在對抱持懷疑態度的大眾解釋為什麼要政府成立新機構時，我們有一個很大的優勢可以利用：我們可以指出一點，那就是政府為了保護消費者，已經設立了許多類似的單位。

在一九七〇年代，美國政府就已成立美國消費品安全委員會（Consumer Product Safety Commission, CPSC）設定安全標準，召回市面上不安全的產品，禁止有潛在不合理風險的產品上市。這個委員會讓我們不會買到有毒的兒童玩具，不會買到一受撞擊就可能塌陷的兒童安全座椅，呃……還有可能會燒起來的小烤箱。事實上，CPSC曾經估算，他們光是在打火機、嬰兒床和學步車三項產品上所設定的標準，就為美國消費者每年省下超過二十億美元，更別提這些年下來，避免了多少原本會發生的可怕意外。

國會可以立法禁止某件事，但是它使用的「一事一法」模式卻相當僵化；反之，專責的政府機構卻能靈活應變。以CPSC來說，在一九八二年設下兒童安全座椅標準後的這三十五年，CPSC可不是無事可做，相反的，它持續測試新產品，隨著市場的變化蒐集新的數據。一旦發現一款新型的兒童安全座椅在發生碰撞時有可能塌陷，就會研究問題，找出解決辦法，然後發布新的安全標準。CPSC要求廠商回收產品的例子，並不少見。世界在變，產品在變，主管機關的標準自然也要跟著變。

同樣的，我們也希望有一個專責保護消費者不掉入金融商品陷阱的機構，並且能夠做到像CPSC的地步。每天都有新的金融商品上市，但它們通常只是在現有商品複雜又冗長的合約上加幾個字就當新產品推出，只有專責單位才能跟得上金融業快速變動的腳步。這樣的機構可以消除使人誤解的法律名詞，幫助產品揭露變得簡短而清楚。它也可以勒令那些在宣傳單上印著大大的「五%利息」，卻在蠅頭小字裡藏著三五%利息的金融商品下架。

毫不意外的，在我開始宣傳這個想法時，遭到許多人的死命反對。我一次又一次聽到同樣的反對理由，就像只存有幾首歌的隨身聽，只能不停反覆播放。

「這個新機構有可能會綁定價格。」不會，這個新機構只會讓價格更透明化，但不會干涉定價。

「這個新機構可能會成為老媽子，事事干涉。」不會，這個新機構不會阻止你大筆刷卡或購買昂貴的新車。我再次強調，這只和透明化有關，讓交易合約透明化，但最後的決定權還是在每個人手上。

「這個新機構會妨礙創新。」不會，銀行仍會持續推出新商品，但是他們不能在設計新商品時存有欺騙或刻意隱藏潛在風險的不良企圖。

「這個新機構會害銀行做不了生意，關門大吉。」呃，這就要看是什麼樣子的銀行了。如果這家銀行靠的是欺騙和陷阱來獲利，那麼就真的大難臨頭了。相反的，如果這家銀行想清白誠實的和同業競爭，願意將合約透明化，那麼應該會很開心的歡迎新機構的成立。

最後這一點真的非常重要。這些年來，許多信譽良好的銀行因為不想同流合污，只能在同業的歪風中掙扎求生存。他們的困境讓我聯想到在蛇油推銷員猖獗的年代，當有人吹噓只要一小瓶蛇油就能從癌症到禿頭包治百病的時候，誠實的藥商就很難用合理的價格販售有效的產品。能把謊話說得天花亂墜、面不改色的公司，有誰可以跟他們競爭呢？再說，市面上有那麼多寫滿蠅頭小字的合約，要怎樣才能分辨出哪家是誠實的公司，哪家又是騙子？

然而，在一個人人被要求光明磊落、誠實無欺的世界，推出誠實商品的誠實銀行會發現他們的訊息反而更容易傳達給大眾。假以時日，消費者的信心會增強，最終對自由市場反而是件好事。把產品如實告訴消費者，讓他們決定是否接受，好的產品自然會吸引更多的客戶，而不好的產品只能放在架上積灰塵。這樣有什麼不好？

聽見歐巴馬談起那「爆炸的小烤箱」！

決定支持我的一些非營利團體，開始大力宣傳設立消費者金融保護機構的構想，我自然也盡我所能的不落人後。我和每一個我認識或不認識的人討論，努力獲得更多支持。我對如何讓法案通過國會表決一無所知，在這之前，我唯一的立法經驗是阻止銀行版本的破產修正法過關，而且最後還失敗了。無論如何，我相信開局的最好方法就是不停談論，看看能否說服人們相信成立專責單位是個好主意。

出乎我意料的是，推我一把的居然是我的學生。二〇〇六年時，這個紅髮的高個子男孩就坐在哈佛大一合約法課堂的第一排。事實上，他是當年那堂課第一個被我叫起來回答問題的學生，也是第一個答錯的人。在那一年，他為了進一步了解美國家庭的經濟壓力，曾經造訪過我的辦公室五、六次。二〇〇八年秋天金融海嘯發生時，這個紅髮小子正在修我的高級破產法，也是麻州眾議員比爾．德拉亨特（Bill Delahunt）的兼職義工。巧合的是，當時德拉亨特眾議員已經和有「弱勢家庭英雄」之稱的北卡羅來納州眾議員布萊德．米勒（Brad Miller）合作，一起推動消費者金融保護機構的設立。在金融海嘯之後，這個紅髮小子自願負責為兩位眾議員推廣這個構想。

來看看這個紅髮小子到底是誰？他就是前司法部長羅伯特．甘迺迪的孫子約瑟夫．甘迺迪。幾年後，三十二歲的約瑟夫在競選中勝出，遞補巴尼．法蘭克（Barney Frank）眾議員退休後留下來的位子。

我也回頭去找我們在破產法大戰中的主要戰將——約瑟夫的叔父泰德．甘迺迪參議員。大約一年多前，我們曾經討論過成立消費者金融保護機構的構想，但當時這個構想似乎毫無實現的可能。當我在二〇〇九年二月又去找他時，他正在和腦瘤搏鬥，但仍然沒有放下他的工作。我告訴他，我認為現在是推動新機構設立的好時機。

參議員開心的說：「你知道銀行家們會恨死這個主意吧？」

我說我明白這不是一件容易的事。

他大笑，然後說：「你要做的事從來都不容易。」

就這樣，他加入了。

繼甘迺迪參議員之後，伊利諾州的德賓參議員及紐約州的舒默參議員也先後加入，三個人很快擬定了計畫。三月初，這三人將搶在金融改革法案開始討論之前，在參議院以獨立法案的方式推介消費者金融保護機構。另一方面，德拉亨特眾議員（有約瑟夫．甘迺迪一旁幫助）和米勒眾議員也蓄勢待發，準備好為設立消費者金融保護機構在眾議院奮戰。他們將舉行記者會宣布推動新法案，邀請我出席。

我興奮得雞皮疙瘩都起來了。哇！一年前，消費者金融保護機構還只不過是一本政治小刊物上的文章主題，現在卻加足馬力在國會闖關。衝啊！衝啊！我都可以想像參眾兩院唇槍舌劍的畫面了。三月十日，幾位參議員和眾議員在國會大廈舉行記者會，許多緊盯著國會動靜的政治線記者都來了，由我們的參議員和眾議員親自到場回答問題。我以為場面一定很混亂，現場的記者一定會爭先恐後的發問，迫不及待的想聽新構想。

但事實上，整場記者會卻……呃，有秩序又有效率。消息發布之後，有幾家媒體做了深度報導，但是和我白日夢裡的熱鬧景象完全不同。

甘迺迪參議員稍後氣定神閒的向我解釋這類記者會的運作方式。將法案引介給媒體和大眾，這代表他們認為新機構的設立是一件大事，並且可以讓這個議題被廣泛報導。當然，這只是第一步，重大的變革需要時間。他再三向我保證，有一天我們會讓這個新機構正式問世。

我想要相信他，但我真的希望這次的記者會可以帶來更多實質的助力。然而才過了兩天，媒體就已經不再跟進這則新聞。我沒有耐心，非常沒有耐心，因為我認為如果我們現在不能夠讓它起飛，它就絕對沒有升空的機會。

記者會後的第九天，又有人推了新機構一把。剛上任五十九天的歐巴馬總統在電視節目《傑雷諾脫口秀》（*The Jay Leno Show*）中花了很長的時間談論華爾街亂象，提到我們需要更好的法律來保護購買金融商品的消費者，然後，令我不敢置信的，他居然舉了小烤箱為例。

> 當你買了一個小烤箱，如果它當著你的面爆炸了，我們有法律明文寫著賣給你的小烤箱一定要合乎安全標準。但是當你申請信用卡或向銀行貸款時，沒有一條法律承諾如果它當著你的面炸毀你全家的經濟，你還能受到法律保障。

現在我們真的要往前衝了！加油，總統先生，加油！

一個好總統，可以讓我們把錢安心的放在銀行裡

在此同時，參眾兩院開始繁重的工作，擬定能提供金融重整所需要的基礎法案架構。白宮對金

融重整也有自己的一套看法，但是在國會山莊，民主黨的巴尼．法蘭克眾議員才是站在這場風暴中心點的人。

我想直接向法蘭克眾議員闡述我對設立消費者金融保護機構的想法，但是猶豫許久，始終未採取行動。我知道他的心力都放在金融重整的其他部分，所以遲遲不敢開口請他將設立消費者金融保護機構加入他本來就已負擔過重的工作中。除此之外，我們其實在早幾年就已認識，但初見時不甚愉快，這也是我遲疑不決的原因之一。

巴尼．法蘭克的聲音沙啞，聰明過人，對華盛頓又愛又恨。他在民風尚未開放的一九八七年公開出櫃，成為第一個眾所皆知的同性戀眾議員。我很欣賞他總是能一針見血回應的好口才，以及他為自己的理想奮鬥、在大家都認為對方不可能再退一寸時仍向前逼進且獲得更多讓步的堅強意志力。他確實是個不折不扣的談判專家。

他的選區包括麻州波士頓樹葉繁茂的郊區，到巴澤茲灣（Buzzards Bay）沿岸的漁村和小工業城。他在眾議院超過二十年，現在是權力極大的眾議院金融事務委員會（House Committee on Financial Services）主席。法蘭克眾議員舉足輕重，只要他跺個腳，就足以引發不小的地震。

我們是在二〇〇七年透過「托賓專案（Tobin Project）」認識的，這個性質類似智庫的討論會裡有研究政治的學術界書呆子，也有實際負責立法的參眾議員（對，我屬於書呆子那邊）。在經濟危機發生之前，法蘭克眾議員已經知道金融系統即將崩潰，當時他很努力的想將包括對沖基金、投資銀行、大型商業銀行等金融機構重新推回合理的法規管制之下。即便面對的問題錯綜複雜，可是他的口才與知識完全不輸給最圓滑的華爾街王牌交易員，不管主題是信用交換或債務擔保證券，他都能侃侃而談。

當然，如果我認為他是錯的，我還是會和他爭論到底。

在二〇〇七年的會議上，我們言詞激烈的在其他學者和智庫領袖面前相互攻擊。我們幾乎無所不吵，從衍生性金融商品和資本公積要求，吵到我對成立消費者金融保護機構的初步構想。但即使我們針鋒相對，但我相信我們有九成五的意見其實是相同的，只是我們對金融改革的優先順序看法相異，而且沒人願意退讓。

到了二〇〇九年春天，金融海嘯尚未過去，經濟危機仍相當嚴峻，看起來金融重整將會由白宮主導。也就是說，身為眾議院金融事務委員會主席的法蘭克，將會是新金融法規協商的關鍵要角。他是人民的最佳戰將，但是百廢待舉，在他開始為金融重整做準備時，顯然手上同時有千百件事情在忙。即便如此，我還是認為如果消費者金融保護機構有機會拍板定案，絕對會成為他推動改革的一部分。這也是消費者金融保護機構能夠落實的唯一機會。

這就是為什麼在二〇〇九年四月的週六上午，我會開著車在麻州牛頓市（Newton）繞來繞去，試圖找到巴尼．法蘭克的公寓。天氣晴朗，馬路兩旁的行道樹剛剛長出綠芽，看起來春光正好，只可惜我迷路了（對，我又迷路了）。我可以看到路標，但是我在印出來的地圖上找不到這條街。我沒有導航系統，於是只好靠邊停下來，使用我個人的「幫幫忙！我又迷路了」的救援神器：我拿出手機打給布魯斯。他先在電腦上查網路地圖，找出我的所在地，再告訴我眾議員的公寓該怎麼走。我在公寓外的空地停好車，鬆了一口氣，以為自己勝利在望了。

然而，事情才沒有那麼容易。

我看到許多棟兩層樓的磚房建築四散分布，沒有明顯的編號（這地方是誰設計的？）。當眾議員的老友兼資深顧問吉姆．席格（Jim Segal）大聲叫我時，我還在迷宮裡亂走。「這邊！」他在我走近時大笑。「這地方是有點複雜啦。」有點複雜？是的，帝國大廈也只不過蓋得有點高啦。

吉姆領著我走進眾議員的公寓。地方不大，客廳角落的地板上放了一張超大的雙人床墊，上頭的床單和毛毯捲成一團。吉姆在廚房的小桌子旁坐下。我和眾議員英俊又陽光的男友吉米打招呼，還來不及寒暄，眾議員就推門進來。

沒有人可以對巴尼．法蘭克視而不見，他在自家廚房和在美國國會殿堂一樣，氣場大開。他讓我背靠著冰箱坐下，直接切入重點。

他說話還是和機關槍一樣快。他說，美國家庭在信貸市場受騙上當的情況很明顯，所以他喜歡成立消費者金融保護機構把垃圾清掉的這個主意（太好了）。只不過，他的首要任務是確定我們真的能做出一番成績出來。金融改革已經夠複雜了，他擔心消費者金融保護機構可能得再等一下。在金融改革的戰爭中，我們必須對抗遊說大軍，而他認為一次只和敵人對戰一個議題才是聰明的做法。如果我們強行一次就將所有議題抛出，可能會落得全盤皆輸，所以他會從最需要改變的銀行法規下手，集中火力在可轉換的衍生性金融商品和資本儲備金要求上面，逐條修訂。

我完全同意法蘭克眾議員的分析，但就是因為這樣，我更覺得設立消費者金融保護機構才應該放在最前面。我確定銀行的遊說集團會使出一切辦法阻撓，而我擔心如果其他的金融改革配套措施先行通過，就再也沒有人會覺得有必要繼續和遊說集團纏鬥下去。我們必須將設立消費者金融保護機構放在待辦事項的第一位，而且我相信現在是我們成功的唯一機會。

我背靠著冰箱，想告訴他這個機構可以解決什麼問題，以及如何幫助所有家庭。但是我想不用我說，法蘭克眾議員應該都一清二楚，他比誰都在乎這些美國勞動家庭。此外，他並不反對成立消費者金融保護機構，他爭論的重點是華府自有一套辦事的流程。這是政治問題，而他的政治操作能力可能比我高上十億倍。

於是我深深吸了一口氣，試著從完全不同的角度去說服他。我說我想告訴他一個故事。他顯然不大耐煩，但還是禮貌的點了點頭。

我告訴他，我在孩童時期聽外公外婆說了很多在奧克拉荷馬州的故事。在一九〇〇年代初期，我外公是個木匠，幫人修理家具、建造小木屋，偶爾也接受委託在印第安保留區建造只有一個教室的小學校。我的外婆生養了十個孩子，我媽媽是老么，在經濟大蕭條發生時，她還住在家裡。我不認為外公外婆認識任何買賣股票或債券的人，對他們而言，經濟大蕭條和華爾街、股票市場崩盤無關，而是跟當地銀行破產、鄰居失去存款和農場有關。

外婆對政治一向不大關心，也不懂國家經濟；可是好幾十年後，她還會一再的告訴我她對羅斯福總統的看法。她說：「他讓我們可以安全的把錢放在銀行裡。」她總會在這裡停頓一下、微笑，才接著說：「他另外還做了很多其他的好事。」

這就是我想讓法蘭克眾議員明白的，我們應該從人民能夠了解的事情著手，優先解決他們看得見的問題。只要做到這一點，他們就會對你接下來要做、他們看不出來的事有信心。是的，衍生性金融商品和信用違約交換確實需要大刀闊斧整頓，他說的沒錯。但對大多數的人來說，這些不過是新聞的跑馬燈用語；相反的，一個對貸款條件說謊、欺騙屋主的房貸仲介卻是大家都明白的問題。長期以來，好幾百萬人在收到信用卡帳單時才發現有高額的隱藏費用。至於那些精美印刷，滿篇都是法律術語的合約書，哪個人在簽貸款文件時沒有看過？

從簡單的事著手，去解決人民看得到的問題。

我差不多講了兩分鐘，法蘭克眾議員沉默了大約十秒，然後說：「我明白了。我們動手吧！」他說，他會把設立消費者金融保護機構從一開始就放進金融改革的提案裡。哇！哇！哇！這絕對是個值得側手翻的雀躍時刻。

在這番對話當中，不知從什麼時候開始，我們不再稱呼對方法蘭克眾議員和華倫教授。從此我們成了朋友，互稱巴尼和伊莉莎白。

巴尼信守承諾。為了讓消費者金融保護機構的設立留在金融改革法案裡，他像頭兇猛的老虎寸步不讓。有了他的鼎力相助，消費者金融保護機構不會像沒人領走的行李被丟在車站。我們有了一個新戰將，而且是數一數二、好得不能再好的一員勇將。

設立消費者金融保護機構的可能性，也因此數倍翻漲。現在，我們不再是一點機會都沒有，而是升級成「幾乎」一點機會都沒有。

翻到第五十五頁，我看見了天使……

四月過去，五月過去，六月來了。我去上了《史都華每日秀》；在五人監督小組第一次公聽會上質詢財政部長提姆．蓋特納。泰德．甘迺迪參議員打電話過來，說他正努力為消費者金融保護機構尋找盟友。「我們正在努力。」他說。哈佛大學放暑假了，五人監督小組每個月按時提交一份又一份的報告。

初夏時，布魯斯和我飛到奧克拉荷馬參加家族聚會。此時，我的三個哥哥都退休了。在命運的捉弄下，他們三個全成了鰥夫，我的三個嫂嫂先後因為癌症過世。唐雷德幸運的找到了一個很棒的新對象，然後再婚了；但大衛和約翰仍是孤家寡人。

手機響起時，我正在姪子馬克家吃烤肉。一個聽起來很正經的聲音告訴我：「兩天後，總統會在白宮宣布他的金融改革計畫，邀請你出席。」

天啊，白宮！出席總統親自主持的記者會！

放下手機，我立刻把消息告訴全家人，連一輩子都是堅貞共和黨員的唐雷德和大衛都興奮不已。不用說，歐巴馬的死忠支持者約翰更是激動得不得了。

我先將機票改成直飛華盛頓，然後開始慌亂起來。我從波士頓到奧克拉荷馬時，只帶了一箱輕便衣物，裡頭裝著短褲、T恤、泳衣和涼鞋。我不可能穿著這些走進白宮，而且我還把烤肉醬滴在我最好的一條短褲上了。我沒有時間回波士頓拿衣服，所以我非得趕快去買一套新衣服不可。

我的兩個姪女蜜雪兒和米蘭達陪我去奧克拉荷馬市西北區的購物中心，我們沒多少時間，最後只抓了幾件後來回頭看只覺得當初是鬼遮眼的衣服。

兩天後的二〇〇九年六月十七日，我站在白宮鐵門外的人龍中。豔陽當空照，氣溫極高，我發現新買的衣服料子讓我渾身發癢，而且走動時還會發出奇怪的摩擦聲；新鞋子也讓我的腳趾頭一抽一抽的疼。但是，能在白宮度過一個下午，確實是個好的開始。

等所有人都通過安全檢查後，我們全被趕到白宮的一個大房間裡。大家四處走動，彼此攀談。這些人中，我只和兩個眾議員、幾個非營利組織的人有過數面之緣，其他人我全不認識。

最後我們被叫進一間擺滿小折疊椅、裝飾華麗的房間，椅子之間的距離窄到讓飛機座椅頓時變得像是天堂待遇。我站在隊伍的尾巴，最後一個走進房間，所以也沒什麼可選擇的了。我看到走道旁有個空位，坐下前得先把椅子往後拉，沒想到就撞上了後排先生的小腿肚。我認出那個人是理查．川姆卡（Richard Trumka）。

那是我和理查的第一次碰面。當時他還是美國勞工聯盟暨職業工會聯合會的財務長，幾個月後他就取代了約翰．斯威尼成為擁有八百萬名會員超大組織的新會長。理查從礦業起家，健壯的體格就像一輛大聯結車，渾身散發著藏也藏不住的能量。

我一邊坐下，一邊轉頭露出試探性的微笑：「你待會兒不會故意踢我的椅子吧？川姆卡先生。」理查傾身往前靠，回答：「不會！放心坐下。我就在你背後，伊莉莎白，我會一直罩著你。」

在總統現身之前，每個人都拿到一本財政部印製的白皮書。過去幾個月來，眾議員在國會提出各種不同的金融改革建議，但是大家還在等白宮做出最後決定。就在這一刻，執政者將在金融改革的戰役中開出第一槍。

沒錯，總統確實在電視上提過小烤箱，但是我非常清楚銀行業有多少管道可以直通白宮。我知道白宮的資深幕僚和花旗銀行、摩根大通、美國銀行和其他大銀行的執行長們、受雇於銀行的說客們進行過不少次會談，雖然我不知道在這些會議上他們答應了什麼。

根據媒體報導，白宮確實把設立消費者金融保護機構放在希望清單上，但是我需要親眼確認這代表的意義。白宮會成立一個有堅強戰鬥力的新單位嗎？還是只是又一個徒具空殼的顧問團？或是變成一個無足輕重、很容易被搓掉的小機構？消費者金融保護機構，該不會只是一長串「我們可能……」的備用清單之一吧？還是它會成為「我們非得這麼做不可」的堅持呢？

發給我們的白皮書共有八十九頁，翻開時，我的雙手忍不住顫抖。我忘了看目錄，只是緊張的翻著一頁又一頁。金融事務監督委員會（Financial Services Oversight Council）、資本審慎監理規範（Capital and Prudential Standards）、全國銀行監理局（National Bank Supervisor）……我越來越不安，這裡頭到底有沒有提到消費者金融保護機構？

最後我在第五十五頁找到了這樣一句話：保護消費者及投資者擺脫金融暴力。我很快瀏覽了一遍，抓住兩個描述失序現狀的段落細看，然後我看到了我一直在找的神奇答案：「我們提議成立單一的常設機構：消費者金融保護局，授權並全力支持它確保消費者保護條例被公平且嚴格的遵守。」

太棒了！白宮毫無保留支持我們的主張。

當時我被興奮衝昏頭，沒有細想這到底有多麼不可思議。我聽過總統的幾位首席財務顧問不樂見成立消費者金融保護機構的傳言，再說目前正是當代人有記憶以來遭遇到的最大經濟危機，政府要擔心的事何止千萬件，在此兵慌馬亂之際，到底是誰在支持我們？

過了幾個月，我才知道當我們在外頭用盡力氣拉扯時，消費者金融保護機構居然有個不為人知且位高權重的內應。他堅信白宮支持的改革必須能幫到一般的百姓，而他認為設立消費者金融保護局就是最好的辦法。

這個內應是巴拉克．歐巴馬。

像推銷員一樣挨家挨戶敲門，兜售我的構想

在白宮宣布金融改革的立場後，現在到了國會表態的時刻了。巴尼．法蘭克在眾議院領軍先發，不久後康乃狄克州的民主黨參議員克里斯多夫．杜德（Christopher Dodd）以參議院銀行委員會（Senate Banking Committee）主席的身分接棒。他們兩人一起接下起草法案、爭取其他議員支持的劃時代任務。這場仗打得非常艱難。當我們開始推動金融改革法案時，心裡其實很明白不管是眾議院或參議院都不可能得到足夠的贊成票。毫不意外的，銀行的遊說集團果然傾巢而出了。

財政部助理部長麥可．巴爾（Michael Barr）和他得力的助手艾瑞克．史坦（Eric Stein）被指派起草政院版本的提案。民間的支持者紛紛站出來：二〇〇九年六月，美國勞工聯盟暨職業工會聯合會、美國消費者聯合會及美國公益研究團體（ＰＩＲＧ）等數個非營利團體組成「全美金融改革聯盟」（Americans for Financial Reform, AFR），以爭取嘉惠一般百姓的金融改革為目標，隨後超過兩百個團體陸續加入，為實現目標共同奮鬥。

ＡＦＲ想辦法募到了一些錢，雇了幾個全職員工，包括行政主任海瑟．布斯（Heather Booth）和副主任麗莎．唐納（Lisa Donner）。組織一個小團隊統籌所有與金融改革相關的宣傳活動，是個非常聰明的做法。與其讓各個非營利團體撥出有限的時間來準備大大小小的活動，不如放手讓ＡＦＲ凝聚力量，給他們舞台對外統一發聲，可以讓更多人聽見他們的訴求。海瑟、麗莎及團隊其

他成員負責發布新聞稿、整理國會山莊的活動簡報，以及組織義工團體。雖然大銀行的工作人員、遊說集團及律師的人數是他們的百萬倍，但AFR的每個工作人員堅守崗位，盡忠職守，不分日夜推動人民真正需要的金融改革。

雖然教書和五人監督小組的事務仍占據我大部分的時間，可是我看得出來我們已經走到了金融改革和設立消費者金融保護機構的關鍵時刻。我告訴他們只要我幫得上忙，我都會盡力而為，而在那個夏天還多了一個生力軍：丹・格爾東表示他也願意幫忙。羅斯福研究所（Roosevelt Institute）提供丹一個職位，讓他為金融改革發想新點子並進行研究。丹答應後，辭掉了他在五人監督小組的工作。這是他在八個月裡更換的第三個工作，但他不介意履歷表可能會因此被扣分。他一心所想的，只是趁現在能盡自己的一份力量去促成改變。

一開始，丹和我兩人並沒有做長期規畫，也找不到可以通往勝利的捷徑。我們只不過是兩人一組的作戰小隊，看到可以使力的地方就義無反顧去做。丹從哈佛法學院畢業才一年，但是他對政治的熱情和天生對華盛頓的良好適應力，卻是我望塵莫及的。我們和任何願意跟我們對談的人見面，分享我們所做的研究，我們拜訪非營利團體和工會領袖。我打電話給不認識的媒體記者，問他們是否聽過消費者金融保護機構，然後積極推銷，並和先前見過的記者保持連絡，主動詢問他們是否有任何問題。我們打電話給期刊的編輯委員會，寫專欄、參加電話會議，在各種集會裡演講，宣傳我們的理念。

我們也見了許多的銀行團體，只要他們不閉門謝客，我們都來者不拒。大型銀行全力還擊，想盡辦法阻止消費者金融保護機構的設立。丹和我試著去說服小型銀行和信用合作社的代表，我們的重點簡單且直接：如果你們現在被以欺騙客戶來擴展生意的大銀行和不受管制的借款公司打得很慘，那麼消費者金融保護機構可以助你們一臂之力，因為它會讓大家再次公平競爭。雖然許多小型的借款公司還是抱持反對立場，可是偶爾我們也能拉到一兩個盟友。

我們四處找尋可以行銷理念的機會，最常去的地方是國會山莊，只要有可能合作的國會議員都不放過見面的可能性。許多會談都進行得不順利，有幾個國會議員告訴我，消費者對自己簽署的金融文件本來就應該小心一點。也有人說，他們不會支持擴張政府權力的任何法案。還有的人雖然願意見我們，卻全程心不在焉，也不給我們任何回應。

我對其中的某次會談，印象尤其深刻。有一個女眾議員對我們所說的事表現出極大的興趣，並且告訴我們她想讓消費者受到公平待遇。接著，她提了一個反對設立新單位的理由。在我回應之後，她卻提出另一個反對理由來轉移話題，然後又拋出一個又一個問題，直到她清單上的六個理由都問完為止。

即使她提出許多反對的理由，我並沒有因此感到灰心挫折。當丹和我離開她的辦公室時，我說：「雖然她不同意我們提出的任何意見，但至少她肯和我們談。也許我們還有機會說服她。」

丹看著我好幾秒鐘，彷彿在考慮要不要把壞消息告訴我。他不是藏得住祕密的人，後來他向我明言，那個女眾議員剛才提出的所有問題，都是來自美國銀行家協會（American Bankers Association）今早發出的聲明稿，連順序都一模一樣。

「是喔！」我說。

最讓人沮喪的，反而是那些似乎對問題了然於心，卻又拒絕採取行動的國會議員。不管是民主黨或是共和黨的代表，他們的基本態度都是：「對！美國民眾是受騙了，但是銀行不會讓這個消費者金融保護機構的法案過關，所以為什麼我要為根本不可能成功的事壯烈犧牲？如果其他人都同意，那麼我也不反對。」但是我們見過的很多人都遲疑不前，不想把自己的脖子伸出去。

我不會放棄，但是我也開始理解為什麼銀行似乎每戰必勝。隨著夏天的腳步漸漸離開，國會山莊的走廊擠進了更多遊說集團的人。我沒有誇大其辭。國會大廈的走廊大而寬廣，但是丹和我常常必須貼牆走路，好讓路給一大群銀行遊說集團的人。他們很容易辨認，總是十來個男人，有時會夾帶著一兩個女人一起行動，他們都穿著量身定做的昂貴西裝，腳步輕快，以極有自信的語氣談他們的「客戶」，以及討論哪個國會議員在他們要去拜訪的下一波名單上。良好的穿著，良好的組織，以及良好的公共關係。

金融改革錯綜複雜，銀行聘用的遊說集團使用一個很聰明的作戰技巧：他們以曖昧不明的法律名詞、艱澀難懂的論點輪番轟炸國會議員。如果有國會議員反駁他們的論點，遊說集團會辯解說：雖然國會議員似乎指出了一個很好的問題，但他不是財經專家，不是「真的」懂複雜的金融系統。

而且我們不要忘了，遊說集團的人還會不斷恐嚇國會議員，說萬一他弄錯了，將會讓全球經濟萬劫不復。

說到底，還是圈內人的那個老招式：「相信我們，因為我們懂，而你不懂。」

由人民選出來的國會議員必須衡量各個金融改革方案的利弊得失，因此承受了莫大的壓力。曾有一個女議員這樣形容：「這裡有太多事同時在發生，就像有人把你的嘴巴強壓在消防栓上再打開水龍頭。沒有人可以跟得上這種速度。」她錯了，那些遊說集團成員就跟得上。

那年夏天的另一次會談，也讓我至今記憶猶新。丹和我坐在一個國會議員的辦公室裡，他問了好幾個關於現行法律和設立消費者金融保護機構的問題。雖然問題有點含糊不清，但聽起來合情合理。我以為他有可能（只是有可能）加入我們這邊。其中有些問題我無法當場回答，但我知道可以在哪裡找到答案，也許我們可以在進一步研究之後寫成備忘錄，再和他的助理開個會詳細解說一次。

我們離開後，我問丹他能否接手下面的工作。丹說他會盡力，然後他停頓了幾秒鐘，顯然決定要告訴我職業遊說集團的真相了。我看得出來，我又要聽丹「更多壞消息」的即席演說了。

丹向我解釋，當遊說集團的人出來和國會議員開會時，他們一定是一組人一起行動。那些打扮得很專業的人並不是全部，他們只是前哨兵，很會講話，笑起來賞心悅目，工作內容就是交朋友和說服他人。在他們背後還有一群後援部隊，包括法律事務所、同業公會、公關公司和各地的金融機構等等，是我們從未見過的第二層部隊。這些人的工作就是確保前哨兵在走進國會議員的辦公室之前，就已經對他的背景了然於胸：他是怎麼選上的，他的工作團隊有哪些人，那些人之前做過什麼工作。後援部隊同時也會提供關於國會議員選區的資料，包括受雇於銀行業的工作人數、當地有哪些銀行、地方報的編輯對經濟危機所做的報導等等。

一旦前哨兵坐下來和國會議員開會，首先會針對議員做一個完全量身打造的報告。最理想的情況是，負責簡報的人曾在國會服務過，或以前曾當過某位國會議員的助理。如果是更重要的會議，遊說集團就會派王牌出場。大銀行的執行長可能會打電話過來，自家選區的銀行老闆可能會專程飛到華盛頓親自出席。資歷較淺的遊說成員則負責做筆記，和國會議員辦公室的工作人員打好關係。

會議結束後，遊說集團會繼續跟進。議員有任何問題嗎？他們的後援部隊會針對問題成立專門的研究小組，寫報告再親自送達，和議員助理討論，之後還會打電話確定有沒有更進一步的問題。還是沒說服成功？沒關係，他們會不屈不撓的為下次的談話內容製作筆記，安排下一次的見面。

我想和他們對抗，但是我只有丹。

我相信丹比華府的任何遊說集團的人都要聰明，也更努力。問題是，丹只有一個人。

在那個忍氣吞聲的夏天，不論怎麼看都進展有限。其他的消費者團體也同時在拚命敲門，而非營利團體則不惜任何代價要跟消費者站在同一陣線。然而，非營利團體就如字面所示，既然沒有營利，就不可能有多少資源及人力；更何況他們要推動的事，不只是消費者金融保護機構。雖然有心想為人民當金融改革的看門狗，可是他們本身還有其他千百萬件待辦事項要忙。

相反的，大銀行卻不停投入更多的錢進行攻防。根據報導，金融業者在試圖阻止金融改革法案過關期間，在遊說和宣傳上的每日平均花費就超過一百萬美元。

我到今天仍然很納悶，怎麼可能有這種事。

除了付給遊說集團的大筆金額，金融業者也加碼政治獻金給那些有影響力的國會議員。以對金融改革草案握有決定權的眾議院金融事務委員會來說，他們一共有七名成員，為什麼有這麼多人？一個眾議員直白表示：「因為這是眾議院拿錢的好地方。銀行是金主。」

原來如此。

到了七月，健保改革正戰得如火如荼，看起來金融改革應該會被推遲到秋季才上場。銀行利用這段期間以兩倍力道進行遊說，而且集中火力在銷毀他們最痛恨的項目上，也就是消費者金融保護機構的設立。雙方短兵相接，戰爭進入白熱化，一個遊說集團的人坦白說出銀行對消費者金融保護機構的意圖：「我們的目標是讓它一刀斃命。」

各種煽動性的語言紛紛出籠。我在五人監督小組的同事亨薩靈眾議員甚至寫了一篇專欄，指控消費者金融保護機構是「對消費者權益的極大侵害」，而且是「百分之百的專制極權」。這是在說笑吧？專制極權？從哪一點來看？

我們知道銀行和一些共和黨人士正拿著槍瞄準我們，但是我們並沒有因此而放慢速度。AFR領軍衝鋒，消費者團體持續奮戰，丹和我也絲毫不敢鬆懈。有時候我會覺得自己就像挨家挨戶敲門的推銷員：「你好，我是伊莉莎白，我想介紹你認識一個非常棒的新機構！」

丹和我不停爭取、不停說服。所幸，當我搭著晚上七點半的飛機回到波士頓時，我知道布魯斯和奧蒂斯總是在等我，而夏日小屋的薩爾則會在看見我時端上剛炒好的蛤蜊和冰涼的淡啤酒。

我是不是應該坐在後面？呃，太遲了

八月時，無法避免的事終於發生了。泰德．甘迺迪參議員在他最後的戰役中陣亡，長眠於阿靈頓國家公墓，就在他兄長約翰和鮑伯附近。

我想起我們在約翰．甘迺迪聯邦大廈二十四樓的初次交手。我想起他那個很舊、塞得鼓鼓的公事包。我想起他為了勞動人民所打過的無數次戰役。他對美國的貢獻，永遠沒有人可以取代。

九月時，哈佛開學了，我又開始教書。那年秋季我仍是五人監督小組的主席，我們仍舊每三十天就提交一篇新報告。我繼續和任何願意和我談消費者金融保護機構的人會面，而丹也是盡了全力在拚搏。

二〇〇九年的年底，我在哈佛大學的辦公室加班，電話響了。「伊莉莎白，我是巴尼。明天來華府一趟。」

我問他什麼事，但是巴尼匆忙如昔。「很重要，來就是了。」說完就掛斷了電話。

第二天我抵達華府後，直接跑去巴尼的辦公室，可是他不在。我被領到一間很靠近眾議院開會大廳的華麗會議室，會議室中央有八張排成馬蹄鐵狀的椅子，然後每張椅子正後方又放了另一張椅子，而巴尼就坐在馬蹄鐵開口的位置。

巴尼叫我們坐下。所有的人——除了我，清一色男人——都找了椅子坐下。我抓了一張馬蹄鐵內側的椅子趕快坐下，可是沒人坐在我身後。我突然發現坐在內側的除了我，全是眾議員，而坐在他們後面的則是他們的助理（呃，我是不是應該坐在後面？不確定，反正已經來不及了）。

在這之前，巴尼已經花了好幾個星期協調金融改革法案的數十個細節。現在他告訴大家，我們需要討論關於全新的消費者金融保護機構的三個問題。他開始簡潔描述一個已經證明會造成意見分歧的複雜問題，然後講解其中一個他認為可行的法條寫法。一個眾議員反對，提出他自己的版本。另一個不喜歡那個提議，做了其他建議。我跳起來說出自己的想法，但巴尼已經領先我至少六步。討論進行得很激烈。大約十分鐘後，巴尼打斷談話。「這是我相信我們都會同意的。」然後他快又清楚的提出一個能夠解決問題的折衷方案。

巴尼輪流看著每個人問：「這樣你可以接受嗎？」每個人都表示同意。巴尼看著我：「你覺得這樣還行嗎？」我點點頭。

巴尼說：「定案。」所有坐在後頭的助理立刻低頭在筆記本上振筆疾書。巴尼開始提出第二個問題。

這一個問題進行得比較快，巴尼只花了兩三分鐘就讓全部的人都同意了。

突然間，我才明白這可能是包括設立消費者保護機構在內的金融改革法案的最後一次協調會。當然未來還是可以提修正案，但這次的協商結果將會是啟動金融改革後帶著國家往前跑的主要火車頭了。我們得把所有正確的零件全裝在這個引擎上。我的心臟開始狂跳，這一切都發展得太快了。

巴尼已經在調解第三個問題。幾分鐘後，他宣布這個問題也解決了。

然後巴尼環顧四周。「很好，我想我們可以走了。還有人有其他的事需要討論嗎？」

我的腦袋轉個不停。這不是戰場，會議室裡的每個人都站在同一邊，而我們都在為幫助勞動人民奮戰。要是我們忽略了什麼事呢？

「還有事嗎？」巴尼已經從椅子上起身了。

突然間，我想到一個很重要的關鍵。「等一下！」我沒想到我叫得這麼大聲，顯然嚇到了幾個眾議員。「信用報告呢？」我問。

巴尼眼神銳利的看著我，坐回椅子上。「信用報告怎樣？」

信用報告機構決定人們的信用分數，而這個分數在人們申請貸款、信用卡時扮演決定性的角色。有些雇主甚至會用信用報告來決定是否雇用一個人，所以信用不良很可能會斷絕一個急需工作者的就業機會。然而，研究顯示信用報告充滿了一堆錯誤。有些專家認為就是因為不受法律控管，所以即使出錯，信用報告機構也懶得更正，造成許多家庭極大的困擾，更何況目前沒有任何聯邦機構可以密切監督這些信用報告公司。

巴尼立刻抓到重點。「你想怎麼做？」

我說：「授權新成立的消費者金融保護機構去監督信用報告公司。」

巴尼考慮了五秒鐘，然後說：「有道理。有沒有人反對？」

大家紛紛搖頭，巴尼說：「好！就這麼決定。」

坐在外圈的助理們又低下頭振筆疾書。

巴尼目光炯炯的盯著我。「還有其他的事嗎？」

我絞盡腦汁，我們還漏掉什麼嗎？新單位還需要其他工具來執行任務嗎？如果我真的在這幾秒內忘了什麼重要的事，未來好幾十年我可能會不斷詛咒自己。我咬著下唇想了一分鐘，然後深深吸了一口氣。

「沒有了。就這樣。」

「很好。」巴尼說：「大家可以走了。」

每個人立刻匆忙離開，趕著赴下一個會議或聽證會。我靜靜的坐在椅子上出神好一會兒，讓大腦吸收剛才發生的事。我向來習慣指導他人，提出警告或想法，然後希望他們會在關上門後的協商裡打一場漂亮的仗。然而，就在剛才我的整個世界觀改變了。我親眼看到關上門後的協商是怎麼回事，目睹了法律的制定過程。

我要求放進法案的部分，獲得了參眾兩院的支持，被簽署為新的法律。在那次會議之後，我知道如果我們能夠設立消費者金融保護機構，就會有人監督信用報告業者，確保他們遵守法律。簡直太棒了。

眾議院的金融改革法案逐漸在收尾，巴尼忙得不可開交。他協商法案中的每個條款，不分晝夜的在政黨領袖和反對議員之間奔走，解除參眾兩院同仁一個又一個的歧見，和白宮擬定出行政、立法都能接受的內容。他又哄又纏，有時甚至還用到條件交換，終於把所有讓消費者金融保護機構能順利運作的關鍵零件備妥了。巴尼真是太厲害了。

在最後協商如火如荼進行的那個秋季，消費者金融保護機構卻遭到意料之外的突襲，打得巴尼和主張消費者權益的支持者毫無招架之力。那就是車商想要把汽車貸款排除在這個新機構的監督之外。我立刻想起傑森和他怎麼被騙的事，一想到同樣的事會一再發生在其他人身上，就讓我難過到想用拳頭捶穿牆壁。然而，每個國會議員的選區都有車商，他們對消費者金融保護機構非常不滿。一旦車商對華府展開電話攻勢，國會議員就會開始一個接著一個棄守。巴尼想盡辦法抵抗，但是到了最後，還是無法阻止車商如願以償。

消費者金融保護機構雖然在戰場上受了點傷，但所幸重要條款都未受損。它以強壯、獨立的姿態倖存了下來。二〇〇九年十二月，巴尼主導讓金融改革方案通過眾議院的最終審查。現在，只需要參議院的同意了。

一通電話，捎來胎死腹中的訊息

二〇一〇年一月十五日星期五，一早電話就響個不停。我在家，早起在地下室的跑步機上跑步，第一通電話響起時我馬上接了起來，還喘得上氣不接下氣。

我看到今天的《華爾街日報》了嗎？國會山莊裡流言滿天飛：消費者金融保護機構撐不到最後了。杜德參議員為了讓大部分的金融改革法案過關，將以撤回它為條件交換。為了挽回顏面，可能還是會在政府裡設一個新的消費者保護部門，但是那不會是一個具有充分授權可以真正做事的獨立單位。內部人士對外放話：太可惜了，真是遺憾。構想是不錯，但是除非把消費者金融保護機構從改革法案裡拿掉，否則整個法案都將過不了關。最好的辦法還是將它扔了，保全其他的部分吧！

我靜靜聽著。這就是結果了，消費者金融保護機構被判了死刑。所有遭到大銀行和信用卡公司欺騙的家庭，巴尼、消費者團體、海瑟、丹和總統所有人的努力，我們挨家挨戶推銷和任何願意談的人開過的會。現在全畫上了句點。

我問對方是否會舉行投票，即使我們一定會輸。但是得到的回答是，顯然不會。死刑不會公開執行，將由參議院銀行委員會提出一個沒有消費者金融保護機構的金融改革法案版本。不管是共和黨或民主黨，沒有任何參議員需要投票反對設立消費者金融保護機構。它將靜靜的胎死腹中，沒有人會知道到底是誰下的毒手，原因為何。

於是，我問了最後一個問題：什麼時候？參議院銀行委員會還有多久會提出新的法案版本，不管它有沒有包括消費者金融保護機構。

估計大約三週。交易還在進行中，仍有太多細節需要協商。

我打電話給丹：「我們還有三個星期。」

我的看法是，反正我們沒有損失。我沒有想要在國會求個一官半職，所以即使我惹惱了華府的許多有力人士，又怎樣？這是我們讓消費者金融保護機構立法通過的最後機會。如果我們現在放棄了，就永遠輸了。

我們並不知道是什麼導致對消費者金融保護機構最新一波的攻擊，然而我們能確定的是參議院並不想要在這個議題上投票。丹向我解釋了這代表的意義：消費者金融保護機構的構想很受老百姓歡迎，對很多參議員來說，在這個議題上投票，代表他們必須在惹惱老百姓或惹惱大銀行之間做選擇，而雙方他們都不想得罪。他們想安排的是一個無聲的、帶點神祕感的死亡。

這太慘了，他媽的太慘了。如果一堆參議員選擇站在銀行那邊而非美國家庭這邊，那麼民眾當然有權知道。如果我們贏不了，至少我們可以讓他們贏得很難看。

消費者金融保護機構被判死刑的消息傳得很快，消費者團體得知後都火冒三丈，跟我有得一拚。但沒人打算放棄，非營利團體加倍努力，在全美國發動電子郵件宣傳攻勢，呼籲大家團結。激進派的部落客也加入戰場，有些州的檢察長也表態支持，包括俄亥俄州的檢察長理查·科德雷

（Richard Cordray）。

沒想到幾天之後，傳來了更多的壞消息。麻州在一月十九日舉行參議員補選，遞補泰德・甘迺迪留下的位子。極右派的茶黨卯足全力，宣稱他們相信華盛頓背叛了人民的價值觀。一個活力十足、總是面帶笑容的國民兵中校史考特・布朗（Scott Brown）以充滿創意的方式加入選戰，並在證明自己有希望終止民主黨在麻州霸占了幾十年的席次後，茶黨立刻挹注他花也花不完的大筆金錢。布朗利用民眾對政府的不滿，在選舉日乘著民怨的浪潮成功衝進了參議院。

布朗的勝利反轉了民主黨在參議院的六十席多數黨優勢，助共和黨一臂之力讓他們阻止或至少要求改寫他們不喜歡的方案。對還在為消費者金融保護機構奮戰的我們而言，這簡直是另一根封死棺材的釘子。

海瑟要求我盡量和更多人談話。電話會議、面對面的會議、接受各種媒體採訪，我什麼都試了。我為《華爾街日報》寫專欄，跟消費者團體、國會議員助理碰面，去上了《瑞秋・梅道秀》（*The Rachel Maddow Show*）和《早安，喬》（Morning Joe）等政論節目。我又去了一次《史都華每日秀》，不過這次我沒再嘔吐了。我公開呼籲大家支持消費者金融保護機構，史都華說他想和我親熱（當然是開玩笑，他知道布魯斯就等在後台）。沒錯，事情變得越來越瘋狂。

對我而言，問題相當簡單：這是一場銀行對抗家庭的戰爭。

我們的要求也相當合理：公開投票，記名表決。

三個星期變成四個星期，然後延伸成五個、六個、七個星期。來自消費者團體的壓力似乎產生了效果，新的謠言開始滿天飛。消費者金融保護機構的心跳很微弱，但是宣布它死亡現在看來還為時過早。

遊說集團死咬不放，他們打算如果弄不死消費者金融保護機構，就弄得它殘廢，讓它沒有辦法妨礙大銀行的獲利大計。他們不但砲火猛烈的攻擊消費者金融保護機構，同時也暗地裡試圖破壞它的組織結構，想讓它名義上獨立，實際上沒有任何權力。遊說集團的意圖很清楚：如果有必要，我們可以讓政治人物設立一個樣板機構，可是我們會讓它跛腳，讓它永遠做不了任何事。

雷根在金凱瑞身上還魂，要歐巴馬「帶種一點」！

到了此時，已經成了貼身的肉搏戰。全美金融改革聯盟在蒙大拿州播放電視廣告，攻擊站在銀行陣營的參議員。富國銀行（Wells Fargo）年度股東大會上，有人抗議鬧場。堪薩斯市、丹佛市和芝加哥都舉行了示威遊行。網路上出現連署請願，全美國的報紙都刊登了關於消費者金融保護機構的編輯特稿和專欄文章。

三月初，好萊塢也加入了抗爭行列。音樂製作人漢斯．季默（Hans Zimmer）和劇作家兼導演詹姆斯．布魯克斯（James Brooks）想讓更多人注意到消費者金融保護機構，於是集合了所有曾經在《週六夜現場》（*Saturday Night Live*）扮演過總統的人，拍了一支由朗・霍華（Ron Howard）執導，威爾・法洛（Will Farrell）、達那・卡維（Dana Carvey）、吉維・蔡司（Chevy Chase）、丹・艾克洛德（Dan Aykroyd）、達瑞爾・哈蒙德（Darrell Hammond）和佛萊德・阿米森（Fred Armisen）等一干明星扮演從福特到歐巴馬等歷任總統的宣傳短片。在影片裡，歷任的假總統們圍著歐巴馬，要他「帶種一點」，硬起來挺消費者金融保護機構。大明星金凱瑞（Jim Carrey）則扮演雷根總統的鬼魂，長褲裡掛著一對大鋼珠晃來晃去，示範給歐巴馬看什麼叫「男子氣概」。這支短片放上著名的惡搞短片網站「笑死人不償命」（Funny or Die）後累積了好幾百萬的點擊數，也得到廣泛的媒體報導。

同時，杜德參議員也去上了電視節目《馬修斯硬碰硬》（*Hardball with Chris Matthews*），堅稱一個強而有力的消費者金融保護機構有多麼必要，但就在同一天，我們又聽到杜德參議員想要撤回消費者金融保護機構的提案。

參議院銀行委員會的大門還是鎖得很緊，我沒辦法打聽到消息，無法得知杜德參議員的真正意向到底為何。

我盡可能的接受媒體採訪。那年春天，《赫芬頓郵報》（*Huffington Post*）問我對閹割版的消費者金融保護機構的看法，還問我願意接受只有空殼的消費者金融保護機構嗎？

我直言不諱的回答：不行。「我的首選是強而有力的消費者金融保護機構。第二選擇是打到地板上全是血和牙齒，然後完全不設任何的消費者金融保護機構……再怎麼樣，一個軟弱無力、什麼都不能做的消費者金融保護機構，絕對不會是我的選擇。」我說我們要嘛就挺身為值得的事奮戰，要嘛就乾脆將心力投注在其他事情上。我一點都不想和一隻只會搖尾乞憐的看門狗扯上任何關係。

然後，在三月中旬，杜德參議員提出了一個包含強硬、獨立的消費者金融保護機構的金融改革法案，並在他的主導之下，在銀行委員會過了關，準備通過參議院的最後審查。大銀行傾盡全力想要阻止我們，可是失敗了。新設立的消費者金融保護機構，將會有它需要的足夠權力和預算來改變世界。消費者支持團體、滿懷熱情的美國民眾，以及幾位超級幽默的演員，大家同心協力只為促成一件事，現在只差臨門一腳就要打敗史上耗費最多資金的遊說行動了。那天是美國人民的勝利之日，也是民主的勝利之日。

那天當布魯斯和我到夏日小屋吃蛤蜊、喝啤酒時，我們不禁舉杯慶祝。

一百九十億誰買單？是銀行還是納稅人，你猜？

生活從來不會因為政治而停下腳步，二〇一〇年的春天也不例外。我們的女婿打電話來說他弟弟要結婚了，那可是整個家族的人都該在印度歡聚的大事。

就在我們出發前，艾蜜莉雅給了我們一個大驚喜，宣布她又懷孕了。布魯斯和我要有第三個外孫了。

乍聞這個好消息，我一則以喜，一則以憂。我為我的兩個外孫女瘋狂，將近九年的時間，只要有機會我就會飛到洛杉磯和她們相聚，有時過個週末，有時多待幾天，為的只是成為她們生活中的一部分。現在新寶寶馬上要來了，在五人監督小組、為金融改革奮戰和哈佛的教職之間，我實在忙得分身乏術。我想多花點時間陪伴這個家庭的新成員，但是我擔心自己做不到。

當我們抵達印度時，天氣很熱，非常非常熱。輪流停電意味著冷氣時有時無，而大多數的午後沒電可用。婚禮熱熱鬧鬧的舉行了三天，唱歌、跳舞，和分布在北印度各地的泰吉大家族親人歡聚。我暫時將華盛頓拋在腦後，新娘華麗的裝扮讓我大開眼界，整天和外孫女玩鬧咯咯傻笑，過得好開心。

回到華盛頓，更多的痛苦接踵而至。在參議院提出它的金融改革法案後，接下來就該協商委員會上場消弭眾議院版本和參議院版本的歧異，然後修改過的法案會再回到參眾兩院進行最後投票。

民主黨在一月失去六十席多數黨的優勢，現在法案需要得到麻州新任共和黨參議員史考特·布朗的支持才能通過。突然間，布朗發現自己大權在握，他一點時間都沒浪費，立刻放話威脅：除非民主黨同意改寫已經接近完成的法案，再加上一個新條款為大銀行省下一大筆錢，否則他就要讓金融改革法案過不了關。

自從美國開始制定金融機構相關法規，向來都是由銀行負責所有的立法開銷。執行新的金融改革法規的成本預估高達一百九十億美元，而目前的版本特別指出將會由最大的幾家金融機構買單。

現在布朗參議員威脅除非改掉這個條款，否則他就要阻擋整個法案。他堅持應該由納稅人而非大銀行來付這筆錢。巴尼．法蘭克氣得不得了，可是他別無選擇。這個最後的讓步，是讓金融改革成真的代價。布朗如願以償，參眾兩院通過了最後的版本，金融改革法案終於被送進白宮，等待總統簽署。

白宮邀請我出席二〇一〇年七月二十一日舉辦的法案簽署典禮。這個法案被稱為《杜德—法蘭克法案》（*Dodd–Frank Act*），以紀念參眾兩院領袖的努力。

那天的華盛頓又熱又濕又黏，令人十分不舒服。典禮在可容納六百個座位的圓形露天劇場的雷根大樓舉行，我很想去，但同一天上午我必須代表五人監督小組去參議院公聽會作證。公聽會看似會在簽署典禮開始後才結束，所以我認為我只能放棄參加了。畢竟我是五人監督小組的主席，那是我應盡的責任。

所幸在最後一分鐘，我得到了第一個上台作證、提早離開公聽會的許可。如果用跑的，也許還有機會即時趕上典禮。於是，我真的這麼做了。

只要是美國總統參加的場合，都會有個關閉所有入口、保全人員就位的時間點，在那之後，任何人都不可以再進出。還好也應邀出席的德賓參議員答應我，他會等我一起進去。我一結束作證，立刻衝出公聽會，和德賓的助理在走廊上狂奔。我們跑到外面，和參議員一起跳上黑色休旅車。車子在大街小巷疾馳，最後駛進雷根大樓，我們跳下車子，在關門時限前一分鐘跨過門檻。這種參加宴會的方式，實在太刺激了！

在簽署典禮上，我被安排坐在第一排，就在聯準會傳奇的前主席保羅・沃克（Paul Volcker）旁邊。當歐巴馬總統上台時，所有人都起立致敬，用力鼓掌，高聲吶喊。總統從一開始就支持金融改革法案，現在是屬於他的勝利時刻。

太棒了！美國人民終於贏了！不能在禮堂裡放煙火，是美中不足之處。

一週後，我收到了一個包裹。裡頭有一張總統寫的紙條，還有一枝筆。那是他拿來簽署消費者金融保護機構法案所用過的筆。

大衛的彈弓，這次射中了金融巨人

這場仗打了一年多，但是這一次大衛重創巨人歌利亞。

從一開始我們完全沒有機會，我懷疑連最好賭的拉斯維加斯都不會願意開賭盤。各大銀行組織完整，立場確定，他們雇用公關人員、律師、遊說集團、研究專家和大量的顧問，推出黃金作戰陣容，沒有發生過任何內訌或戲劇化的倒戈。金融服務業買下最好的遊說集團，根據報導，他們在試圖推翻金融改革法案上的公關費用總共花了五億多美元。

這場設立消費者金融保護局的戰爭，是人民向有權有勢的大企業宣戰。大銀行不想要這個機構，視之為直接的威脅，而他們想置它於死地的動機很簡單：他們不想要在做生意時，還有隻虎視眈眈的看門狗對著他們狂吠。

依照正常的華府慣例，有權有勢的銀行業者應該能輕易打敗美國人民，讓消費者金融保護局成為時薪一千美元的遊說集團成員定製西裝褲上的一個小污漬。

那麼，人民究竟是怎樣取得勝利的呢？當然有幾個檯面上的英雄，例如在沒有人認為它有機會能真的立法通過時，仍舊努力向同事行銷宣傳的國會議員們，包括眾議員布萊德・米勒、比爾・德拉亨特，以及參議員泰德・甘迺迪、迪克・德賓、查克・舒默。此外，還有當它從構想進入真正立法程序時，巴尼・法蘭克和克里斯多夫・杜德跳下來主導戰役，使盡全力談判，想辦法讓大家妥協，如今的消費者金融保護局才能倖存下來。然而，更多的是檯面下的英雄，比如花了無數個小時起草法案、協商、再改寫得讓它更強悍的麥可・巴爾和艾瑞克・史坦；還有一直在為美國人民奮鬥的美國消費者協會的崔佛斯・佩倫克特（Travis Plunkett），以及美國公益研究團體的艾德・梅爾溫斯基（Ed Mierzwinski）。

就我個人認為，美國人民才是這次勝利的最主要原因。有時他們透過非營利團體、工會和聯盟組織起來，有時他們獨自發聲，透過惡搞影片、部落格或是以傳統方法寫信給新聞編輯，表達他們的意見。不管是有組織的或沒組織的，這次人民成功的讓自己的聲音被聽見了。

我也相信站在消費者這邊的人，懂得如何更聰明運作了。一旦吹響上戰場的號角，所有的人都會全力以赴，不猶豫不遲疑。不管是長時間支持的人，或是第一次參加的志願者都跳了進來，以彷彿沒有明天的決心奮戰到底。他們心裡只想著一個偉大的目標：必須保護消費者。他們及早規畫，善用每一分錢，他們利用群眾外包（Crowd Sourcing）的概念，組成社群，在推特、臉書上廣泛宣傳。他們組織從高中生到好萊塢明星的志願義工，不把情況複雜化，並且始終明白自己為何而戰。最重要的是，即使是在報導說新機構已經死定了、大銀行宣布獲勝時，也沒有人選擇放棄。

他們雄赳赳的氣勢橫掃了那年的美國。先前的金融海嘯已經到了動搖國本的地步，憤怒的美國人民渴望真正的改變，而非圈內人私相授受的交易，他們想要至少將世界的一個小角落清掃乾淨。那是一個怒火中燒的時刻，也因此改變才變得可能。

一直以來，我們的民主受到了嚴重的斲傷。大銀行的執行長和他們高價聘請的遊說集團能擁有政治影響力，是國家墮落的恥辱。當人們告訴我華盛頓的政治有多黑暗時，我只能啞口無言，因為它真的亂成一團，而且輕重緩急的順序也常常顛倒錯亂。然而我希望，真心的希望，人民永遠不會放棄。

這一次，當美國人民選擇參與這場贏的機會微乎其微的戰鬥時，民主確實運作起來了。雖然它受了點傷，破了點皮，但是終究還是迎來了勝利。

｜第5章｜

終於，小散戶有救了！

消費者金融保護局的攻防內幕

在歐巴馬簽署《杜德—法蘭克法案》的隔天，我再度搭上飛機，這一次的目的地是洛杉磯。

兩個星期前，艾蜜莉雅和蘇希爾打電話告訴我們超音波檢查的結果——是個男孩！就在那通快樂的電話後沒幾天，艾蜜莉雅就因為出現早產徵兆進了急診室。醫生費了九牛二虎之力才讓她的子宮停止收縮，艾蜜莉雅遵照醫囑到預產期前都必須臥床安胎。預產期在十一月，換句話說，她得在床上躺五個月。

每一天都是一個小小的勝利，因為每一天小小的胎兒都會又強壯了一點點。然而，每一天也同樣充滿危險，那個夏天艾蜜莉雅進出醫院好幾次。現在布魯斯和我回到洛杉磯，看著艾蜜莉雅平躺在床上，身上綁了監視器的帶子，幾乎不能移動，擔心極了。

艾蜜莉雅和我很像，我們都不是很懂得安分「休息」的人，所以這個長長的禁閉對她來說簡直與酷刑無異。兩個外孫女很不安，對媽咪天天躺在床上感到困惑。我想和他們全家人在一起，照顧我的外孫女們，在床邊握住艾蜜莉雅的手。

飛機一降落，我就打電話給艾蜜莉雅。她說，她很好。我的下一通電話打給丹，他告訴我媒體說一封公開信剛被送進白宮，建議總統提名我為新成立的消費者金融保護局局長。那封信上有五十七個眾議員和十一個參議員的簽名，一起送達的還有一份十四萬人簽署的請願書，全都支持我坐上那個位子。

哇！感覺上有這麼多人知道這樣一個新成立的政府機構，就已經了不得了，現在竟然還簽了請願書來支持某個人出任局長，真是前所未聞。對於這麼多人對這個新機構的支持，而且信任我可以擔當這個非比尋常的職位，我深受感動。

在為消費者金融保護機構奮戰的那幾個月，我其實並沒有仔細去想成立之後該如何運作。偶爾有人會問我是否對局長的位子有興趣，我總是三言兩語打發掉這種問題。在過去的一年半裡，我忙著教書，擔任五人監督小組的主席，盡全力幫忙讓消費者保護機構通過立法。我不去想再接受另一份工作的可能性，而現在終於塵埃落定，我滿腦子想的只是得趕快去洛杉磯和我女兒一家團聚。

在和丹談過之後，我的思緒轉個不停。還在為消費者金融保護機構奮戰時，我前前後後講解了近百萬次它可以做什麼，對於它可以有何作為已經滾瓜爛熟。這個新單位的首任局長可以把握機會從一開始就走上正確的方向，設計處理事情輕重緩急的流程，並建立將來能順利運行的架構。我們這麼努力奮戰，為的就是設立一個能夠幫助人們不再受騙的保護機構。它可以徹底改變消費者信貸市場，可以讓靠騙人賺錢的營利模式永遠消失。假以時日，它還能有助於發展出一個更容易比較金融商品、取得最好交易條件的自由市場。它能幫助到像佛蘿拉那種因房貸仲介表現出好意就上當的老太太，也可能幫助到像艾史崔達先生一家那種幾個星期內就讓你無家可歸的受害者。消費者金融保護局的潛力極大，但是它需要一個強而有力的開始。

一個強而有力的局長，可以建立一個強而有力的消費者金融保護局，接下來，總統就要提名這個關鍵人選了。問題是，他會提名誰？

如果我被提名，銀行大老闆們鐵定暴怒

我相信歐巴馬總統當時一定左右為難（他為難的事當然不只這一樁，相較之下這件還算是影響輕微的）。因為不管他提名誰，顯然都會有人不高興。

一方面，他有一份數十位國會議員加上十四萬公民的請願書，要求他提名我。還有媒體也跟著表態，例如《紐約時報》的社論提到，就衝著銀行一定會反對前述請願，歐巴馬就應該要提名我。巴尼．法蘭克眾議員也毫不保留（不過他何曾保留過了？）的敦促總統指派我。在網路上流傳的一段饒舌影片中，有個看起來非常酷的傢伙穿著牛仔裝，一邊揮舞著套索一邊唱：「就是她啦，華倫警長，她就是我們要的人！」

相反的，銀行業者非常不樂見我成為消費者金融保護局局長，許多當初反對成立消費者金融保護局的政治人物也非常不爽這個主意。阿拉巴馬州共和黨參議員理查德・謝爾比（Richard Shelby）就大聲反對：「我不希望真的提名她。我不支持華倫……她根本只是想抓權。」

還有老民主黨員、「杜德—法蘭克法案」原始提案人之一的參議員克里斯多夫・杜德，也不贊成提名我。他懷疑我是否有足夠的管理技巧掌管新機構，他還宣稱消費者金融保護局需要一個提名後會立刻被國會接受的人，而他認為我無法做到這點。他的發言完全出乎我的意料，老實說這也傷了我的心。

當然，杜德參議員的話並非沒有道理。消費者金融保護局的局長確實是由總統提名，並且必須獲得參議院同意。假如有夠多的參議員不喜歡總統的選擇，他們可以投票否決被他提名的人選。

慢慢的，有報導開始提到財政部長提姆・蓋特納也反對我出任消費者金融保護局的局長。這我就不驚訝了，過去一年半來，蓋特納部長和我時常意見相左，在公開場合上，兩人經常毫不讓步的爭論與TARP相關的許多事項。話說回來，蓋特納的意見非常重要，因為依法這個新機構在永久局長上任前必須先接受財政部的管理。換句話說，在總統簽署《杜德—法蘭克法案》後，蓋特納自動成了消費者金融保護局的代理局長。

那年夏天，我和三位總統高級顧問薇樂莉・賈萊特（Valerie Jarrett）、彼特・羅斯（Pete Rouse）及大衛・阿克塞爾羅德（David Axelrod）有過多次對話。他們向來思慮縝密，而且顯然想讓這個新機構有最好的開始。可想而知，白宮也承受各方極大的壓力。說到底，最後的決定權還是握在總統手上。

總之，新局長提名已經成了金融改革戰的一大指標，而我則成了眾所矚目的政治風向球。如果總統提名我，將會引爆大銀行的怒火，而他們在國會山莊可是有不少朋友的。

毫無疑問，有人擔心我可能太獨來獨往，也有人擔心我會在媒體上亂放砲。畢竟，我在爭取《杜德—法蘭克法案》時曾說過「寧願被打到地板上全是血和牙齒」，一個地位崇高的局長怎麼可以言辭如此粗鄙？另外，我能否和提姆．蓋特納部長和睦相處也是大家討論的重點，沒有人想看到官員內訌，讓總統尷尬。

雖然沒人明說，但大家都知道總統的顧問中有人想避免和大銀行起衝突，而且他們也不想讓一個激進的新局長領導一個同樣激進的新機構。各種不同的替代建議開始在白宮傳開：華倫會不會同意擔任新機構的兼職顧問？華倫會考慮當新機構的公開發言人，而推辭掉有決定權的局長一職嗎？

總統的其中一個顧問甚至建議聘請其他人擔任局長，讓我成為新機構的「啦啦隊」。我猜他的意思應該是要我擔任局長的軍師，可是我忍不住納悶：「啦啦隊」？如果我是男人，他也會提出同樣的建議嗎？

一個星期拖過一個星期，事情還是懸而未決。根據白宮一位高級顧問的說法，總統「把牌握在胸前，沒人知道他的打算」。

歐巴馬說，他以前買車時也曾經被騙……

八月中，我應邀到白宮橢圓形辦公室開會。以前我只在照片上看過著名的橢圓形辦公室，所以一走進去便想好好看看這個全世界聞名的房間到底有多特別。它的色調輕柔，運用了許多淡金色和淺色裝潢。可惜我只有一點點時間，因為美國總統正在對著我說話，我總不能就站在那兒四處張望。

「消費者金融保護局很棒吧？」總統問：「是不是真的很棒？」

雖然我們之前只見過幾次面，但他熱情招呼我，一邊稱呼我「伊莉莎白」，一邊歡迎我，然後領著我從外面的辦公室走進橢圓形辦公室。他問我要不要喝或吃點什麼，然後拿白宮超厲害的廚房開玩笑，說他就像個電影版的總統，想吃什麼廚房就能變出什麼出來。但其實說笑的過程只有幾秒鐘，這次開會，除了我們兩人，還有總統高級顧問兼長期好友薇樂莉．賈萊特。她和我才剛踏進橢圓形辦公室，歐巴馬的語氣馬上轉變，討論起正事。他想知道，新成立的消費者金融保護局是否有足夠的能力完成任務。

他握住我的雙手，凝視我的臉。我感覺到他顯然不知道在關了門後，我會對他說什麼。我會稱讚這個新成立的機構？還是看低它？

「它真的很棒，總統先生，它一定可以達成使命。」我很認真的告訴他。

總統顯然鬆了一口氣，接著露出那魅力十足的招牌微笑，領著我走向座位區。那裡放了兩張面對面的沙發，側邊擺了兩張單人椅。他在其中一張椅子坐下，示意我坐在沙發靠近他的那一側，薇樂莉則坐在另一張沙發上。

總統開始說起一個他幾年前買車的故事。我沒有聽得很仔細，但他自嘲他當時沒搞清楚合約條款就在上面簽了名。看起來似乎到了現在，他對自己被騙的事仍舊十分生氣。這故事的重點是：即使成立了很棒的新機構，總統還是很擔心被排除在監督之外的車商，以及可能再度受騙上當的美國人民。

我有點驚訝，我還以為這會是總統慶祝勝利的時刻。讓消費者金融保護局正式成為聯邦單位是他的一大成就，他有千萬個理由為自己感到驕傲；沒想到他在意的，卻是他沒有做到的部分。他重視的不是政治上的勝利，而是關心老百姓的生活是否會因他的作為而發生改變，讓我不由得對他更加敬佩。

然而，我明白我們對抗的對象是誰，而且我知道這個新機構確實有足夠的力量。「總統先生，我們已經備齊了九成五的條件，這個新機構將會為美國做出很大的貢獻。」我告訴他，我認為這是一個貨真價實且意義非凡的勝利。

他大笑，然後轉入正事。他開頭是這麼說的：「這不是工作面談，你應該是消費者金融保護局的領導者。」我知道接下來應該要說「但是」了，所以聽到他說「但是，我們與共和黨和銀行家有個很大的問題，你讓他們很緊張」時，我一點都不驚訝。

銀行業者不想讓我出線，況且當時共和黨在參議院有四十一席，他們很可能否決我的提名，所以我不可能獲得夠多的票數出任局長。

但總統並不打算提名任何人，反而建議我出任一個還沒有名稱的臨時職位，直接向蓋特納部長報告，幫助新機構度過草創時期。他沒有告訴我這個職位要擔負什麼責任，以及我可以做什麼。

老實說，對他的提議我不是很信服。雖然我不了解蓋特納部長，但我相信他一定會盡其所能的辦好這個新機構。不過話說回來，我們兩人對銀行業的看法太過分歧，我擔心部長會一意孤行，跟我走不同的方向，讓新機構成為多頭馬車，反而讓至今仍想除之而後快的大銀行有機可乘。最終總統和我還是無法達成協議。我們站起來，很敷衍的擁抱了一下，我就離開了。

他們先誘拐你入甕，接著再狠狠宰你

夏天過去了，布魯斯和我返回麻州準備開學。艾蜜莉雅因為子宮收縮再次住院，醫師們試了一種又一種的藥以防止早產。有一次，艾蜜莉雅從頭到腳都變成了紫紅色。日子一天天過去，胎兒還待在子宮裡，但隨時都有可能提早生產。

另一方面，消費者金融保護局開始籌備了。幾個財政部員工設計了它的早期組織結構，看起來很不錯，考慮得相當仔細，但這只是草創時期，消費者金融保護局真正的完整架構和工作內容仍未定案。

局長人選之所以這麼難產，主要是因為首任局長將會決定金融保護局的未來。這位局長會消極行事，讓這個新機構的理想從此塵封，還是會讓它大放異彩？從無到有設立一個新機構是非常難得的機會，主事者不能是墨守成規的官僚，也不能被「服務銀行」的華府文化所侵蝕折腰。第一批工作人員，將有機會把消費者金融保護局培育成一隻二十一世紀的看門狗，一隻矯健、知道任務是什麼，也懂得使用有力新工具讓自己更有效率的看門狗。然而，這些都需要有人努力去執行，才不會變成空口說白話。

說到執行，這代表要擊破以中低收入人民為目標的詐騙行為；要阻止這裡收你五元手續費，那裡收你二十元遲繳費等不入流的小伎倆；要禁止先用難以置信的超低月付額誘人入局，再調升至離奇的超高月付額的大騙局。此外，還要確保房子遭到法拍的家庭受到公平公正的對待；要讓貸款合約簡單化，使消費者能夠多方比較。消費者金融保護局要做的該做的，清單可以列出一長串。

對於消費者金融保護局的未來，至少有件事可以肯定：一開始，它就會遭受重砲轟擊。大銀行在成立消費者金融保護局的戰爭中輸了，但他們在國會還是有不少朋友。假如這個新機構成功了，代表以騙人為手段的銀行再也賺取不了大筆利潤，所以每個人都知道大銀行絕對會抓住可以傷害消費者金融保護局的每個機會。

所以，真正的問題就在於：要以怎樣的方式建立將會遭到持續攻擊的消費者金融保護局？長期在華府活躍的人會告訴你：慢慢來，小心踏出每一步，不要得罪任何人。

我可不這麼想。我認為消費者金融保護局打一開始，就應該盡快出手給予對手迎頭痛擊。在未來長期的攻防戰中，銀行對我們絕對不會手下留情，老是擔心踩到銀行業痛腳，無法幫我們打贏這場仗。我堅信，一旦人民看見消費者金融保護局兌現承諾，讓成千上百萬消費者獲得確實的幫助，那就不用怕沒有人持續為它而戰。

我到底是門神，還是改革者？

九月初，總統邀請我回華盛頓開第二次會。

我在小小的座位區等他講完一通講了很久的電話。這一次他領我穿過橢圓形辦公室，提議我們坐在戶外聊。他說夏天就快過去了，所以我們要把握機會享受剩下的時光。

「享受」實在是件非常個人感受的事，因為那天很熱，非常熱，而且濕氣極高。總統穿了件白襯衫，袖子捲起來，看起來非常悠閒。我卻是一身標準冷氣房的套裝，在外頭只待了兩分鐘，我的頭頂就快冒出煙來了。我裡頭只穿了一件細肩帶背心，根本不敢把外套脫下來，我覺得我一身衣服全黏在身上了。

戶外的小桌子旁只有我們兩個人，我還是沒什麼機會四處張望。這個地方被濃密的灌木包圍，感覺相當小且不透風。總統口中的這個祕密的世外桃源，對我來說簡直是個熱死人的綠色煉獄。

歐巴馬開門見山告訴我，他仍然屬意由我來主持這個新機構。我將直接向財政部長報告，可是他不能保證我會在那個職位待多久，也不能保證我的角色是什麼。他隻字未提日後是否會提名我出任永久性新局長。

我拒絕了。

我們討論了為何需要一個強而有力的消費者金融保護局，還有無可避免的反對勢力，然後談到保護局的最首要任務。然而不管我們談什麼，最後總會繞回同樣的問題：他提供給我的工作，到底是個充場面的門神，還是真能有一番作為、握有實權的負責人？

歐巴馬有點失望，我則熱得要死。我們來來回回談了一個小時，還是沒有結果。他的助理兩度出來提醒他，下一個會議的時間到了。

最後他說：「你讓我很難做，伊莉莎白。」他說他希望我不要操之過急。

我懂。

我們的對話沒有實質進展，這樣下去不行。然後他說：「有時候你得信任總統，讓我去處理。」他一個字一個字的強調，「讓—我—去—處—理。」

隔著小桌子，他傾身靠向我，承諾他會給我一切我需要達成任務、讓消費者金融保護局起飛的協助。他提醒我，他也想要這個新機構能成功，這將會是他重要的政績之一。然後，他說：「相信我。」

就是這樣。他沒說他會提名我為新局長，也沒告訴我將來我要擔負的責任。

然而，在許多人想毀掉《杜德—法蘭克法案》時，他從頭到尾力挺成立消費者金融保護機構，並且簽署了法案。此外，他真的擔心下一個可能會被騙的家庭。

我仔細想著他說過的話：一切我需要的協助。這話不很明確，但「一切的協助」聽起來方向是對的。況且，在共和黨和大銀行磨刀霍霍的情況下，總統是美國人民所能寄託的最佳希望了。

「好吧！」我回答。「我相信你。」

不用並排走，我們不是「活寶三人組」

事實上，最後歐巴馬給我的是兩份工作：我被任命為財政部消費者金融保護局的「特別顧問」兼「總統助理」。職稱長而繞口，但是擁有「總統助理」頭銜的其他幾位全是坐在最靠近橢圓形辦公室的資深人士，而且這個職銜對全世界送出了一個重要的訊息：總統會支持這個新機構的行動。

我明白這只是暫時性的安排，儘管我不知道它什麼時候會結束，或者會怎麼結束。可是現在，那些都不重要。我有機會可以幫忙啟動這個新機構了。

在我答應總統之後，我便向五人監督小組提出辭呈，也向哈佛大學請了長假。因為我想一週七天、一天二十四小時都待在新機構裡，所以布魯斯說他會（再一次）通勤（謝謝你，親愛的）。華盛頓將會成為奧蒂斯和我的新家，布魯斯則每週搭飛機來回。

我們需要在華盛頓找個住處，而且馬上就要。沒有時間去找房子了，老實說，事情進展得太快，不要說找房子，我覺得連刷牙的時間都不夠。有人告訴我們在走路就能到財政部大廈的距離裡，有一戶空公寓，而且房東不介意奧蒂斯入住。很幸運的，我在打破產法戰爭的老友布蘭迪・威廉森那週剛好在華盛頓，他幫我們去看了房子，再打電話回報：「嗯，客廳很不錯，但是廚房的爐子有點怪……」

不管爐子怪不怪，我們立刻就租下那戶看都沒看過的公寓。

我飛到華盛頓。二〇一〇年九月十六日星期四，布魯斯把東西裝上車，載著奧蒂斯開了八小時才抵達華府（我懷疑他們七個小時就到了。我相信沒有我在車上，布魯斯開車的速度會快很多。但我沒說破，這是我們婚姻裡頭其中一個「你不問我不說」的默契）。

星期五，布魯斯和我到白宮參加我的新職位宣布記者會。艾蜜莉雅還在安胎，蘇希爾要照顧她。艾力克斯的工作剛好出了緊急狀況，而且他想在洛杉磯待命，以防姊姊需要幫手，所以那一次我的孩子和外孫女們都沒有出席。

午餐後，只有總統、提姆・蓋特納和我在橢圓形辦公室裡。總統說他相信我們會處得很好，蓋特納和我卻露出不置可否的微笑。總統對著通往玫瑰花園的門口打著手勢，媒體與攝影記者已等在那裡，然後告訴我們兩個和他一起走出去。接著他停頓了兩秒，說：「呃，不用並排走。我們可不是『活寶三人組』＊。」我們都笑了，然後紛紛講起劇中的橋段。我猜看在外人的眼裡一定覺得我們很無聊，但是我很驚訝總統和財政部長居然知道這麼多墨爾、賴瑞和凱利的哏，顯然國家是被託付在對的人手中。

堂堂財政部長，在車上不繫安全帶

記者會很順利，我很快宣誓就職。

星期六一整天，我也有一堆事要做。這天不再談論政治或歡迎會，我們得出門添購家居用品。逛了好幾家大賣場和家具店，買了高腳凳、檯燈、餐盤等等，我不記得我們到底買了多少東西，但是我記得布魯斯和我連續逛了十四個小時。當晚十點，買了書桌和椅子後，我們終於能在馬里蘭州的「國際鬆餅之屋」坐下，大吃鬆餅慶祝。

工作第一天，我花了很長時間在一些雜七雜八的瑣事上。我被以電子和傳統墨印兩種方式取了指紋，十隻手指頭各兩次。我被拍照，被告知安檢程序，被教導好幾十份我需要填寫的表格該怎麼寫，然後拿到通行證，又被打了流感疫苗。

我在五人監督小組期間也參加過兩三次在財政部大廈舉行的會議，但是現在我擁有自己的辦公室，也有機會在裡頭自由走動。我的辦公室很漂亮，和我之前的辦公室大不相同。如同其他財政部官員，我的辦公室有挑高的天花板、壁爐、骨董家具，還有一扇超大的窗戶可以看到開國元勳亞歷山大・漢密爾頓（Alexander Hamilton）的雕像，感覺有點像置身在電影場景裡。要不是有那麼多工作要做，這裡會是我跟外孫女玩下午茶遊戲的好地方。

就像其他雄偉老建築裡頭的辦公室，這些辦公室其實不適合現代人的工作動線。我的助理艾麗莎・馬丁（Alyssa Martin）坐在我辦公室前方一個小小的弧狀空間裡，她才二十二歲，本來應該在那年秋天開始在哈佛法學院就讀。我問她是否願意跟我來華盛頓，於是她決定休學一年。

財政部為消費者金融保護局組織的基本工作人員，分散坐在其他單位。其中有很多人再過幾週就會回到原先的財政部，但有幾個人會留下來。曾經花很多時間逐條協商消費者金融保護局立法草案的艾瑞克・史坦，從財政部轉調過來幫我建構保護局。在財政部以使命必達出名的沃利・阿德默耶（Wally Adeyemo）成為我們這個新機構的幕僚長，我很快就發現他是我們不可或缺的一大助力。

上任第一天，蓋特納部長約我外出吃中飯。當我出現在他的辦公室時，他說：「我有個禮物要給你。」然後他拿出一頂警帽。真棒！

＊編按：Three Stooges 或譯為《三個臭皮匠》，是美國二十世紀中期一個著名的雜耍喜劇。劇中三個主角是墨爾（Moe）、賴瑞（Larry）和凱利（Curly），劇情通常是繞著小人物對抗惡勢力進行鋪展。

我們坐在由他的隨扈駕駛的休旅車後座，前往他很喜歡的一家餐廳。車子開得很快，我在車子開出財政部鐵柵門前就繫上了安全帶，然後在車子開了好一陣子後，我發現部長竟然沒把安全帶繫上。我像個囉嗦的小學老師，眼睛盯著他說：「繫上你的安全帶，部長先生。」

他則像個頑皮的小孩，回看著我，然後說：「我不用繫。」

他很驕傲的告訴我車子是防彈的，他的兩個隨扈都受過最嚴格的訓練，而且配著真槍。「我們很安全。」他沒好氣的說。

「什麼？你開玩笑的吧？」我說：「要是我們被撞了，車子翻了好幾圈，你的頭撞在那個很厲害的防彈玻璃上，你覺得自己安全嗎？」我相信我的語氣變得嚴厲了一點。

他還是不肯把安全帶繫上，就這樣坐到目的地。

我們坐在後方的桌子，一邊用餐，一邊辯論金融市場、市場崩盤和政府的角色。他說了不只一次他很驚訝我居然這麼相信自由市場；我也不只一次的回應自由市場非常好，前提是擁有一個買賣雙方都了解交易內容的公平環境。

從餐廳出發返回辦公室時，蓋特納部長默默繫上了安全帶。

那天稍晚，五六位財政部的律師來開會。一開始，我以為這和當天其他「很高興認識你」的會議沒什麼不同，但是所有律師都抱著檔案夾，讓我不禁起了戒心。沒有人在參加社交會議時，會隨身帶檔案夾。

在大家握過手、就座之後，其中一位律師說他有壞消息。每個人都在迴避我的眼光。第二位律師不情不願的解釋我們在法律上出了點小差錯，然後律師們便一起從檔案夾裡拿出《杜德－法蘭克法案》中的某一頁。條款中用錯了一個字：消費者金融保護局在設立時的權力歸屬於此「小節」，而非此「章節」。

呃，只是差一個字，結果卻是大不同。

法律用語就像一團纏結的線，牽一髮而動全身。在這個句子裡用錯了字，代表消費者金融保護局只有在參議院同意新局長的任用案後，才會獲得完整的權力（或者，像我們最後想出的辦法那樣，由總統在國會休會時指派新局長）。財政部有某種程度的權力可以在新局長就任前指揮消費者金融保護局，但其權力會受到限制。

一個小小的字，我的腦海中跳出了一個小小的想法：噢，糟了。

律師們也遞給我一張，我一次又一次的讀著那個句子。有沒有可能做出不同的解釋？顯然不行。好吧！能否請國會技術性修正這個錯誤呢？不行。有人已經偷偷問過在國會的朋友這個可能性，但是每個人都同意目前的政治局勢根本不可能讓它這麼容易被訂正。

最後的問題是：怎麼會發生這種事？律師們說他們也不知道。我略施壓力想問出結果，但事實是怎麼發生的已經不重要了。法案有好幾百頁，這個句子和篇幅經過太多不同的工作人員和委員會多次協商，條文可能被修改過好幾千遍。總是會有人出錯，而且錯了就錯了，現在我們除了接受，別無他法。

布魯斯那週有課，已經回麻州去了。我在深夜時回到新的公寓，一如往常先打電話給艾蜜莉雅和蘇希爾。一天又過去了，胎兒又大了一點，變強壯了一點。艾蜜莉雅的預產期還剩兩個月，我想像即將出生的小寶寶，默默祈禱上帝讓他等久一點再降臨在世界上。

每一張桌子，都坐著一個參議員或眾議員

新工作開始不到兩週，我答應去由大銀行、貸款公司等執行長們組成的金融服務業聯合總會（Financial Services Roundtable）演講。他們就是遊說集團背後的金主，也就是當初誓死反對消費者金融保護局成立的同一批人。我親愛的老公認為我瘋了，開玩笑的說那些執行長說不定會拿刀叉攻擊我。

聯合總會的會長是前眾議員史蒂夫．巴特雷特（Steve Bartlett），他很迷人、總是笑口常開，而且深信在政治界沒有什麼永遠的事，即使敵人也一樣。我很感謝史蒂夫的邀約，而且我願意和任何人討論新機構，即使對象是大銀行的執行長。況且這是一個推廣「消費者金融保護局其實對公平競爭有利」的機會，前提是你的銀行想靠賣誠實的商品賺錢。

我的運氣不錯，伊莉莎白．威爾（Elizabeth Vale）會陪我一起去。在成為總統商業輔導的得力

助手前，她曾是叱吒風雲的銀行界佼佼者，之後她同意離開白宮的工作，來幫我們推動消費者金融保護局。這晚她將成為我進入異域的導遊。

晚宴在一個超大的宴會廳舉行，裡頭擺滿了桌子，每張桌子上都有華麗的插花、厚重的桌巾、每人不只一個的酒杯和精心包裝的小禮物。我身邊坐的是著名的摩根大通執行長傑米・戴蒙（Jamie Dimon）。

戴蒙體格結實健壯，展現高度自信。我從沒見過他，但我在《華爾街日報》的專欄裡挑戰過他。我引用他說過的名言「每五到七年就會發生一次不可避免的金融危機」，直接指出他是錯的。造成市場崩盤的真正原因不是什麼不可避免的循環；這次的經濟危機，是多年來對金融業刻意鬆綁和大銀行多行不義的直接後果。我曾經多次重申這個觀點，大聲疾呼我們需要金融警察來確保這樣的金融危機不再發生。

我在猜戴蒙會不會在沙拉一上桌就和我爭論起來，可是他沒有。事實上，完全沒有任何爭執。大部分時間都是他講我聽，他大聲抱怨身為民主黨員卻看到民主黨政府試著約束銀行，對他來說有多痛苦。他談到他和總統的許多對話，並詳細的說出他給了總統什麼建議。

過了一會兒，主持人站起來感謝大家，講了一些聯合總會的功績，然後開始會議流程上的下一個項目。他介紹第一桌和幾個銀行執行長坐在一起的國會議員，被點名的國會議員站起來，大家鼓掌歡迎。我心裡想，他一定和銀行業者走得很近吧？然後輪到第二桌，主持人介紹另一個國會議員的名字和選區，那個國會議員站起來揮手，大家又鼓掌。就這樣一桌又一桌，當我發現在這個大宴會廳的每張桌子都至少坐了一個參議員或眾議員時，真的很驚訝。

當晚自然不是聯合總會第一次找機會和國會議員建立感情。在前十年裡，金融業者一共捐了二十億的政治獻金；而金融服務業聯合總會本身則花了超過七千萬美元在遊說集團上，以確保他們的朋友明白在每個金融相關條款上應該站在哪一邊。

我不記得那晚與會的參議員和眾議員到底有多少人，但我清楚記得對誰到場以及在那裡停留多久有多驚訝。那時候的我，也參加過一些華府的晚宴，但大多數都是為了向支持消費者的團體致敬，有時也會有國會議員到場，但都只是來了就走。聯合總會的晚宴讓我大開眼界。那麼多張桌子，那麼多參眾議員。足足兩個小時的晚餐和交談，拉攏了多少關係。

當終於輪到我上台演講時，聯合總會的會長露出促狹的笑容，他說因為我是今晚的演講佳賓，所以他要服務生先把餐桌上的所有刀子收走。

我不確定有沒有人笑，但至少現在布魯斯不用擔心刀叉成為行凶武器了。

我在演講裡回顧老約瑟夫．甘迺迪在大蕭條最黑暗時刻說過的一段話，那是他在一九三〇年代宣誓就任新成立的美國證券交易委員會時說的：

每個人都說做生意需要信心，這我同意。信心來自於我們知道如果我們的生意是在做對的事，我們就會受到保護，就會有機會存活、獲利、成長，幫助自己也幫助國家。

站在所有的銀行家和國會議員面前，我說我相信老約瑟夫·甘迺迪是對的。我用自己的話再次強調他的觀點：「好的法規會為好的企業創造成長茁壯的機會。」

觀眾禮貌性的鼓掌，晚宴沒過多久就結束了。在我離開時，一個從中西部來的銀行家對我說：「我們只是想知道，你不會和我們搗亂。」

我微笑，什麼都沒說。

牆上的顏色，是「亞利桑那日落」嗎？

新工作的頭兩個星期都在開會、面試、演講、更多的開會中度過。

除了艾麗莎，我另外雇用了三位新人來幫我。丹·格爾東再次跟著我換工作（兩年內的第四次），成為我的資深顧問，幫我排出事情的優先順序、監督我們的媒體跟國會處好關係、解決政治相關議題，基本上他負責確認所有我無法親力親為的工作有被做好。

拉吉·戴特（Raj Date）之前在銀行業做得非常成功，後來他卻做了一件對金融圈子來說不尋常的事：他創立智庫，並針對銀行體系的錯誤寫了一篇篇又長又專業的論文。在他開始為消費者金融保護局工作之前數個月，他加入全美金融改革聯盟，為爭取建立一個強而有力的消費者保護機構奮戰，現在他則負責設計我們的研究和規範相關事宜。在五人監督小組的媒體聯絡表現出色的彼得・傑克森（Peter Jackson），同意調來新機構擔任同樣的角色。

我們每個人從一開始就沒日沒夜的投入工作，從早到晚整天都在面談、開會，然後在深夜各自回家後，還要為第二天的行程做足功課。我們以能讓消費者金融保護局順利運行數十年為目標，設計出它的基本架構。我定期和蓋特納部長及財政部官員匯報，讓他們知道我們的進度。

消費者金融保護局開始慢慢成形，媒體也出現了一些報導，大多數都是在講新機構的工作，但是一篇十月底的小花絮卻嚇了我一跳。

> 新的粉刷工作——我們聽說華倫也在白宮西翼出沒，她在財政部的辦公室正在重新裝潢（華倫將在財政部大廈和在L街的消費者金融保護局各有一間辦公室）。這對財政部官員來說相當罕見，因為他們通常都是原封不動的接手前人留下的辦公室。對於華倫辦公室的牆壁將要漆上的顏色，引發了一陣有趣的討論。有人說它是「亞利桑那日落」，有人說它是「磚紅色」。

隔天的頭條新聞明白指出消息是從財政部傳出去的：「財政部要把刀子架在伊莉莎白・華倫的脖子上了嗎？」記者說這是「微不足道的小事」（你認為呢？），但是他也說在我就任之後，財政部內部有人刻意將一連串惡意的小道消息洩漏給媒體，目的是要將我刻畫成一個「自我中心、只會吹噓的惹禍精，而不是一個認真做事的政治人物」。噢，這種奧步也太讓人作嘔了吧。

我試著推想這篇報導是從哪裡來的。我記得有個財政部員工到我辦公室說財政部例行的粉刷時間到了，他拿出顏色樣本給艾麗莎和我挑選，我們選了其中一個顏色。我們沒有說上幾句話，在我忙得要死的頭幾個星期我幾乎已忘了這件事。

在這個故事見報後，蓋特納部長打電話給我。那天我們沒有要開會，所以我嚇了一跳，他開門見山的說：「對你辦公室粉刷的報導，我感到很抱歉。」

我輕描淡寫的回答說那沒什麼，但是他很堅持。「不，」他說：「我真的很抱歉。這是不對的。」

那篇文章顯然和他沒有關係，可是他知道在他人數眾多的部門裡誰是該負責的罪魁禍首。財政部擁有大量員工，部長不可能知道每個人每分鐘在做什麼。無論如何，他告訴我接下來我在消費者金融保護局努力工作的時間，絕對不會再有任何不利於我的惡意消息從財政部洩漏給媒體。他說：「我向你保證。」

我知道提姆其實並不贊成我擔任這個角色，我也知道我是被總統硬塞到他部門的。我自然明白如果他想要，他可以小心設下一些陷阱或將不利我的消息洩漏給媒體，把我拉下台。可是他向我保證了，而我相信他。

我不知道提姆後來做了什麼，我們兩人也沒再談起這個話題，但是在那之後，我就沒有再看到任何由財政部外洩給媒體的惡意報導了。

無論對事或對人，都是衝著我而來

十月底，我飛到加州柏克萊大學以消費者金融保護局為題進行演講。那天，我接到了我一直在等的電話。

艾蜜莉雅的孕期進入三十七週，寶寶已經不願再等。奇蹟發生了！過去幾個月，我們都在擔心他會早產，會因為體型太小而活不下來，結果他出生時卻是個胖嘟嘟的寶寶。粗粗短短的大腿、圓滾滾的肚子，重達三千八百公克。我一生中，沒有哪個時候會為了一坨肥肉這麼開心過。

布魯斯和我在隔天就飛到洛杉磯，我們為小寶寶穿上南瓜裝（不然，一個胖嘟嘟的萬聖節寶寶該穿什麼？）和小姊姊們一起出去挨家挨戶大喊：「不給糖就搗蛋。」

我喜歡萬聖節——化妝打扮、不給糖就搗蛋、在家門口發糖果給小孩（我要老實說，我抵抗不了Mounds巧克力棒）。有一年，拉維妮亞甚至說服我戴上撒了亮粉的粉紅色假髮，打扮成「閃亮女王」，好和她的「閃亮公主」配成一對（還好我相信那一年萬聖節的照片已經都刪光了）。我也當過她牧羊女小波（Little Bo Peep）的綿羊。在這一年，我們打扮成玫瑰花（拉維妮亞）、埃及豔后（奧塔維亞）、小南瓜（新生的小弟弟）、《愛麗絲夢遊仙境》的瘋帽匠（布魯斯）和俠盜羅賓漢（我，開個玩笑）。

小寶寶被命名為阿迪卡斯・曼恩・泰吉（Atticus Mann Tyagi），取布魯斯的姓「曼恩」為中間名。布魯斯沒說什麼，他的個性就是這樣，但我看得出來他很開心。以前只有他一個曼恩，現在他有了個小曼恩當跟班了。

慢慢適應新工作後，我又開始拜訪國會議員。我不是專業的政治人物，但用不著是天才也知道許多人正拿著槍瞄準新機構，希望它一敗塗地。我認為去找願意和我談話的國會議員聊一聊只有好處，沒有壞處。

早期的對話都有個共通點：關上門後，不管是共和黨或民主黨都說他們了解美國的信貸市場有問題。大家都同意有太多人遭到欺騙，有歧見的只是政府該做什麼才是正確的反應。

其中有個會面讓我印象特別深刻。代表阿拉巴馬州第六選區將近二十年的眾議員史賓塞・巴赫斯（Spencer Bachus）有明顯輕柔的南方口音，臉上總是帶著淡淡的微笑。在金融危機期間，有政府官員私下向他報告，情勢很不好，經濟即將全面崩潰。他的反應為何？根據電視節目《六十分鐘》（*60 Minutes*）的報導，他趕著賣空，在兩天內翻賺了近一倍。現在他是眾議院金融委員會共和黨的首席代表，換句話說，如果共和黨在十一月的選舉贏了，他就會變成眾議院金融委員會的主席。

在我接手消費者金融保護局之後，巴赫斯眾議員同意和我碰面。他充滿感情的談到被詐騙的人們，似乎對他們的痛苦感同身受。他的結論是如果他更勇敢一點，他會去處罰傷害這些家庭的人。言下之意是，如果他為受害家庭挺身而出，就會被他自己的黨踢下領導人位置。他選擇了「勇敢」二字，還有他的苦笑，都讓我目瞪口呆。

巴赫斯眾議員在送我走出他的辦公室時，握住我的手臂，傾身靠向我。「我會抨擊消費者金融保護局，但是我希望你了解，這不是針對你。」他的語氣平靜溫和，明顯的南方口音在每個音節間流轉。

我想他的意思是：他不是特別反對消費者金融保護局的理念，但政治就是政治，而他在警告我，他會毫不留情的重砲抨擊我們。對他來說，或許這是對事不對人，但在我看來，無論對事對人，都是衝著我而來。

打了申訴專線，然後呢？然後沒有了

政治追殺的刀子已經出鞘，但我們仍繼續往前衝。

團隊中的每個人，都明白我們擁有的機會是多麼難得。我們討論二十一世紀的新機構該是什麼樣子，我們有機會可以打造一個前所未有、走在時代尖端、甚至能重新定義聯邦政府的機構。

我們先從消費者申訴專線著手。

好吧！申訴專線聽起來確實不像是「走在時代尖端」，反而更像是很沒創意的把老招數搬上舞台。不過依法規定，我們局裡一定要設置這樣一支專線，而我們有心將它做好，確定在隔年夏天就能啟用。

首先，我們得回答一些問題。我們應該自己創建申訴專線，或是請另一個政府單位來代理？我們應該發包出去給私人公司嗎？我們應該編列多少預算？

人人都有自己的看法，大多數的人甚至有兩、三種意見。我們花了兩個星期互相討論磨合，試著拼湊出正確的答案。有一天，我問了一個之前沒問過的問題：「申訴熱線真正的作用是什麼？」幾個人翻了白眼後，終於有人回答：「呃，接受消費者申訴。」

我想有時候裝笨也不錯，於是我再問：「那好，有人抱怨之後，我們要做什麼？」

「呃，寫下來。」

「然後呢？」

「喔，做成紀錄。」

「然後呢？」

「呃，什麼然後？」

對話越來越沒營養，但我們終究講到關鍵點了：許多政府機構都有把消費者的申訴登記成冊，但對那些申訴者來說，問題卻還是沒有得到解決。生氣的消費者向政府機關投訴，卻沒有人採取後續行動。

我對政府的消費者申訴部門沒有信心。在華府幾乎沒有任何一個機構的考績，是根據對消費者申訴的反應品質來決定的。政府機關的預算向來吃緊，消費者申訴熱線很容易就成為刪減的目標。除此之外，所有的政府機關對所屬的消費者申訴熱線都有個很基本的問題：沒人有資源在消費者提報問題後進行調查。即便在政府單位的幫助下，能夠解決一％的問題，但對另外九九％的人來說，還是會覺得自己遭到漠視。

所以處理消費者的申訴大都只是填寫表格，然後把這些表格堆在一起。等到堆得夠高了，也許政府單位會有人去找出某個特別糟糕的問題進行調查。然而，絕大多數的申訴都只會躺在那兒，直到失去時效性為止。

我相信一定有更好的處理方法。

二十一世紀的消費者金融保護局可以利用新科技接受網路申訴，給它們電子標籤，用電郵轉寄給遭投訴的銀行，然後追蹤發生了什麼事。如果銀行很快解決問題，我們會知道，因為他們必須將資料回寄給我們；另一方面，消費者也可以在電腦上按幾個鍵來確認回應結果。如果銀行置之不理，我們當然也會知道。有些銀行可能會我行我素，那麼我們就要再擬定對策。但也有些銀行可能不會，所以這表示至少會有一些消費者（希望數目不少）的問題可以很快且很容易的被解決。

而且，假如我們公開所有的申訴資料呢？不是只有部分公開，而是將消費者怎麼受到欺騙的過程詳細說出來呢？

很多人認為我應該是瘋了才會提出這種想法。畢竟，如果我們真的這麼做，大銀行一定恨死我們了。那將是他們最可怕的噩夢成真，我們會將他們所做的醜事在大眾面前抖出來。這個提議沒過多久便走漏了風聲，銀行聘用的遊說集團對我們的敵意更深了。有人甚至威脅一旦我們真的說到做到，就等著被告上法院吧！

我們才不管，仍舊埋頭進行。我們認為公布收到的各大銀行投訴案件數目，以及他們事後做出的答覆與回應，我們可能反而能夠改善信貸市場的運作。嘿！誰知道呢？說不定會有消費者團體或部落客開始寫哪家銀行回應最快、申訴案件最少；也許銀行就會對客戶好一點，也許市場就會因此自行解決許多問題。

當然，我們不會公開申訴人的姓名和地址，隱私權很重要，但我們會公開銀行和他們對待客戶的態度。此外，一旦申訴熱線解決問題的效率獲得好評，想必就能吸引更多有問題的消費者，然後我們就能得知現在市場的真正狀況。比如說，最新的詐騙手法是什麼？哪個貸款公司、哪項產品有最多人投訴？人們會直接告訴我們。他們會成為我們的耳目，我們可以根據申訴內容，將資源集中在這些方向。

申訴熱線也給了我們表明態度的機會，我們打算以公開的態度來打造這個新機構，不搞關起門交易那套。保護局將會是人民的機構，而我們認為透明化非常重要。

至於銀行，我是這麼想的：如果他們忌憚新的運作方法，那就對消費者好一點，只要如此，何懼之有?所以說，誰會反對這麼好的提案?

其實我應該知道答案的。銀行豢養的參議員和眾議員會反對，而且這遲早會成為消費者金融保護局的大麻煩。

一個引以為傲的工作，一個改變的起點

二〇一〇年十一月初，在華府的人目光全集中在國會的期中選舉，最主要是因為茶黨趁著反政府的怒火衝上了國會舞台；但是我關切的，卻是俄亥俄州的州檢察長選舉。理查．科德雷尋求連任，情勢緊張。理查是個支持消費者的勇敢鬥士，曾經領導法律團隊與美國銀行及ＡＩＧ集團對抗。投票日之後的清晨，丹走進我辦公室告訴我理查．科德雷輸了。我跳起來高呼萬歲（抱歉，理查，我真的太不體諒你的心情了）。我等了一段合適的時間（四十八小時），然後打電話給他。沒過多久，理查便同意出任消費者金融保護局的法務主任。我至今仍然相信那場選舉是俄亥俄州人的損失，卻是全美國人的勝利。

理查的工作才剛開始，但是消費者金融保護局在可以運作之前還有很多事要做。我們還沒把消費者申訴熱線設計好，另外還要設立金融文化部，以及擬定新法規。我們將負責監督大銀行，確保

他們遵守消費者保護法，並在他們違反時要求改善。《杜德—法蘭克法案》也要求我們必須為老年人和軍人設立服務處。換句話說，我們需要更多的工作人員，需要更多願意挺身奮戰、聰明又勇敢的新血。

從我在財政部工作的第一天，就開始不停的收到履歷表。先是好幾十份，然後是好幾百份，最後多到我們數都數不完，其中有剛畢業的大學生、有經驗的律師、消費者支持者、退伍軍人、銀行從業員和反銀行人士，甚至還有牛仔也來申請工作。我喜出望外，卻又心生敬畏。有誰想到會有這麼多人渴望為政府做事？

公務員以前是令人引以為傲的職業，受到普遍尊重。真的，雖然不是所有的公務員都像消防隊員和老師那樣被視為英雄，但我相信在一般人眼中，在政府工作的人是比較有奉獻精神和愛國心的。「為人民服務」會讓人聯想到正直、忠誠，而「服務」一詞則代表了真的有在做事。

然而，經過了一個或兩個世代後，許多美國人開始覺得公務員就是官僚和自大的同義詞。雷根在競選總統時的名言：「天底下最可怕的一句話，就是有人跑來跟你說：『我來自政府單位，是來幫你忙的。』」。這句話更重創了公務員的形象，尤其是它居然出自美國總統之口，更是叫人情何以堪。而每個輕蔑公務員的評論（「政府嘛！你能期待什麼？」）更是在傷口上撒鹽。

我認識的公務員越多，就越覺得這樣的說法其實很不公平。我遇到很多很多這樣的好人，他們非常在乎工作品質、拒絕私人企業的高薪而獻身公職，或是以幫助他人為傲。即便如此，民間對公務員的不良印象依然存在。不信你去問一群聰明的大學生：「你們之中有誰將來想進聯邦政府服務？」舉手的人並不多。

我希望消費者金融保護局能夠證明那些說風涼話的人錯了。當然，政府有時的表現確實不如人意（但私人企業也未必能一帆風順），所以我認為我們對政府的失敗，不論是卡崔娜颶風慢半拍的救援或導致金融海嘯的一連串失當措施，不應該只是嗤之以鼻：「看吧！我早說了。」或歎口氣、摸摸鼻子就算了。我們應該憤怒，應該以更高的標準來檢視我們的政府。

讓我們誠實面對吧！現在的美國遇到了非常困難的挑戰。氣候變遷、培育未來的人才、照顧老年人口……待辦事項又多又艱巨。同時我們也該承認政府並不完美，無法解決所有的問題；但是我們想要解決這些複雜的問題，還是需要一個功能健全的政府。

美國之前也遭遇過不少困難，都由全體國人一起解決了。我們通過法案禁止工廠雇用童工，我們建立制度讓年長勞工可以有尊嚴的退休；我們建立學校，讓每個美國小孩都有迎向更好未來的機會；我們築造高速公路、大眾運輸系統的交通網，讓大家可以順利上班；我們組建了全世界最強的軍隊、優秀的警力，以及第一流的消防隊。

然而，市場對這類的公共建設毫無興趣，它們是由美國人透過政府建造的。就結果來看，我們都因此過得更好。

我們不能像鴕鳥一樣把頭埋在沙子裡，假裝如果「大政府」消失了，社會上的難題也會跟著不見。這不只不切實際，而且危險至極。我們的問題日漸嚴重，我們需要發展出實際的、合乎現實的可行方案。把政府餓死或在浴缸裡溺死並沒有用，我們需要的是正面迎戰問題，而要做到這點則需要一個比現在更好的政府。

當我開始架設消費者金融保護局時，美國仍深陷在經濟不景氣中，許多人需要工作。我在面談新人的過程中發現，很多申請者都將這個機構視為希望的小燈塔，視為一個美國人可以團結起來讓事情變好的象徵。對大多數人而言，這不只是個工作，成為消費者金融保護局的一員給了他們改變世界的機會。

我開始認為我們真的有機會建立一支充滿熱情、意志堅定，以及對如何改變擁有全新觀點的團隊。也許，只是也許，這個新機構可以打破長期以來政府什麼都做不好的刻板印象。

沒有消防隊員，你要如何救火？

新崛起的茶黨所支持的國會議員改變了華府的政治生態，二〇一一年一月共和黨成功控制了眾議院。我知道銀行會繼續訓練共和黨攻擊這個新機構，這無疑是個天大的壞消息。然而，我還是得讓這個新機構動起來，所以我選擇勇往直前。

我繼續拜訪參眾兩院的國會議員，不管他們是共和黨或民主黨。一月時，我和紐約州的共和黨眾議員麥可．格里姆（Michael Grimm）碰面，他才四十歲出頭，是第一次當選眾議員。他告訴我很多他的事：十九歲加入海軍，參加過波斯灣戰爭，從紐約市立大學柏魯克分校（Baruch College）畢業，上法學院，然後加入聯邦調查局（ＦＢＩ），曾經是金融詐騙打擊小組（Financial Fraud Squad）的成員。他生動的描述他在ＦＢＩ完成了什麼厲害的任務，以及他所受過的嚴格訓練。離開公職後他自行創業，然後成了另一家企業的執行長，直到他決定競選眾議員。

很棒的故事。一開始，我想終於有個我能融洽相處的共和黨議員了。我不在乎他和茶黨之間的緊密關係。他曾經是執法人員，也曾處理過華爾街弊案。我相信像他這種人一定會明白，有消費者金融保護局當人民的看門狗是如何重要。

當我開始熱切的向他描述我們的機構正要試著做什麼時，眾議員看起來很驚訝。沒過多久，他打斷我的話直接告訴我：他不相信政府。

我以為我聽錯了。什麼？

我問他關於ＦＢＩ的事，他修正他的說法，是的，他相信ＦＢＩ，但是他不相信「大政府」的其他部門，自然也不相信任何消費者金融保護機構。

這次碰面很快就結束了。此後我時常會想起格里姆眾議員的話：他不相信政府。

我想到他的人生：他在軍隊服役，從公立學校拿到學位，在聯邦政府機關服務了十一年，接受政府的訓練，而他現在坐在眾議院裡。事實上，根據報導他在進入國會時曾說過，他想要一個由政府支付的全民健康保險，因為「怎麼可以出了意外卻負擔不起手術費用，這種事可能發生在任何人身上」。以我來看，他應該是最能了解政府可以為人民做多少好事的不二人選才對！

我去拜訪國會不是要為新機構樹立更多敵人，所以我沒有反駁他。當然我明白政府在許多人的生活中影響有限，而且也無法解決所有的問題，但是我還是希望有一天能有機會問問他：如果沒有美國聯邦航空總署的控管，你還敢搭飛機嗎？如果沒有美國食品藥物管理局檢查藥物安全，你還敢吃藥嗎？沒有軍隊，你要如何保衛國家？沒有消防隊員，你要如何救火？

但我不是國會議員，他才是。茶黨剛幫了數十名和他一樣的人當選公職，每個都信誓旦旦的承諾要讓聯邦政府所建立的一切盡速瓦解。

消費者金融保護局甚至連藍圖都還沒畫完，離真正啟動還很遠。哎……看來前路難行啊！

帥哥來，在這裡簽名吧！

二〇一一年一月十八日，我通過聖安東尼奧聯合基地（Joint Base San Antonio）的檢查哨。我好奇的左右張望，希望能看到什麼還有印象的景物。我小時候，每次只要哥哥們在聖安東尼奧受訓，我都會去探望他們。可惜現在所有的東西看起來都像是新的，完全無法勾起我的回憶。

在我身邊的是美國在阿富汗的總指揮官四星上將的夫人霍莉・裴卓斯（Holly Petraeus）。兩個月前，我才在我財政部的辦公室裡第一次見到她。在宣誓就職後不久，我便邀請她來討論鎖定軍人家庭為行銷目標的貸款。

她的個子不高，留著一頭俐落的短髮。我們首次見面時，她穿著剪裁簡單的套裝，相當於軍人制服的民間版。她唯一配戴的飾品是外套上的金色老鷹胸針，又大又重，裝飾華麗，由寶石鑲成的一對鷹眼閃閃發光。

我辦公室裡的骨董沙發很低，但她坐下後，腳還碰不到地。她的坐姿筆直，毫不浪費時間的切入重點。

霍莉以簡短有力的句子，告訴我關於她在商業改進局（Better Business Bureau）主導的為軍人家庭解決財務問題的全國性專案。她告訴我的故事，聽了實在令人傷心。

她描述軍中的年輕人有多麼單純、脆弱，他們剛從高中畢業，才要拿到人生中的第一張薪水支票，即將被派到伊拉克、阿富汗或世界任何一個美軍基地駐守。霍莉告訴我，從他們入伍開始，這些年輕士兵就被幾個集團鎖定為詐騙目標。當他們開始接受基本訓練後，立刻就有很多貸款公司想盡辦法要他們簽名，然後拿走他們每個月軍餉的一大部分。等他們向基地報到後，又成了基地大門外和附近購物中心的獵物，許多店家雇用漂亮的年輕女孩對這些小伙子搭訕調情，然後分期付款賣高價位的電子產品給他們，不但售價高得不合理，利率更可能超過百分之一百。來！在這裡簽名，帥哥。

霍莉告訴我欠債不只會毀了這些小伙子的信用紀錄，也會毀了他的職業發展。欠債不還被視為「不榮譽的行為」，日後當他們要升職或有機會出特別任務時，這樣的黑標籤可能會造成他們無法通過審查。

她也談到時常移防和不定時的派遣，讓年輕家庭更容易踏入陷阱。到一個新地方的房子押金，買機票讓祖母來幫忙照顧孩子，他們不時要面對突然的現金需求。一堆貸款公司排隊以高額利率奉上現金，挖好陷阱等著年輕士兵往下跳，再花上好幾年的時間不停還債。

如果夫妻兩人都在軍中，都被派駐海外，情況就更糟了。霍莉說到這兒，語氣變得急迫。不用多久，這類家庭就會深陷在無法入住的房子和付不出貸款的流沙之中。雖然修改過的法規對他們有幫助，但在霍莉經手的案子中，貸款公司時常遊走在法律邊緣，直接將軍人家庭趕出他們的房子。

霍莉擔心的問題很多。她顯然很生氣，而我認為她生氣得理所當然。

我知道這些案例並非獨立事件。二〇〇六年，國防部就曾研究這種以軍人為目標的惡意放款，得到的結論是：「這類放款破壞軍隊的備戰狀態，對士兵和他們的家庭造成精神上的傷害，也大大增加全募兵制的作戰成本。」研究中舉出許多詳細的真實例子，包括一個在空軍服役的女兵本來借了四百美元，好幾年來本金加利息一共付出超過三千美元。即便如此，她還是得繼續繳月付額，最後只得宣布破產。

沒錯，軍人家庭確實受到幾條特殊的法律保護，很可惜這些法律條文後面沒有足夠的執行力支撐。舉例來說，國會通過禁止小額短期借款向軍人收取高利率利息，但霍莉指出你只要上網搜尋「軍人小額貸款」，立刻就會出現一堆連結，隨便打開其中一個，看到的利率都高得嚇人。雪上加霜的是，許多這類網站刻意取聽起來很官方的名字，甚至直接用「軍方」、「軍隊貸款」等字眼，讓人誤以為錢是從政府來的，是專為軍人提供服務的。

我們第一次會面即將結束前，霍莉話鋒一轉。「你可以為他們做點什麼。」聽起來像是來招募的。我靠向椅背，但她沒有慢下來。她指出消費者金融保護局有「很大的潛力」，如果我們將保護軍人當成首要任務，就能阻止這些可怕的事一再發生。

我知道霍莉是對的，每次回想起她的來訪，都會一遍遍的燃起我的怒火。霍莉故事裡的主角是保護國家安全的軍人，難道我們連找個辦法確保他們不上貸款公司的當都做不到嗎？有這種以軍人為獵物的詐術和貸款公司是國家之恥，我真心希望地獄裡有一層是專門折磨這些人的。消費者金融保護局需要把解決這個問題列為主要目標，但要做到這點，我們需要一個有熱情、有決心的領導人。

於是在我們首次會見後不久，我問霍莉是否願意擔任這個角色。她吃了一驚，但很快答應了。

所以，現在我們為了霍莉上任後的首次任務來到了聖安東尼奧聯合基地。

我們和指揮官、律師、輔導員、債務專家和軍人家庭一起開會。之後，我們和士兵及他們的配偶面對面座談。當天我們聽到了許多令人震撼的真實事件，讓我想起了先前霍莉告訴我的故事、國防部在報告中引用的故事，以及我多年來和其他軍人家庭對話時聽到的故事。

然而，現在不一樣了，霍莉在消費者金融保護局的重要分支坐鎮掌舵，而它很快就會有能力真正解決這些問題。新警察就要上街巡邏，他正在著裝準備行動。

他們騙消費者一切免費，實際上海削了一億四千萬美元

到了冬天，我對華盛頓的臨時公寓比較習慣了，儘管我在平日很想念布魯斯，也很想念我們在麻州的家。

相較之下，奧蒂斯一點都不想家。牠向來痛恨我們麻州家的樓梯。現在牠五歲了，以黃金獵犬來說，體型龐大。我認為牠太胖了，可是布魯斯堅持牠只是「骨架大」。不管是胖還是骨架大，爬上麻州家的樓梯對牠都是個大挑戰。每當布魯斯和我上二樓，奧蒂斯便會坐在最下面一階，仔細盤算我們會在二樓待多久，會不會久到值得牠花力氣爬上來。當奧蒂斯下樓梯時，就像一輛衝下陡坡的十八輪聯結車。我們只能趕快閃邊。

但是華盛頓的新公寓，奧蒂斯有電梯。對牠而言，日子真是再愜意不過了。

消費者金融保護局持續壯大，即將要上場巡邏的警察可不只霍莉・裴卓斯和理查・科德雷兩人。那年冬天我們開始聘請銀行監督小組的專業人士，後來由史蒂芬・安東尼肯斯（Steve Antonakes）和佩姬・托勞治（Peggy Twohig）領軍。派翠斯・芬克林（Patrice Ficklin）後來成了我們公平

交易部的領導人，為老年人、有色人種，以及其他在房市崩塌中被惡意貸款當成目標的受害者而戰。這幾個努力工作的公僕，一起組成了對抗這些貸款公司的執法前線兼監督人團隊。

然而，我們的警察卻面臨挑戰。這種挑戰並非針對我們，而是所有負責監督銀行業（和其他企業）的政府機關都會遇到。

這個挑戰可以用一個問題總結：你到底是保護誰的？

答案似乎很明顯：就和其他警察一樣，你應該是來保護人民的。不是嗎？

在大部分的世界裡，這似乎是理所當然的事。尋常警察每天都要接觸一般老百姓，巡邏時，他們會和街上的人談話。發生犯罪事件時，警察和受害人、受害人家屬碰面，詢問許多細節。尤其是眾所矚目的大案子發生時，警察署長、市長和媒體更是會不斷的追問他們；你們抓到犯人了嗎？你們把嫌疑犯關起來了嗎？整個社會以各種或明顯或隱諱的方式來幫助警察，讓他們能夠心無旁騖的抓捕壞人。

但是負責監督金融業的公僕要面對的情況，卻大不相同。我並不懷疑其中大多數人仍謹守本分，但是我們必須面對這樣的現實：基於工作特質，他們絕大多數要對談的人都是銀行業的人。「給我看帳本。」他們說。「解釋這筆交易的流程。」「對這份新的貸款表格或新規定有什麼看法？」他們每天都要面對業界持續的反抗和施壓。在正常的運作環境下，監管金融業的人沒有機會接觸到一般的老百姓。畢竟，被信用卡公司無緣無故多收四十美元的人可能會打電話給消費者投訴專線，卻接觸不到負責日常監督銀行的政府機關律師和調查員。金融業監管人花很多時間和銀行從業人員相處，但是和銀行的客戶幾乎沒有什麼接觸。

在消費者金融保護局的草創時期，我花了很多時間和理查、佩姬、史蒂芬討論我們應該怎麼做，才不會讓這個剛萌芽的新機構將來背離初衷。我們要怎麼做，才能確保消費者金融保護局的人會站在消費者這邊，即便他們不常跟我們打交道，而不是站到時常出現在我們機構的銀行代表那邊。

其中一個辦法是：看準問題衝過去，直接攻擊最大的目標。理查．科德雷就是這麼做的。無所畏懼的理查為我們立下最好的典範，在他繁忙的調查中，其中有個案子是第一資本（Capital One）刻意誤導消費者，從他們以為的免費附加服務收取了總共一億四千萬美元的高額費用。（他最後強迫第一資本把這些隱藏費用還給每個消費者。消費者不需要申請或填寫文件，因為所有支票都是自動寄出的。此外，理查和他的團隊還讓第一資本為此蓄意欺騙支付了兩千五百萬美元的罰款。）

我們也努力讓消費者金融保護局的所有員工牢記誰才是我們的服務對象：一般老百姓。我們安排局裡的每個人，連局長也不例外，都要親自上線接聽申訴電話，並讀取消費者的反應回饋。因為我們不只要蒐集數據，更要親耳聽到事情的經過，聽到人們敘述他們和金融公司之間是如何發生問題的，以及他們認為的公平解決方式是什麼。我們架設開放式的網站，和全國各地的人直接溝通。我們定期和消費者團體代表碰面，以便聽取他們的意見，然後對照大銀行和交易商會給我們的說法，再進行處理。我們想要消費者的聲音響徹保護局的走廊，起碼要和銀行的聲音旗鼓相當。

我的想法是：每天吹向這個機構的風將會是來自同一個方向，我們聽到的全是有組織的、有權有勢者的聲音。一不小心，他們的觀點就會慢慢滲透這個地方，同化我們。因此，我們需要來自其他方向的強風。我們需要打造出一個完全透明化的機構，這包括了我們的任務、目標以及手上正在進行的工作。這樣一來，當我們做得不夠時，民眾就會大聲疾呼。

我希望，一直到現在我依然希望，消費者金融保護局的每個員工會將我們的任務視為和呼吸的空氣一樣理所當然。我們是為了服務人民而存在。

貸款契約書應該幾頁才合理？答案：一頁

二〇一一年春天，當佩特．麥考伊（Pat McCoy）和其他幾個工作人員坐在巴爾的摩外的實驗室單面鏡後方時，消費者金融保護局進入了另一個里程碑。佩特原來是康乃狄克大學的教授，寫過一本書名取得超棒的《次貸病毒》（*The Subprime Virus*），現在她是我們的貸款法規部主管。

我先解釋一下，為什麼佩特和她的團隊那天會坐在單面鏡後面。貸款危機讓大家注意到許多人在簽署貸款契約書時並不了解自己簽了什麼，一大部分是因為銀行故意把契約書弄成厚厚一本，好隱藏額外的費用和令人不解的法律名詞。太多屋主（如佛蘿拉）相信房貸仲介的說辭，等到他們發現契約書裡的小字讓他們答應下完全不同的條件時已經太遲了。當月付額暴漲，許多屋主在負擔不起的情況下，就只能重新融資（付上一大筆費用）或者放棄房子。

《杜德—法蘭克法案》要求簡化貸款流程，所以我之前設下一個極具野心的目標。我告訴佩特的團隊：我們來設計出一份又短又容易了解的契約書，而且長度只有一頁。一份簡單的貸款表格，一份消費者可以輕鬆閱讀並理解的表格，可以大大提升屋主的安全保障。

大家（甚至包括整個貸款團隊）都認為我瘋了。一頁？在華府沒有什麼東西印出來只有一頁的。然而，我認為我們可以放大我們的思維，呃，在這件事上，應該說是縮短它。

我們的一頁契約書，第一版草稿寫得坑坑巴巴，辭不達意。為什麼？因為聯邦法律為了保護消費者設下極多一定要出現的條件揭露。經過多年之後，這些條款亂成一團，好幾十頁的法律名詞混在一起，我們很難抽絲剝繭將它們釐清。貸款團隊非常努力，但是成果卻總無法跳脫法律要求的難懂用字。

我們花了不少時間，終於準備好一份合格的草稿。團隊經過不斷修改，拿朋友和同事當白老鼠，還找了設計師當顧問，總算改出一份大家認為可行的版本。

當第一份可以公開的草稿準備好時，佩特的團隊做了一件據我所知沒有任何聯邦銀行監管單位做過的事：他們把兩份不同的草稿放上消費者金融保護局的新網站，請大眾幫忙評鑑。我想佩特原本是想頂多可以得到兩三百個回應，畢竟貸款表格可不是什麼八點檔，沒什麼吸引力，但結果卻有超過二萬七千人自願幫忙。

在我們公布表格草稿之後，銀行業者也給了我們許多建議。許多信用合作社和小型的商業銀行（還有一些大銀行）推出不少誠實又簡單的貸款，他們表示很喜歡我們設計的表格。他們認為一份簡單的表格能幫消費者直接比較各家銀行，反而能加強他們的競爭力，對抗油腔滑調的對手。

貸款團隊還做了另一件很特別的事：他們進行了實境測驗。這就是為什麼佩特和其他五、六個成員會坐在單面鏡後面，觀察第一個成為表格測驗對象的男人（為了保護隱私，以假名哈里斯稱之）。

佩特告訴我，哈里斯是非洲裔美國人，四十多歲，比其他自願參加測試的多數人年長一點。他的聲音輕柔，有點胖，藍領階級。他已經買了房子，知道能負擔多少錢，最近開始考慮重新貸款。哈里斯被領進測試房間，面談者歡迎他。在簡短的介紹之後，面談者直接切入重點。如果這是在真的銀行，哈里斯的面前現在應該堆著一疊文件，房貸仲介會說：「來！在這裡簽名……這裡……還有這裡……」

相反的，面談者只是把一張紙推到他面前，請他自己看看。根據那份表格，月付額一開始時是八百五十美元，但最後有可能會超過一千八百美元。

哈里斯低頭看著那張紙，然後愣住了。「等一下。」他說：「這不大對吧？如果利率漲了，我的月付額會變得那麼高？沒弄錯嗎？」

面談者說沒錯，這是一種指數型房貸（adjustable rate morrgage）。如果利率一直這麼低，月付額就會低，但是如果利率漲了，月付額就有可能漲到那麼多。

哈里斯先生想了好一會兒，然後將那張紙推回給面談者。「不行，我不想要。我負擔不起這個房貸。」

佩特・麥考伊此時真想跳起來唱歌。哈利路亞！那張表格完全達到該有的效果，它給了哈里斯清楚的資訊，讓他做出正確的決定。簡單又直接。

好吧！雖然這不能和紅襪隊贏了世界杯相提並論，而且在將這張表格和其他文件定稿、要求貸款公司使用它們之前，我們還有許多工作要做，尤其要讓這個單張契約書通過立法將會是場硬仗。但是，我們還是感到很興奮。消費者金融保護局才草創兩個月，就已踏出了穩健的腳步，不斷朝改善百萬個家庭的經濟邁進。

守法代價太高，銀行乾脆不鳥法律

到了此時，消費者金融保護局已有不少作為。我們架設好網站，申訴熱線計畫就緒，霍莉・裴卓斯更是跑遍各個軍事基地；我們設計的簡潔貸款表格成功引起注意。我們正在全速前進，甚至在離財政部大廈五、六個街區的辦公大樓裡設立了全新的臨時總部，連工作室都準備好了。

終於，我們開始有了可以運作的雛形。我總算不再每天心悸的在半夜三點醒來，幾乎要相信我可以稍微停下來喘一口氣。

幾乎，但是我們還有很長的路要走，而且經過這幾年，我對華府已經不再是一無所知，多多少少可以感覺得到麻煩就要來敲門。

三月時，第一顆炸彈來了，展開對消費者金融保護局及對我個人的全面攻擊。報紙頭條大篇幅控訴消費者金融保護局和我越線了。簡單來說，媒體指控我們幫美國政府捍衛消費者。呃，沒說錯，事情正是這樣沒錯。

要仔細說，事情其實很複雜。二〇一〇年十月，媒體報導有五、六家超大銀行違法強行法拍房子。這不是偶一為之的技術性錯誤，完全是銀行睜眼說瞎話，一次又一次說謊。法拍過程很複雜是有原因的，因為法律設下許多安全檢查關卡來確保美國家庭不會在錯誤的情況下，讓人從自己的房子趕出去。然而，銀行要確實遵守這些手續得花上許多時間和人力、物力，於是五、六家超大銀行顯然決定乾脆忽視這些規定。當時「機器人簽名」十分猖獗*，有個房貸專員曾經作證他每個月至少簽署超過一萬戶的法拍文件。行員偽造文件，讓好幾萬戶人家陷入找不到文件及無盡延遲的噩夢裡，把他們的生活搞得天翻地覆，其中許多人最後甚至流落街頭。每個故事都相當悲慘。

法拍屋醜聞很快就襲捲了摩根大通、美國銀行、花旗銀行等大銀行，全是銀行界有頭有臉的大集團（這都是在TARP裡拿到最多錢的那幾家）。和金融海嘯一樣，造成問題的全是大銀行，而不是社區銀行和信用合作社。看起來就像是員工少、只有兼職法律顧問的小銀行才會循規蹈矩，而大銀行則視這些規定為無物。同樣的，應該要負責監督金融機關的監管人再一次忽視或根本不在乎，直到爆出新聞。

大銀行違反了多條法律，醜聞引起媒體瘋狂追逐，於是一堆政府機關開始調查，打算起訴這些大銀行。沒過太久，媒體開始報導金融管理局（Office of the Comptroller of the Currency, OCC）準備向大銀行要求五十億美元的和解金。OCC似乎認為，這麼大筆的金額會讓每個人嚇得說不出話來（這讓我想到電影《王牌大賤諜》裡的一個橋段：邪惡博士說除非付一百萬給他，否則他就要摧毀世界）。這些大銀行加起來一天就能賺十億美元以上，所以他們長年故意且重複違法的代價，居然還不到他們五天的收入。這還有天理嗎？

當醜聞在二〇一〇年秋天爆發時，消費者金融保護局才剛成立，並且還未得到該有的授權。到了二〇一一年夏天，銀行貸款業務已經預定將由我們接手管轄，所以蓋特納部長詢問我該如何處理這件事。我要求我們的團隊深入研究，檢驗數字之後，和財政部、其他監管單位分享了我們的分析結果。

毫不意外的，許多國會議員對法拍屋醜聞感到相當不悅，阿拉巴馬州共和黨資深參議員理查

＊編按：robo-signing（機器人簽名）是指不看文件就簽字。銀行職員在沒有閱讀相關檔案又不求證貸款人的情況下，任意簽署法拍及貸款文件。

德．謝爾比就此發表過多次談話。他是參議院銀行委員會的成員，已經快八十歲了，身材高大，聲音低沉，在參議院二十五年的資歷給了他極大的自信。沒錯，他就是在前一年大聲反對我成為消費者金融保護局局長的那個參議員。

醜聞爆發後不久，謝爾比參議員對政府監管單位顯然「都睡著了」大發雷霆，要求參議院進行「獨立調查」，然而幾個月過去了，他要求的調查卻從未開始。

到了二〇一一年三月，他對醜聞更加不滿，但讓他生氣的，並不是沒人進行調查或大銀行所幹下的醜事（沒錯，這些銀行真的很醜陋），讓他暴跳如雷的原因，是謠傳政府有可能要求銀行吐出更多的錢。

雖然先前的報導說金融管理局開價五十億美元的和解金，可是其他機關卻認為金額應該在三百億美元上下才合理。謝爾比參議員稱此為「勒索」，並明白指出「由伊莉莎白．華倫領軍的消費者金融保護局、美國聯邦存款保險公司、聯準會、幾個檢察長和政府官員」都是罪魁禍首。

事情就是這樣：謝爾比參議員和其他共和黨國會議員火冒三丈，不是因為銀行貸款部違法侵占人們的房子，而是因為政府監管機關要求銀行負責。他們對我尤其不滿。

到最後，謝爾比參議員除了生悶氣，無法有什麼具體的作為，因為參議院仍由民主黨占多數，他沒有權力舉辦公聽會或進行調查。所以，為銀行護航的骯髒工作，便轉到現在由共和黨占優勢的眾議院裡運作。

暴跳如雷的眾議員，意外把我變成網紅

謝爾比參議員砲火四射、猛烈抨擊政府的同時，我們的小機構卻吸引了不少注意。我們得到一些有權勢朋友的支持，也樹立了不少位高權重的敵人。三月十六日，眾議院金融委員會要求我為消費者金融保護局出席作證。我知道我一定會被問到法拍屋醜聞，也確信我將需要為保衛消費者金融保護局和它的任務而戰。

這不是我第一次在國會作證。先前在五人監督小組時，我已經在國會的不同委員會作證過七、八回了，但這一次的感覺卻截然不同。我在五人監督小組時，每次參加公聽會都覺得我的工作就是當國會的耳目，委員會成員真的想知道我察覺到了什麼。但這次的公聽會不再是「幫我們弄明白」，而是將消費者金融保護局當箭靶攻擊。而且這一次，對我證詞的反應將會由黨派來決定，民主黨全站在新機構和我的背後力挺，共和黨則會想盡辦法找麻煩。

既然消費者金融保護局備受矚目，攻擊便可能從四面八方而來。我們在局裡花了好幾天準備我的出席，同事警告我任何問題都有可能出現，要我做好心理準備。比如說，我們制定了什麼罰則來確保大家會遵守規定？我們的人員招聘流程是什麼？這個聯邦政府機構的薪資是怎麼設定的？（我還真的被問到了這一題。）工作人員將所有問題分裝在五、六個大檔案夾裡，我天天帶回家讀到深夜。我親自撰寫三十多頁的公聽會資料，詳細描述我們的工作。我們時常說要將我們的使命透明

化，而現在我們正在盡其所能的做到對公眾和國會沒有絲毫隱瞞。

我作證的日子終於到了，我在眾議院公聽會議室的桌子後坐下。眾議員坐在高高的台子後，其中幾個彷彿故意由上往下睥睨我。有線衛星公共事務網（C-SPAN）的攝影機在角落閃著紅燈，但真正讓我緊張的，卻是那些拿著專業相機的大漢，我真想拿毯子罩住自己的頭。他們不准站起來擋住眾議員的視線，所以他們發明一種以背部在地板上滑行的方法，躺在高台下拍照。我猜，明天早上所有的報紙都會出現我鼻孔的特寫。

出席大多數議員帶著敵意的眾議院公聽會，跟上法庭作證很像——所有的人都很緊張，一切都非常正式。消費者金融保護局有個強而有力的開始，我們沒有做錯任何一件事，但是我卻覺得自己好像在受審。

共和黨議員的大多數問題都集中在法拍屋醜聞上，其中有五、六個議員更是挑明的問我：為什麼要對銀行和解金提供建議。他們的問法很不禮貌，不管他們的措辭為何，語調顯然就是在說：「你好大的膽子！」

民主黨議員盡力維護消費者金融保護局，但是在那兩個半小時裡，就是以每個攻擊者輪流享用有線衛星公共事務網鎂光燈五分鐘的方式，一遍又一遍的重複同樣的問題。

接下來的三個月，我又被叫回眾議院作證兩次。第二次公聽會的主題是「誰來監督監管人」。每次的公聽會都比上一次更糟糕。一個記者在看完公聽會後，觀察到好幾個眾議員「似乎對他們試圖監督的新機構缺乏基本的了解」，其中一個眾議員搞錯其他銀行監管人的任期，指控消費者金融保護局是唯一一個任期五年的金融監管機關（他說錯了，還有其他五、六個機關的任期同樣是五年）。他的同事也不懂華府編製預算的規則，似乎以為消費者金融保護局是唯一一個不經過預算撥款流程的銀行監管機關（又說錯了，所有的銀行監管機關都不用經過預算撥款流程的，好嗎？）。另一個眾議員要求我解釋《杜德─法蘭克法案》中的一條規定，好像該條款不是通過國會立法，我才是應該為此負責的人。

如果以上這些還不夠令人尷尬，那麼北卡羅來納州共和黨眾議員派屈克・麥克亨利（Patrick McHenry）直接指責我說謊的鬧劇絕對夠荒唐了。他用來指控我的，並非什麼有實質意義的大事，而是我們之前同意的時間安排。我並非有意引爆這場鬧劇，當時所有參加的眾議員都已經問完問題，我注意到已經到了我們之前同意的公聽會結束時間，便請求離開。麥克亨利眾議員指責我：「你在瞎掰什麼！」蛤？什麼？他大發雷霆。以利亞・卡明斯（Elijah Cummings）眾議員似乎被嚇到了，他試著安撫，但沒有用。麥克亨利「像吃了炸藥似的大抓狂」，這是時事節目主持人瑞秋・梅道（Rachel Maddow）在當晚播放影片時的旁白。

公聽會的影片被放到網路上，麥克亨利眾議員的臉書一下子湧入數萬個憤怒的留言。我對這麼多人居然注意到這件事感到驚訝，其實我自己也有點小尷尬。回想起來我應該乖乖聽話，他要我坐多久我就該坐多久。這整個過程，從第一個共和黨議員發動攻擊到成了網路紅人，讓我感覺起來就像是愛麗絲夢遊仙境一樣。

當共和黨眾議員努力將政府要信貸業者為違法法拍負責說成是「醜聞」的同時，蓋特納部長則被追問了許多關於消費者金融保護局扮演什麼角色的問題。到了此時，他對我們局裡可以做什麼已經有相當清楚的概念了。雖然我們的工作還處在預先規畫的階段，但是我相信大家都清楚看到我們正在創造可用的工具，好幫助美國家庭在信貸市場裡取得平衡。

那年春天，蓋特納部長在參議院銀行委員會舉行的公聽會上，就美國當前經濟局勢作證。謝爾比參議員抓緊機會不斷重複拷問他，我到底在銀行和解金爭議裡扮演了什麼樣的角色。財政部長毫不動搖，他力挺我，堅持是他要求我參與這件事的。對他來說，跟著指責我或者保持沉默當然比較容易，但是他沒有這樣做。蓋特納部長和我在許多事上意見相左，但是當共和黨重砲轟擊消費者金融保護局時，他毫不猶豫的和我們站在一起。

對於銀行違法法拍，我堅決相信銀行絕對該受到處罰；而且我認為不斷重複拷問我在這件事上扮演了什麼角色實在太可笑了。他們的做法顯然是在轉移焦點，不想讓大家注意到銀行的惡質行為。即使如此，我還是會擔心我在公聽會上可能會不小心說錯話，為局裡招惹不必要的麻煩。共和黨發動的攻勢，還包括持續要求我們找出電子郵件、為公聽會準備資料等等，占據了我們許多的時間，白白浪費了本來應該用來解決消費者真正問題的時間。而所有的政治干擾，就只為了轉移真正應該被注重的焦點：大銀行是否要為他們的違法行為負責？政府是否能強迫他們彌補這麼多的受害家庭？

只要讓這隻狗餓得半死，就不構成威脅了

春天的腳步不停往前走，兩個問題也漸漸越來越常被提起：總統什麼時候要為消費者金融保護局提名正式局長？還有，他會選誰？新任局長不再隸屬財政部，在參議院同意之後，他或她便可獨立指揮消費者金融保護局。

我花了好幾個月架構消費者金融保護局，發現自己越來越愛這份工作。我從不認為除了教書，我還能找到另一個讓我如此投入的工作，但它真的發生了。我愛我們可以改變世界，我愛我們有機會可以為需要的人提供更公平的交易環境。我們才剛起步，但我卻可能就要離開了，時間越久，我的心情也就越沉重。於是，我鼓起勇氣開口問總統能否讓我留下。

我再一次和歐巴馬總統的高級顧問展開一連串對話，而每一次的談話內容幾乎都差不多。一開始先讚美你，每個顧問都說我把新機構帶領得很好、不愧是消費者的支持者，或是說消費者金融保護局做了很多大家都交相稱道的事。很多很多好聽的話，但最後一定會接上「但是……」。比如說：「但是基於……原因，共和黨視你為眼中釘。」根據總統團隊的說法，參議院的共和黨團依然固執的反對我。更糟的是，如果總統提名我，共和黨絕對在投票前就進行杯葛，所以我是不可能獲

得同意的。

於是，我試圖繞路而行：如果我無法獲得參議院同意，總統願不願意考慮在國會休會期間任命我？雖然依法在國會休會期間任命的局長權力會受到限制，但是我可以在那個位子上多待兩年，至少可以完成消費者金融保護局的初步計畫。我得到的答案還是一樣：不行。總統想要一個可以通過合法流程、得到參議院同意的局長。

媒體繼續謠言四起，隨著時間流逝，越來越多人認為總統會提名我為正式局長。五月時，以謝爾比為首的共和黨參議員決定要給總統一點壓力。他們送了一封信給總統，表明除非總統接受他們的要求，否則他們不會同意任何人擔任局長。那麼，他們有什麼要求呢？總歸來說，只有一個：必須大幅刪減消費者金融保護局的權力。

共和黨在希望清單上列了許多條項目，其中一條最具代表性：他們堅持消費者金融保護局的預算要由國會控制。在美國歷史上，沒有一個銀行監管單位的預算是由國會控制的，相反的，所有銀行監管單位的開銷都是直接或間接來自銀行的規費。理由很明顯，就是要讓監管單位不捲入政治鬥爭之中。然而，共和黨參議員卻通知總統，國會（當然，還有銀行）想要擁有餵食「消費者看門狗」的決定權，他們知道，當一隻狗餓得半死，通常就無法帶來威脅。

有些人將那封信視為開戰宣言（以華府來看，確實如此）。歷史上從未發生過在參議院的少數黨「事先拒絕」總統提名人，只因為他們不喜歡他或她要掌管的機構。在參議院裡屬於少數的共和黨利用不相干的問題進行阻撓，想改變美國的法律，改變由參議院多數通過、由眾議院多數通過、由總統正式簽署的美國法案。激進派人士氣得不得了，其中一些人更建議現在是總統直接反擊的時刻了，他應該提名我，早早跟共和黨參議員攤牌，然後有必要的話，在國會休會期間任命我。

陣亡將士紀念日快到了，國會照慣例要休會。共和黨決定提高賭注：他們不只拒絕同意任何人選，而且還想杜絕總統在國會休會期間任命局長的機會。怎麼做？他們會照常休假，但鑽國會議事規則的漏洞讓參議院名義上還是在開會，好讓他們宣稱現在不是休會期。媒體立刻大篇幅報導，說這是共和黨為了不讓我當上局長所使出的絕招。

消費者金融保護局和誰是局長，再一次成為超大風暴的中心。每天都有許多媒體打電話進來，還有記者試圖在街上阻攔我。我分散在各地的朋友也打電話來關心，也收到了許多鼓勵我的電子郵件，家裡的電話答錄機錄滿了稱讚我幹得好的留言，連我去剪個頭髮都會有陌生人要我撐下去。我帶奧蒂斯的深夜散步，更是時時被攔下來問我消費者金融保護局的事，他們承諾會全力支持我。

在一片混亂之中，我收到一封讓我印象深刻的信。這封信用的是眾議院的信紙，是親筆手寫信而非電腦打字，看起來像是收到結婚禮物後回寄的謝卡。整封信客氣有禮，我猜對他來說這依舊是對事不對人：眾議院金融委員會主席史賓塞．巴赫斯想讓我知道，他不會支持我就任消費者金融保護局的局長。事實上，他不支持任何人，就算是喬治．華盛頓本人被提名也一樣。

這些傢伙，居然連歐巴馬都擺道

六月時，歐巴馬總統再度請我過去討論消費者金融保護局和誰該主導的問題。自從他一年前要求我接任這個過渡性職位後，這是我們第一次的一對一會議。

他講得非常清楚：他不會提名我。

我很失望，但不意外。總統從來沒答應過要提名我。從一開始，事情就相當明顯，他不想提名我。一年前，他沒有提名我；在過去六、七個月我擔任臨時局長時，他也沒有趁國會休會期間提名我。再說，他的高級顧問們也一再告訴我不要抱持希望。

總統向我解釋，他計畫和反對我的參議員交換條件：他將同意不提名我，但是共和黨必須停止利用不相干的問題進行阻撓，讓其他被提名人可以獲得投票表決。

我追問總統：他確定對方會遵守約定嗎？我和其他人一樣都看過共和黨參議員的公開信，他們看似完全不想妥協。

總統要我別擔心，他相當肯定可以解決這件事。他們需要的，只是一個除了我之外的人選。

如果不能是我，那麼我認為理查．科德雷應該是最佳人選。理查幫消費者金融保護局組織了一流的偵查前線，他既勇敢又具備足夠的技巧可以帶領這個成立不久的新機構。總統同意我對理查的看法。

白宮的打算是立基於這樣的假設：我怎麼樣都不可能通過，但只要提名其他人就能獲得參議院的同意。如果真是如此，我覺得自己彷彿得知一個不能言說的笑話：任何強硬的局長都會讓那些壞蛋沒好日子過，而理查可是硬漢中的硬漢。共和黨和銀行業者成功將我推出局長辦公室的門外，但是我知道理查一樣會努力讓保護局為勞動家庭奮戰。

二〇一一年七月十八日，我陪同總統站在白宮玫瑰花園裡，聽他宣布提名理查．科德雷為消費者金融保護局局長。

然而放棄我、選擇理查，並沒有改變任何事。在消息宣布後幾個小時內，共和黨發出聲明否決了總統的提名。

喔，結果他們根本不承認有所謂的條件交換這回事。

是時候，該把彈弓交給另一個人了

布魯斯和我放棄華盛頓的公寓，奧蒂斯不得不和牠摯愛的電梯道別。我們把家具送給消費者金融保護局裡年輕的職員，將個人物品收拾好，扔上車。為我舉辦的歡送會讓我傷心欲絕，這些人全是我一個一個請來的，他們盡心盡力讓保護局有個最棒的開始。我想留下和他們一起拚搏，但我只能咬牙吞下所有的苦澀，抬頭挺胸往前走。我的任期已經結束了。

我在局裡的最後一天，親自前往白宮遞交辭職信。總統又一次將我帶到戶外，外頭還是和一年前一樣熱，但是這次，我們的對話完全不同。

我們談到了法拍屋大災難，數百萬個家庭仍深陷泥淖。我們談到中產階級過得越來越辛苦，也談到了未來——接下來國家該怎麼走，還有共和黨裡越來越多的極右派分子。

最後，我們談到了麻州競爭激烈的參議員選舉。他談到參議院，談到如果我參選打敗史考特．布朗，就能有更多機會為我所在乎的經濟議題奮戰。

總統說他喜歡理查．科德雷，認為他會將消費者金融保護局領導得很好。我同意理查會是個好局長。

我謝謝他給我機會為國服務，然後我轉身離開。

我離開消費者金融保護局之後，媒體記者都在追問同一個問題：接下來我要做什麼？我告訴所有人同樣的答案：我們要去樂高樂園。

我們真的去了。布魯斯和我飛到加州，帶著一群姪子、姪女、外甥、外甥女、孩子、孫子，超過十二個人浩浩蕩蕩的去了樂高樂園、迪士尼樂園和洛杉磯各個海灘。我再次證明不管在任何地方我都可以迷路，甚至在樂高樂園的兒童遊船湖裡，我都能讓自己的船一百八十度轉彎。同船的拉維妮亞和我被其他十幾艘船撞來撞去，遭到瘦高的青少年工作人員嚴厲警告。我只能說在樂高樂園操縱小船，實際運作要比看起來難太多了。

這段日子我過得舒適而平靜——能和一群橫衝直撞的孩子混在一起，算是夠歲月靜好的了，但是我仍然會在半夜醒來，擔心消費者金融保護局的前途。理查．科德雷的提名已經被參議院擱置，共和黨仍咄咄逼人的要求削弱保護局的權力。沒有一個正式局長，保護局的授權便會受到限制。沒有人知道共和黨參議員會不會讓步允許表決，或者總統是否會利用國會休會期間強行委任。

我很擔心，但並不害怕。我知道消費者金融保護局本身的基礎已經很穩固，在我離開之前，我們才接受過檢察長從頭到腳的徹底檢驗（光是聽到檢察長這個名稱，就讓我想低頭看自己的指甲是否乾淨、鞋子有沒有擦亮）。我們所有的行政組織和執行都得到極高的分數，基本上我們將它架設得無懈可擊。現在消費者金融保護局真正的工作才要開始，接下來兩年內，理查會從那些詐騙客戶的銀行拿回將近五億美元。霍莉會幫助許多被外派到阿富汗和伊拉克的軍人，拿回他們的屋子。到二〇一三年六月，將會有超過十七萬五千人打消費者申訴熱線求助。

我們開始向越來越多的美國人證明我們的價值，證明這是一個值得大家為它奮戰的消費者保護機構。每一天保護局都能有所貢獻，想要和銀行對抗將會變得容易些——或者說，至少我是這麼真心期盼的。

大衛贏了，還是巨人歌利亞贏了？這場仗尚未結束。即使如此，我還是會說，這回合，勝利的是大衛。

然而，我的任期結束了。該是把彈弓交給另一個人的時候了。

第6章

第一次選參議員就……凍蒜！

踏上政治這條路

終於回到家了。二〇一一年八月，我們從樂高樂園回來，放下行李，到夏日小屋吃炒蛤蜊、喝啤酒。布魯斯在院子裡割草，我則修剪長得太茂密的冬青灌木和兩株常綠植物。新學年很快就要開始，我拿出課本，將第一節課的作業題目上傳到網站。

然而生活並不平靜，所有的人都在猜測我是否會角逐參議員。極受歡迎的史考特．布朗才剛當選一年半，但在二〇一二年十一月，泰德．甘迺迪坐了幾十年的席位空出來了。報章雜誌和網路媒體很快各擁立場：她應該參選！她不該參選！很多人打電話到家裡、寄電子郵件、在街上攔下我：換副眼鏡！改個髮型！結婚吧！（什麼——再婚？你們都不知道我被我現在的老公迷得神魂顛倒呢！）

從加州回來後大約過了一星期，我接到民主黨地方支部的電話。他先自我介紹，然後說他打來是為了鼓勵我參選。「讓大家討論你，」他很激動的說：

「把事情炒熱起來！」他又講了幾個我應該參選的理由，然後停頓了幾秒鐘，彷彿突然想起來他正在和一個陌生人討論她從未涉足過的政治。「當然，我不認為你會贏。但這和你無關，而是我不認為有人可以打敗史考特・布朗。」

參選，然後……敗選？呃，聽起來不怎麼好玩。

我一定會輸，而且輸得很慘

打電話給我的那個人也很清楚，如果我跳進去參選，將要面對的是一場硬仗。史考特・布朗和我不同，他是土生土長的麻州人。他是資深的國民兵，官階已至中校。他很英俊，大家都喜歡他，如果把他的人生拍成電影，演他的人會是湯姆・克魯斯那一類的明星。溫和共和黨的形象，讓他也能吸引中間選民的票，不只支持率相當高，而且銀行裡已經存有近一千萬美元的競選經費。此外，媒體還說他是「華爾街最喜歡的國會議員」，看看這個稱號，就知道他背後有多少實力堅強的金主。看在許多專家學者的眼裡，他確實占盡優勢。

在甘迺迪參議員過世後沒多久，麻州舉行了補選，布朗打敗知名度高且廣受支持的檢察長瑪莎・柯克莉（Martha Coakley）。瑪莎敗選之後，遭到很多人嚴詞批評，但即使是那些批評她的人都不否認史考特・布朗確實擁有卓越的政治手腕。他在州議會蟄伏了好多年，終於以颶風之姿橫掃麻州政治圈。

我在國會五人監督小組的工作，以及在消費者金融保護局的事蹟引起不小的注意，改革派的一些人士認為我有能力做個好參議員。一封請願書開始在網路上流傳，超過七萬人連署，敦促我參選對抗布朗。

雖然我很感謝大家的支持，但是沒人可以否認，情勢對我相當不利。我從未參加過任何選舉，更別說是角逐像參議員這種激烈、高規格的中央民意代表了。在瑪莎・柯克莉敗選前，麻州從來沒有任何女人贏過全州性的選舉，保守勢力至今仍認為選舉是男人的事。更何況我不是在麻州出生，甚至不是在新英格蘭區出生，我來自奧克拉荷馬，當我講得興高采烈時，偶爾還會有鄉下口音。我不只是個教授，還是哈佛大學的教授。當媒體問選民：「你想和哪個候選人喝一杯時？」我一定輸，而且輸得很慘。

然後，還有錢的問題。我沒有任何競選經費，我上一次的籌款經驗是幫助艾蜜莉雅的女童軍賣掉更多的巧克力餅乾。注意到我近年工作成果的改革派人士可能會捐錢，但是史考特・布朗已經有一大筆作戰基金，而且他的背後金主還會加碼挹注。

還有，別忘了我的年紀：我六十二歲了。我應該想的是搖椅和退休計畫，而不是經過瘋狂競爭後得到一個一天要當兩天用的職位。一旦我決定參選，就得全力以赴，因為我不只想要在麻州擊敗好好先生史考特・布朗，我還想跟大銀行及控制參議院的共和黨右派卡爾・羅夫（Karl Rove）等人打一場更大規模的戰爭。

各方條件確實對我非常不利，而且在衡量過所有利弊得失時，我內心裡還有個更重要的真實想法：我不想參選。我受夠了華盛頓，我沒想過在政治圈討生活。我想念教書的日子，想念我的研究專題，想念和布魯斯一起健行，還有和外孫們一起度過的美好時光。阿迪卡斯現在是個可愛的九個月寶寶，抱著他直到他在我懷裡睡著的機會越來越少了。

我打電話給家人詢問他們的意見，兒子艾力克斯直言不諱：「不行。」他說：「千萬不要，它會毀了你的人生。」他勸我回哈佛教書，好好享受我的生活。「你已經奮戰得夠久了。」我的三個哥哥看法也差不多：「把時間花在外孫身上吧！」

艾力克斯、我的哥哥們、我的表兄弟姊妹和好朋友全都擔心參選會對我造成的影響。他們的用語不同，但表達出來的意思都很相似：政治很醜陋、很私人、很骯髒；你沒有投身政治所需要的盔甲；我們愛你；我們不想看到你受傷害；請不要蹚政治的渾水。

他們是對的。

如果讓華爾街又贏了，我能心安嗎？

然而……我放不下，這次選舉事關重大。我花了將近二十年為中產階級爭取公平競爭的環境，我看到數百萬個勞動家庭掉進經濟深淵，而且情況越來越糟。我的孫子們會在什麼樣的國家長大？要是保守黨、大銀行和那些執行長真的可以為所欲為，而華府只願意繼續幫助有錢有勢的人變得更有錢更有勢，那麼美國會變成什麼樣子？依照我的個性，我能做到袖手旁觀，置身事外嗎？

萬一史考特．布朗贏了，最受華爾街歡迎的這位國會議員順利連任，我在選舉後的第二天會有什麼心情？要是共和黨控制了參議院，修改新的金融法規，削弱消費者金融保護局的權力怎麼辦？要是他們試圖撤銷它呢？要是這些事全發生了，而我知道自己沒有盡全力阻止，我能原諒自己嗎？

我從來沒有選戰經驗，但是我很清楚如果我決定參選，對手一定會籌到好幾百萬美元專攻一個目標——醜化、抹黑我。我自認為這一生過得坦蕩蕩，但我並非完人。有沒有可能他們會挖出可以橫加扭曲的東西，讓我尷尬萬分？甚至更糟的，他們直接造謠，花上許多錢宣傳不實謊言，要是大家都信以為真，我該怎麼辦？要是我的孩子、兄長、外孫女遭到牽連呢？想到這裡，我的胃都開始糾結抽痛了。

有人建議我和選舉研究專家——一種被稱為「對手研究」（OPPO）的專家——見個面，他們的工作是挖掘對手的背景，找出哪裡是可以攻擊的弱點。這樣一來，我就可以利用他們的專長反過來檢視自己的背景，看看哪些方面可能出問題。

專家問我各式各樣的私人問題——稅務、健康、惹是生非的孩子、酒精、藥物等等。我明白有些事選民確實有權知道，但是這些問題未免也太瑣碎、太具侵略性了，完全沒有任何私人空間，所有事都可以追問。然後，他問起我的婚姻生活。其實一見面時，我就已經告訴對方布魯斯的背景了，但是因為我們結婚超過三十年，專家居然沒想到我前面還有另一段婚姻。當我提醒他時，他的頭立刻抬起來，彷彿聽見了十幾個警鈴在耳邊大響。

他在紙上寫下基本資料，然後問我：「你的前夫現在人在哪兒？」

「他已經死了……」

我還沒說明吉姆患了什麼癌症、對艾蜜莉雅和艾力克斯的打擊有多大、從沒見過外孫有多麼遺憾，這位老兄竟然大聲歡呼：「太棒了！」

我的感覺就像是他在我肚子上打了一拳，他看到我的表情，趕緊掩飾自己的失禮：「我的意思不是說他死了很棒……」但話已出口，無法挽回了。我不得不納悶：政治圈裡都是些什麼人？怎麼有人能說出這種話？接下來還會發生什麼事？

我有兩個碩士學位，但是我找不到工作

我決定試一下水溫，看看自己是否能應付最簡單的競選方式。如果連這樣的模式都做不到，也就不用再去想是否出來選了。

八月中旬，我開始跑遍麻州各地，在人家的客廳、後院舉辦人數不多的非正式聚會。試水溫之

旅的頭幾天，我去參加在新伯福（New Bedford）鎮中心的集會。在五人監督小組初期幫過忙的加內什・施塔拉曼現在是法學教授，他提議開車送我過去。我們找到停車位，從車子出來立刻就感到一陣熱氣襲來。秋老虎猖狂，那個上午又濕又熱，只需走到外面六十秒，襯衫就會黏在背上，頭髮彷彿焦到快捲起來。

集會在圓石路上的一棟建築舉行，只和公立圖書館隔一個街區。這棟建築物建於一八九〇年代，當時這裡還是繁榮的製造業中心，入口處用了許多大理石，氣派又華麗。但是走進去，只見牆上貼著軟木板，以及油漆剝落的暖氣設備，顯然年久失修。我們爬上樓梯，來到預定集會的房間。裡頭好幾支大電風扇嗡嗡作響，但是效果十分有限。

大約有五十個人出席，全坐在整齊排列的金屬摺疊椅上。我差不多講了十五分鐘，提到美國中產階級被淘空，以及如果共和黨控制了國會，持續削減國家在長遠建設上的投資，情況將會如何惡化。接著我讓大家盡量提問，然後集會結束。所有的人都是一身汗，房間裡熱得教人窒息。

但是，不是每個人都急著衝出去。有些人留下來要求合照，有些人留下來鼓勵我參選，有些人則留下來給我建議，或者只是告訴我希望我能考慮清楚應該怎麼做，並祝我幸運。房間裡鬧哄哄的，交談聲和電風扇的嗡嗡聲夾雜在一起。有人開始收拾摺疊椅。

在大多數人都走了之後，一個年約五十五歲的女人走向我。她的臉頰泛紅，留著一頭濃密的鬈髮，看起來又熱又累，臉上還帶著些許忿忿不平的神色。她在離我幾步停下來，對我說：「我走了兩英里路才到這裡。」

這句話成功引起我的注意。

她放低聲音：「我用走的，因為我沒有車可以開。我沒有車，因為我沒工作。」我們面對面站著，她用幾句話說明了她的現況：「我有兩個碩士學位，我很聰明，我自學電腦程式設計。我已經失業超過一年半了，我應徵工作，我做志工，什麼方法我都試了，可是我還是找不到工作。」

她沉默許久，然後再度開口。她說她從十七歲起就開始工作，賺錢供自己完成學業。她一直一直都非常努力。

然後她又停頓下來，往前跨出一步，聲音低如耳語，彷彿不想聽到她即將要說的話。「現在我不知道自己是否還能再找到一份真正的工作。」

我伸出雙手，她伸手和我交握。我們就那樣站著，動也不動，只是握住對方的手。我嘴裡嘟噥著沒有意義的「我很難過」之類的話，但她表現得卻像沒有聽見。她對我說的，已經超過禮貌性的社交對話。她快熱暈了，不管是身體、意志或是心靈，她都疲憊極了。

她打起精神，直視我的眼睛，然後說：「我來到這裡，因為我已經找不到任何希望了。很久之前，我就聽說過你的事，我來這裡想親眼看著你，告訴你我需要你，我希望你為我奮戰。我不在乎它有多艱難，我想要知道你會為我而戰。」

我回視她的眼睛，對她說：「是的，我會為你而戰。」

當下我並沒有考慮這個承諾有多麼巨大，或者它會對我、對布魯斯、對其他家人造成什麼影響。我只是很單純的想，我不能只是站在這兒哭，我不能就這樣棄她而去。她要我做出承諾，我答應了。挺身而出，除此之外，沒有其他話可說，沒有其他事可做。

她沒有微笑，也沒有鼓勵我。她只是握著我的雙手，凝視我，然後放開手，轉身離開。

那天晚上，當布魯斯和我牽著奧蒂斯散步時，新伯福鎮集會的後座力開始在我心裡發酵。沒有鼓號樂隊，沒有媒體記者，但我已經決意要出馬競選參議員。

我又花了兩個星期慎重考慮，才做出最後的正式決定，但是在此之前，我的心已經完全投入了。一旦下定決心，我知道我能幫到任何人的唯一方法就是贏得選戰——所以，我非贏不可。

在這個國家，沒有人能夠只靠自己就變有錢

幾天之後，我對有錢人宣戰。呃，其實不是如此。但右派部落客和福斯新聞網卻讓它聽起來，就像是我開始要拿著武器瞄準紐約第五大道豪宅一樣。

新伯福鎮集會後，我繼續前往麻州各地跟選民碰面。這些集會都是很低調的活動，只是坐在某家的客廳，和大家一起討論我們需要華府做出什麼樣的改變。八月二十日星期六，我受邀到安多弗

（Andover）的一戶人家演講。

剛過中午，我們把車子停在安靜街道上一棟很體面的屋子前面。這一帶的房子都建於一九四〇至五〇年代，現在周圍綠木成蔭，整個社區看起來很安靜舒適。但是這一天，卻到處停滿了車。主人出來歡迎我，他們很親切，但顯然有些不知所措。他們以為參加的人數不會超過三十人，結果卻來了一百多人。他們家的客廳、廚房、玄關、後陽台，全擠滿了人。主人向我解釋，消息傳出去後，又有更多人趕來。他們不想拒絕任何人，所以希望我能拉開嗓門說話。

天氣很暖和，雖然不像在新伯福鎮那麼熱，但是一百多人擠在屋子裡也熱到我滿臉通紅，想找一壺冰水灌下去了。

我說了一會兒話，然後接受提問。其實和前幾週我參加的其他集會並沒有什麼兩樣，唯一的不同是有人帶了錄影機。那個人錄下我簡短的演講，將它放上 YouTube。影片吸引了相當多人的注意，沒過多久，美國最紅的電台名嘴拉什．林博（Rush Limbaugh）就在節目上謾罵我，指控我是最糟的激進分子，而我還以為自己不過是在謹慎的試水溫階段。

當時，我自認為那天在安多弗闡述的看法沒什麼爭議。有人問我們該怎麼處理赤字，回答時我有點小激動。我們現在聽到赤字，下意識就將它當成一頭可怕的怪獸，覺得美國唯一的選擇就是立刻大砍預算，不然就會面臨全面崩潰。彷彿它是有或無、生或死的二分法選擇。

沒錯，赤字是個值得大家關注的嚴重問題，但是我不相信解決的方法只有一個。我認為我們必須先去思考更基本的問題：我們如何花政府的錢，在於我們的價值觀，在於我們的選擇。我們可以像共和黨的國會議員那樣，堅持削減老人、幼兒和教育上的經費；或者，我們可以擺脫稅務漏洞，要求有錢的大企業多繳一點稅，繼續投資我們的未來。我們怎麼花我們的錢，不是一道複雜得難以理解的數學問題，而是選擇。

我在那段 YouTube 影片上是這麼說的：

在這個國家，沒有人能夠只靠自己就變有錢。沒有人。你蓋了一家工廠？很好，但讓我們把話說清楚：你把你的貨物運到市場，所經過的道路是我們其他人付錢鋪的。你雇用的員工，是我們其他人付錢教育的。你待在你的工廠裡很安全，因為我們其他人付薪水給警察和消防隊。你不用擔心暴徒打劫，搶走你工廠裡的財物，不用因此另外雇人守衛，那全是我們其他人努力工作的成果。

現在來看看，你建了一家工廠，經營得非常好，上帝保佑你！你可以留下大部分的利潤，但是你有潛在的社會責任拿出部分的錢，為下一代打造未來。

好吧！我承認「暴徒」那段說得是誇張了點，但是我希望大家可以接收到我想表達的意思：沒有警察、學校、道路、消防隊和其他的公共建設，這些大企業和號稱「白手起家」的億萬富翁還會存在嗎？資本社會要能動起來，我們都需要其他人。

在安多弗集會後的兩個星期，我第一次看到了當時的影片，心裡不禁縮了一下。我的手臂胡亂揮舞著，看似吼得聲嘶力竭（呃，我確實是吼得聲嘶力竭，因為我希望站在陽台外的人也能聽得到我在說什麼）。這不是一段很優雅的演講，但是我別無選擇。

我決定接受事實：假如我演講的影帶一定得外流出去，那麼這段影片還不算太糟。我尚未坐下來擬定計畫，但基本上，這段影片已經為我為什麼要參選做了相當好的聲明。我想讓競選的焦點集中在影片上的問題核心：我們要怎麼打造未來？我為我的信念提供了充分的理由：因為我們一起打造的事物，所以我們才變得更強壯、更富有。當我們創造出一個基礎，讓人人都能擁有各自發展的良好機會時，我們的生活才能更有保障。當我們在別人身上投資時，我們也能活得更好。經濟面和價值觀永遠都是緊緊綁在一起的。

一則兩分鐘的影片，就讓他們把我抹黑成寄生蟲！

許多人看了影片後大受鼓舞，紛紛將連結轉傳出去。很快的，它在 YouTube 上的點擊數便破了百萬，而美國著名的草根行動組織 Moveon.org 網站，則以「每個美國人都必須一看的伊莉莎白·華倫演講」為題，將它放上網站。《華爾街日報》說，我「只用了幾句話就清楚表達出民主黨多年來無法傳達的信念」（哇！身為民主黨員，這真叫人沮喪）。財經科技網站《商業內幕》（*Business Insider*）的專欄，稱這段影片是「極高的政治智慧」（真的嗎？聽起來像是某某大策略的一部分，而不是毫無計畫的意外）。

在我還來不及開始想像應該如何競選之前，保守派人士便已展開攻擊。福斯新聞放了那段影片，請了一位名嘴批評我說的「並非事實」，而且「顯然很蠢」。拉什．林博也跳出來，說我是「痛恨宿主的寄生蟲……她一邊吸著宿主的鮮血，一邊意圖徹底摧毀宿主……和毛澤東文化大革命背後的理論如出一轍」。

哇！只是兩分鐘關於削減赤字、提高富人稅率的即興演說，突然間我就成了痛恨宿主的寄生蟲了？我的競選起步也太刺激了一點。

大銀行剛開始時很低調，但是沒過多久就動作頻頻的打壓我的競選。其中一個高階主管這麼說：「其實這和史考特．布朗沒有太大的關係……問題在於：你想要伊莉莎白．華倫進入參議院嗎？」他的問題很快得到回應：華爾街的銀行家們發起了「緊急呼籲」，為史考特．布朗募款。

華爾街銀行家的行動大概和那段影片無關，大銀行對我的看法在多年之前早已定型，而且理由充分——他們很清楚我對金融改革的立場。選舉的日子還很遙遠，但這些人已經火力全開的想盡辦法誣衊我。我知道動機強烈的華爾街，可比胡言亂語的拉什．林博危險多了。林博很能講（一直講、一直講），但銀行家的武器卻更加有力——他們可以把一卡車一卡車的錢不斷倒入選舉裡。

競選才剛開始，我卻已經覺得自己彷彿坐上了嘉年華會的瘋狂旋轉椅。拉什·林博？壓榨富有的朋友送錢給史考特·布朗的那些大銀行家？我參加的是一場什麼選舉？

你最想當哪一個超級英雄？當然是神力女超人！

在我有資格稱史考特·布朗為競選對手之前，我必須先贏得自己的黨內提名。除了我之外，還有五個民主黨員有意角逐。黨部決定十月四日在麻州大學洛厄爾（Lowell）分校舉辦辯論會。

此時，我已經正式宣布參選。我很幸運找到敏蒂·麥爾斯（Mindy Myers）當我的競選經理。敏蒂經驗豐富，已經成功主導過兩次參議員選舉。她很沉穩、冷靜，判斷力一流，剛好和我急驚風的個性形成巧妙平衡。她善於組織及選舉，還帶來崔西·露易絲（Tracey Lewis）當副手。後者曾在希拉蕊·柯林頓的總統選舉上出了不少力，同樣經驗豐富，也同樣冷靜、有效率。

然後，還有丹。丹·格爾東仍然擁有他七歲宣布放棄吃肉時的堅強意志力，遇到挑戰從不退縮。參議員選舉將會是我們繼國會五人監督小組、《杜德—法蘭克法案》、消費者金融保護局後一起面對的第四場戰役。只不過，他現在不再是孤家寡人了。我不知道他如何在那麼瘋狂的工作時數中還能找到時間談戀愛，他訂婚了，和他的未婚妻海瑟·格登夫（Heather Geldhof）定居在華盛頓。選舉會在麻州，幸好丹和海瑟同意收拾行李，搬回波士頓。整個輔選團隊到我家來幫忙準備辯論，其他參選人由幾個我之前教過的學生扮演，朋友們則跑龍套充當工作人員。丹對我在辯論會的指示只有一個：別搞砸了。嗯，不是很能激勵人心的忠告，可是我知道為什麼他會這麼說。專家們說在民主黨的黨內初選，目前我是領先的。這是好消息，但也表示我沒機會在不引人注目的情況下小試身手了。人們會盯著我是否能在辯論中脫穎而出，如果我搞砸了，可能沒有第二次機會了。

我高中時是辯論好手，但六人同台，一人只有一分鐘回答五花八門的問題，我覺得自己就像是在學習怎麼在月球上倒退走路。

辯論會在有一千個座位的大禮堂舉行，現場人山人海。當晚我們抵達時，黑壓壓的民眾站在外頭為他們支持的候選人大聲助陣。我和每個人握手，連手裡拿著其他候選人旗幟的人都不放過。整個氣氛像個大型派對。

舞台很大、很亮，亮到我只能看到台上的其他候選人。一群坐著的學生小組負責提問，問題包括我們預料中的（「你支持計畫生育嗎？」是的），以及我們壓根不會想到的（「你想當哪個超級英雄？」呃……神力女超人！誰不想呢？）。另外，有些犀利的問題萬一答錯了，還可能成為頭條新聞（「你酒駕過嗎？」沒有）。

一個穿深色西裝的年輕人提問時，指出為了付法學院的學費，史考特・布朗曾經為《柯夢波丹》拍過照片（事實上，他曾在一九八二年六月當選過「美國最性感男人」，他的裸照曾是當月雜誌的跨頁海報）。然後，那個學生問我們：「你們怎麼負擔你們的學費？」

輪到我回答時，我先開玩笑的說：「嗯，我可是把衣服包得緊緊的。」然後才將想說的重點說出來：

我借學貸……我上公立大學，那時政府支持高等教育，學費便宜，我還有打工，所以加一加就夠用了。

我很高興有機會談到就學貸款。現在的學費高到不像話，家庭負擔越來越重。許多人被學貸壓得喘不過氣，而我想要中央政府站出來，為想接受教育的人做更多事。我真希望我有更長的時間來談這個議題，一分鐘根本不夠。

兩天後，布朗參議員打電話進地方電台，主持人問他對我的玩笑有何想法，然後話鋒一轉：

主持人：對伊莉莎白・華倫說她念書時可是把衣服包得緊緊的，你有正式回應嗎？

布朗：（大笑）謝天謝地。

主持人：（大笑）我也是這麼說的！我說：「哎喲！你怎麼能怪罪一個帥哥想要……你懂的。」

布朗：知道嗎？聽好了，重點是，我沒上過哈佛。

真的嗎？那才是重點？聽起來根本像是男人之間無聊的黃色笑話——很多女人已經煩透了這些愚不可及的黃色笑話了。就像我朋友說的：「真是夠了！女人老是被開這類玩笑，當我們抱怨時，男人又會說：『天啊！你真是開不起玩笑耶！』我們再也不要忍耐這種事了。」全國婦女組織（National Organization for Women）要求布朗向麻州婦女道歉，並退出選舉。

媒體宣稱這是布朗在選戰中的「第一個重大失言」。沒想到過沒多久，我也成為另一個重大失言的製造者。

莫非一沾上政治，所有人都變成白痴？

十月上旬的一個溫暖早晨，我去昆西城（Quincy）一家只有吧檯和十幾張桌子的老式咖啡店麥凱吃早餐。麻州參議員約翰．基南（John Keenan）把我介紹給店裡許多客人認識，讓我有機會一邊餵一個兩歲寶寶吃煎餅，一邊和他的祖父母說話。

當時同行的，還有我們的公關負責人凱爾．蘇利文（Kyle Sullivan）。我很幸運能請他加入競選團隊，他容易相處、積極樂觀，而且麻州每個記者他都認識。他和新聞網站《野獸日報》（*Daily Beast*）的記者山姆．賈可布斯（Samuel Jacobs）約在這裡碰面。我們三個坐在一張小小的四人桌，愉快且熱烈的進行採訪達二十分鐘（也許更久）。

在國會五人監督小組和消費者金融保護局期間，我和不少媒體記者談過大銀行應該為自己行為負責的重要性。一般來說，記者採訪大約會持續半小時或更久，內容通常會包括許多觀念的來回探討，有時甚至會牽涉到較深入的資料。所以在我接受《野獸日報》採訪時，我也是以同樣的態度面對，期待和那個記者就他最感興趣的話題進行討論。

那年秋天，「占領華爾街」（Occupy Wall Street）的抗議行動正鬧得沸沸揚揚，並登上了報紙頭條，所以賈可布斯花了很多時間和我討論華爾街，包括不負責任的銀行、老百姓的憤怒，以及未來需要的改變。我談到消費者金融保護局，以及這個機構將會帶來的正向改變。採訪全程，賈可布斯都表現得很投入，凱爾告訴我，他認為這次的採訪很成功，我也這麼認為。

我向餐廳裡的客人道別，對那個小寶寶揮手，趕赴下一個行程。

十天後，看到《野獸日報》的頭版標題出現「華倫宣稱占領華爾街是她的功勞」時，我大吃一驚，下面甚至還放了一篇引用我哥哥大衛的話「她不是同性戀」的短文。

我的第一個想法是：他打電話採訪我七十歲的哥哥？為什麼？然後我大感納悶，我和一個男人結婚已經三十一年了，為什麼還會有人問我是不是同性戀？而且，就算我是，那又怎樣？

兩分鐘之後，我才想到那個錯得離譜的標題，我沒理由會說出這種話。每當有選民問我對占領華爾街有何感想時，我總是回答我了解他們的沮喪，但我根本沒有和那些抗議者接觸。

這中間一定有什麼誤會。我打電話給凱爾，他對大多數的採訪都會進行側錄，以防止類似狀況發生。凱爾已經看到新聞，也檢查了錄音檔，他告訴我：「你在受訪時確實說過那句話。」

什麼？

凱爾是對的，我確實說過，但我原本是這麼說的：「占領華爾街的抗議者所依據的概念，很多都是我建立起來的。」當時我正在解釋，我已經在這些議題努力了很久，對大銀行傷害美國家庭的作為深感憤怒，而這篇報導斷章取義的引用方式卻誤導了讀者，和我的原意相去十萬八千里。

我感到非常難堪。報導中的那個我，聽起來如此自以為是，感覺就像是我想把一場我沒參加的抗議活動變成我的功勞。我不禁懷疑是不是有外星人侵占了我的身體，在我的靈魂神遊荒島時說了一些蠢話。我懷疑是不是一沾上政治，所有的人都變成白痴？還是只有我是這樣？我想拿張毯子包住我的頭，再也不要出門。

共和黨派了個狗仔，跟拍我每一個小動作

和絕大多數的美國人一樣，我對金融海嘯和華爾街忿忿難平，但是占領華爾街的抗議者以自己的方式組織了他們的行動，我並沒有出力。每次被問到這個話題時，我都會一再試著解釋，但報導已經出來了，我無法抹掉它。

這次的採訪讓我學到痛苦的一課。我和媒體原本的交流方式（長時間的對話、生動的討論）已

經不適用了，當個「專家」和當個「候選人」完全是兩碼事。

我想在競選時談論美國到底出了什麼問題，我們可以有什麼不同的作為，但前提是，我必須學會謹言慎行。我參選的起跑時間已經遠遠落後其他人了，現在的我更清楚，任何一句有可能被惡意曲解的話，都會取代法拍屋危機或高漲的大學學費，成為報導的重點。

當初我開始和其他人討論參選的可能性時，大家總告訴我：「別被競選顧問牽著鼻子走。」我都會再三保證我不會允許這種事發生。然而，不管我喜不喜歡，我都必須改變，但這和競選顧問無關，而是我開始了解一個愚蠢的錯誤要付出多大的代價。我還是我，我奮戰的目標從未改變，但是我明白現在我面對的戰場已經和以往不同了。我需要學會新的規則，而且要快。

更何況我還有另一個非小心不可的好理由：共和黨雇用一個傢伙全天候拿著攝影機跟拍我。這個所謂的「跟蹤者」是個大塊頭，只要一有機會便拿著他的攝影機對著我。我在街上和人談話，他拍；我問我的工作人員廁所在哪，他拍；我一邊走過停車場一邊拿衛生紙擤鼻涕，他還是拍。

在一次集會結束後，我向支持者和工作人員揮手道別。布魯斯和我坐進車子，他伸手擁抱我，給我一個吻。我才開始放鬆下來，布魯斯突然大叫：「他在拍我們！」我們兩個像被抓到正在親熱的高中生一樣，馬上彈開。布魯斯和我時常拿這件事開玩笑。「想不想到外面親熱一下？」但是一離開屋子，我就會神經緊繃。

現在我必須改變，我必須小心衡量每一句說出口的話。最糟的是，我不確定自己做得到。

年輕女孩說：這是一場跟我有關的戰爭

在《野獸日報》出刊後隔日的十月二十五日，我們舉行了第一次志工大會。我不確定該期待什麼，因為我們剛成立的競選團隊正忙著應付我愚蠢的失言所招來的記者群。

我們首次的志工大會沒有選在人口稠密的波士頓或春田市（Springfield），而是選了波士頓西方二十英里的佛萊明漢（Framingham）。離選舉日還很久，我們不知道會有多少人出席，也不敢抱持太高的期待。

負責這次大會的是我的資深顧問道格・魯賓（Doug Rubin），他曾經幫德瓦爾・派屈克（Deval Patrick）選贏了麻州州長，還擔任過州長的幕僚長。他給的意見總是穩健可靠又珍貴，道格相信為志工辦一個公開的活動是個好主意，我也相信他成熟的判斷力應該不會錯。

可是現在，離預定時間只剩下半小時，我一邊在附近的麥當勞補充卡路里，一邊陷入深思。我十分確定我的白痴失言已經毀了這次大會成功的機會，既然來不及取消，我沒有對道格多說什麼，只能繼續保持微笑。

大會地點在佛萊明漢州立大學的禮堂，人們陸續抵達，我站在入口處迎接。來了很多年輕人，這不意外，畢竟我們就在大學校園裡。不過，也來了許多年長者、帶著孩子的家庭、頭戴軍帽的退伍軍人、使用助行器的老人，甚至還有個手上打了石膏的中年人，此外也有不少母女檔、姊妹檔。

有幾個人說起他們先前的助選經驗。「我在一九九四年當過泰德・甘迺迪的志工」、「我在兩年前幫瑪莎・柯克莉對抗過史考特・布朗」、「我老公和我在州長派屈克剛起步時，就和他一起喝過咖啡」……有些人說他們不確定是否會當志工，但是想聽聽我有什麼話要說。還有人說自己是中間選民，也有少數人說他們是共和黨員。

但是大多數人說的，卻完全不同。

「我一輩子都沒參與過政治活動。」

「我從來沒幫任何人助選。」

「這是我的第一次。」

嗯，我也是。

當門口的人龍消失時，我轉身走向舞台，才發現整個禮堂都坐滿了。好幾百個位子都坐了人，還有些人站在周圍。我結結實實的倒吸了一口氣。

我興奮的跳上舞台，用手機拍下底下的所有人，並在當晚放上推特。那張照片很快在網路上流傳開來。幾天後，一個部落客寫道：「這個場面看起來更像是總統選舉時會見到的志工大會，而不是黨內初選都沒通過、離選舉日還有十三個月的參議員候選人大會。」哇！

那天晚上，大家展現的熱誠和意願實在讓我感動。我才剛宣布參選，卻有數百個人出席。這些男女老少願意在又黑又冷的夜裡出來，填寫表格，只為了可以花時間為我舉牌、打電話或挨家挨戶催票。他們來幫我選舉，一毛錢都拿不到。他們大多數有工作、有家庭、有房貸和一長串的責任要做，但是他們全義無反顧的站出來幫忙。他們聚集在這裡，因為這場仗和他們息息相關。

這麼多的志工讓我興奮，但也讓我焦慮。要是我讓他們失望了，怎麼辦？我的責任是在這場競賽中勝出，但我才剛搞砸了《野獸日報》的採訪。要是他們在雨中為我舉板子、利用週末挨家挨戶敲門催票，把希望全放在我身上呢？要是他們為我犧牲，而我卻輸了呢？

選舉到了後期，我在地鐵站遇到一個大學生。那天布魯斯和我決定偷溜出去看電影，我們搭地鐵到波士頓市中心的一家大戲院，然後在一家義大利小餐廳吃飯。打道回府時已經半夜十一點，我們和兩三個深夜旅客站在地鐵月台等車。

一個瘦瘦的年輕人——其實不過是個大孩子——穿著鬆垮的西裝，背包斜背在肩膀上。他看著我微笑，過了不久，他走向我。「請問是伊莉莎白．華倫嗎？」

他來自麻省中部，是家裡第一個上大學的。他在波士頓上學，熱愛學習，但他說他天天都在擔心錢。他在學期中有份正式工作，暑假會兼兩份工，試著盡可能負擔自己的學費。在等地鐵時，我們談到就學貸款、政府刪減大學預算、學費高漲等問題。最後，他問是否能和我合照。布魯斯用年輕人的手機幫我們拍照，男孩笑著離開，然後又突然轉身。

「我每個月都捐錢給你，我還自願加班，好賺更多錢捐給你。」

我感覺他彷彿拿著一枝長標槍刺進我的肋骨。我的老天！這孩子在週六晚上工作到十一點，而他一直捐錢給我？我虛弱的微笑，下意識的說了一些話：「我的選舉錢還夠用，也許你該把錢留下來。我還好，真的。」

他望著我：「不，我是這場選舉的一分子，這也是我的戰爭。」

這才是真正的答案，這場選舉不是我一個人的。選票上印的是我的名字，但這些人做志工、捐錢不單單是為了我，他們支持的是一個更大的理想。當我說我們一起投資未來，大家都會過得更好時，他們知道那是真的，因為他們也活過那樣的年代。他們認為美國可以更好，他們想實現的決心和我一樣迫切，而他們將盡一切可能來讓那個更好的未來變成現實。

「這也是我的戰爭。」到現在，想到這句話時仍會讓我感動到起雞皮疙瘩。

小老百姓奉公守法，需要奮鬥翻身的機會

秋天一晃眼就快過去了，我繼續將時間分配給政治和教學。學期末時，我打算向學校請假，開始全力投入選戰。等到秋末，我才突然意識到，我可能快要教我的最後一堂課了。

想到這裡，我的心裡充滿矛盾。當然，我對即將來臨的選戰充滿期待，我非常想贏，可是萬一我真的當上了參議員，我一定會萬分想念我的教室。我喜歡拿著粉筆，喜歡看著我的學生領悟一個道理時臉上迸發的光采。我超級熱愛教書，這是我從小的志願，離開教職將會讓我十分不捨。

然而，我也開始發現競選有時很齷齪，但是有時也可以非常觸動人心。我說的不是在攝影機前微笑或在民眾面前演講，而是在競選過程裡偶發性的事件，那種心情酸酸軟軟的時刻。有一天，我在冰淇淋店裡遇到一個帶著兩個小男孩的媽媽。兩個孩子長得很漂亮，卻都患有自閉症，活潑好動，隨時都可能從椅子上跳下來。孩子們吃著冰淇淋，媽媽反射性的將一隻手放在一個孩子肩上，眼睛緊緊盯著另一個孩子，但這都不能阻止她熱切的向我陳情。拜託，請你一定要想辦法讓政府多撥點預算做研究，她說：「我們只差這麼一小步了。」

小男孩的媽媽說得對。自閉症、阿茲海默症、糖尿病、癌症……，科學以二十年前的人想都想不到的飛快速度在進步，而現在我們離可以改變百萬人世界的大發現就只差臨門一腳。除此之外，投資在研究上的錢也會為企業創造新的發展機會。奈米科技、核磁共振掃描、光纖、衛星定位、腫瘤偵測等由聯邦政府帶頭贊助的研究，都會相繼在企業界發揚光大，為美國增加很多競爭力。事實上，醫療研究也是一項穩健的投資。在基礎醫療研究上每投資一百美元，預估就會創造出兩百二十一美元的新商業活動。我們不但會變得更健康，而且我們的錢還會加倍成長，這才是打造更好未來的正確方法。

過去五十年來，投資科學研究一直是美國的策略之一。然而，今天的聯邦政府在科學研究上的投資所占的國內生產總值（ＧＤＰ）的比率，卻只有我們青少年時期的一半。我認為現在有這麼多的新發現，當務之急是用力踩油門，投資更多錢在研究上，而不是踩煞車放慢速度。

後來在南岸（South Shore）的一次集會上，一個五十多歲的美麗女人在結束後留下來介紹她又高又帥的先生給我認識。他得了阿茲海默症，她請求我讓聯邦政府在阿茲海默的研究上投入更多經費，而她也擔心他的日間照護中心會成為預算刪減的受害者。她只是想能繼續工作，能將她摯愛的丈夫留在家裡久一點。

她是對的。將老公留在家裡，讓她可以繼續工作，就經濟面來說完全正確，光就這點就值得盡力爭取。然而，她的故事還有更深層的意義，為阿茲海默症患者奮戰或為自閉症小男孩奮戰，都關係到我們的基本人權。我們是什麼樣的人？我們的共同價值觀是什麼？許多共和黨國會議員不認為減免大石油公司和將總部設在海外的企業幾十億美元的稅金有什麼問題，他們沒有顧慮到醫療研究的預算一再被刪減，日間照護中心的候補名單越來越長，也不管當今聯邦經費的分配選擇完全違背了美國人民的價值觀。

一個母親和一個妻子為了她們深愛的家人努力奮戰，而我想給自己一個機會去陪她們一起奮鬥。我熱切的想要得到這個機會。我想提醒人們所有的政治鬥爭，其實都跟個人生活息息相關。當我們選擇投資科學研究時，未來數百萬人的生活將會一個一個獲得改善，走上截然不同的道路。

工作也是切身相關的問題。我問工地的工人，他們結束一個工程後要隔多久才能再找到下一個工作。一個負責操作重型機械的五十多歲大塊頭告訴我，長達十一個月沒工作的感覺。「我每天都出門，一有動靜就會親自跑到現場去看看有沒有機會，但是往往什麼都沒有。」他提到他想上大學的孩子，還有他想盡辦法在餐廳加班的老婆。其他人也紛紛說出自己的故事——十七個月、六個月或九個月沒有工作，他們談到在兩個工程之間完全沒有收入的日子有多苦。最後那個大塊頭說：「我坐在家裡，開始想壽險理賠能讓妻小撐多久，是不是我死了，家人反而會過得比較好？」

他一直努力工作，奉公守法，國家經濟這麼差也不是他的錯。他從未要求特別待遇，他只是想要有個奮鬥的機會。

有很長一段時間，我會在夜裡醒來，想起那個工人，想起那兩個小男孩，想起那個中年的阿茲海默症患者。我的胸口壓著沉甸甸的一塊石頭，這時候，我就會比以往任何時候都想要贏得這場選舉。我想要有機會能為他們奮戰。

他們會先談論女人的外表，然後才會關注她們的主張

在選舉活動剛開始的頭幾個月，有時記者會問我：「你以女性身分參選，有什麼特別的感想？」之類的問題。我總是禮貌的微笑，但心裡非常痛恨這種問題。我很確定沒人會問史考特・布朗：「你以男性身分參選，有什麼特別的感想？」

然而，我很清楚記者未說出口的潛台詞。麻州從來沒有女性參議員或州長，而且很多人也認為女人沒有可能在麻州當選參議員和州長。記者的問題傳遞出一個不友好的訊息：「別開玩笑了，小

女孩。偉大的政治是男孩玩的遊戲。」

在我決定是否參選時，曾經徵求過幾個女人的意見，其中之一是史蒂芬妮・史里奧克（Stephanie Schriock），她是資助女性競選各級政府公職的政治組織「艾米莉名單」（Emily's List）的領導人。史蒂芬妮花了很多時間招攬女性競選公職，她答應我一旦我決定參選，她會從頭到尾參與我的競選活動。她想要我跳進去，但也從未掩飾前景不容樂觀。她說過的一段話讓我銘記在心：「我們必須去試，當一個女人投入選舉，她的所作所為將會幫下一個參選的女人鋪路，日後我們將會因此贏得選戰。」

在那個夏天，我也和美國資深參議員派蒂・莫瑞（Patty Murray）討論我的參選問題。一開始，我就列出數個我也許不夠資格的原因。

聽了幾分鐘後，派蒂打斷我的話：「你說夠了嗎？」然後她告訴我女人總是會想她們有哪裡不夠好，但男人從來不會去問自己是否夠格擔任公職，他們只問自己能否募得足夠選贏的競選經費。

相同的問題我也和曼蒂・葛倫瓦德（Mandy Grunwald）討論過，志願當我媒體顧問的她，曾經幫許多女人競選，論女人競選公職，沒人比她更在行。她之前向我解釋過身為公眾人物必須面對的事實：「沒有任何女人可以倖免，人們一定會先談論她們的外表，然後才會談論她們的主張。」

我試著忽視，但每次看到新聞報導從我的外貌開始講起，我的胃就會抽搐。我宣布參選的第二天，有些自以為聰明的記者說我「戴上珍珠項鏈，看起來就像個家長會會長」。

天啊！還有多少人會對我的髮型或眼鏡款式指指點點？

大學教育已經成了中產階級家庭負擔不起的奢侈品

我將空閒時間全花在研究資料上，緊跟著最新的失業數據和伊拉克戰況。為了來當我的選舉政策主任，已經成了法學教授的加內什・施塔拉曼向學校請假。在選舉活動和募款活動間的零星空檔，他會向我進行政策簡報，並安排專家就能源政策、健保政策或精密製造等領域幫我上課。美國史上首位女性國務卿馬德琳・歐布萊特（Madeleine Albright）也來幫忙，花了一整天仔細教導我全球各地的爭端議題。彷彿我又重新回到了教室，只不過這一次我是學生，感覺我的大腦在同一時間被拉往千百個不同的方向。

我睡得更少，吃得更少，工作時間卻更長了。

競選活動的一環是我要告訴大家我自己的故事，剛開始時，我渾身不大自在。多年來我一直在談中產階級承受的壓力，但是談論攸關數百萬人的薪資、貸款和美國經濟問題是一回事，談論自己和我的家庭是另一回事。但隨著時間過去，我發現告訴大家我的背景和我是如何達到目前的成就，似乎更容易引起共鳴：一個維修工人的女兒，通勤上大學，最後成了哈佛教授。

當我提到以前我上大學，一學期學費是五十美元時，有人驚訝不已，但更多人點頭。和我談過的每個人，幾乎都同意應該給年輕人機會接受大學教育，但如今教育資源卻大幅縮水。今天上州立大學的孩子所支付的學費，是他們父執輩的三倍之多。美國從前肯花錢投資在像我這樣的孩子身上，但現在的孩子卻不再擁有這種機會。大學教育已經成了中產階級家庭負擔不起的奢侈品。

一天傍晚，我在南部濱海小鎮的一戶人家演講，餐廳的所有椅子都被搬走，有二十多人靠著牆站或擠在餐桌旁。從他們身上的制服和襯衫來看，顯然很多人是下了班直接趕過來的，孩子們則在客廳看電視，把聲音調到最小。

我談到創造機會，談到為所有孩子創造未來。進行到提問階段時，氣氛變得更熱絡了。我們討論了班級人數過多、空間擁擠的問題，也討論怎麼建立一個可以提供好工作給所有孩子而不是少數孩子的大環境，以及為什麼孩子們需要安全的社區和健康保險。

當人群散去時，一個六十多歲的男人走向我。他很瘦，歷經風霜的皮膚一看就知道在戶外工作多年。他戴著一頂越戰退伍軍人的帽子，帽舌右側磨損得很嚴重，想必曾經上萬次抓住那裡戴上及拿下帽子吧？

他臉上沒有笑容，平直的語氣沒有表情。我尋找任何蛛絲馬跡，也許有點敵意？我不確定。

「你談到了創造未來。」他說：「那麼跨性別的人呢？他們又如何？」他語氣不善。

真是出人意料的問題。我直覺自己該蹲低馬步，因為氣氛緊張到好像就要打起來了。

我以同樣平直的語氣說：「我們為所有的孩子創造未來，跨性別的孩子也包括在內，所有的孩子，無一例外。」

他和我對視良久，然後說：「對極了。」

他接下來解釋他有個已經成年的跨性別兒子。「你們想像不到他所經歷的可怕地獄。我希望有人為他們而戰，而且不會退縮。」

我鬆了一口氣。為所有的孩子創造未來，每一個孩子。這場仗，我準備好了。

競選廣告用殭屍電影配樂，影射我想吃掉選民的大腦

十一月，共和黨右派人士卡爾．羅夫和他所控制的「超級政治行動委員會」*——「美國十字路口」（American Crossroads）和其姊妹團體「十字路口草根政策戰略」（Crossroads GPS），開始攻擊幾個他們認為較脆弱的民主黨候選人，顯然我在他們的名單中排在前幾名。參議院的控制權將視二〇一二年的選舉結果重新洗牌，共和黨絕對想讓史考特．布朗連任。他們絲毫不敢大意。

羅夫是全美國最狡猾的政治操盤手之一。他是小布希總統兩次選舉的背後軍師，從那之後他便

---

*編按：「超級政治行動委員會」（Super PAC）最早出現於二〇一〇年，這種獨立組織由企業或個人成立，可以無限制的接受捐款，也可以無限制的花錢為特定候選人造勢，而不是直接拿錢資助特定對象競選。

以製播「充滿謊言和扭曲事實」的廣告出名（根據《華盛頓郵報》的論壇內容）。由於捐款給羅夫的金主沒人知道是誰，即使被抓到說謊，「十字路口草根政策戰略」的人連尷尬都懶得假裝。這些傢伙志在必得，只要能贏，不管是說謊或欺騙一點都不在乎。

在離選舉日還有一整年時，羅夫團隊製播了兩支攻擊我的廣告。第一支廣告播出那天，我正在地方電視的晨間新聞節目錄影，受訪時，沒有人對我的選舉主軸表現出任何興趣。每個人問的都是：「你看過卡爾．羅夫的廣告了嗎？」

呃……什麼廣告？我是聽說過羅夫買了廣告時段，但我前一晚熬夜，當天早晨只來得及匆匆忙忙梳洗、喝了一杯熱茶就出發到攝影棚，什麼都還沒看到。

電視台工作人員帶我進入黑漆漆的控制室，在幾個螢幕上播放那支廣告。我看著廣告，其他人看著我，我懷疑他們是不是在猜我看完後會痛哭失聲。

螢幕上出現了一張醜斃了的照片，我的臉又腫又奇怪，背景音樂是殭屍電影的配樂，彷彿在影射我想吃掉選民的大腦。然後出現一連串的畫面，將我和占領華爾街、暴動、攻擊警方和使用毒品連結在一起。

我的第一個反應是，天啊！他們從哪兒弄來那張超級醜的照片？第二個反應是想大笑。那支廣告拍得實在是太詭異了，爛到我不覺得是在攻擊我，反倒像是在講某部恐怖片的主角。

幾週後，羅夫操作的第二支抹黑廣告出現了。這支更是瘋狂到極點，它指控我應該為銀行紓困負責。廣告結尾時說：「告訴華倫教授我們需要工作，而不是更多的紓困。」這到底在胡說什麼？我對這支廣告的正式回應是「荒謬可笑」，但這四個字並不足以表達我的真正感想。指控我和銀行關係緊密，就像指控前眾議院議長紐特・金瑞契（Newt Gingrich）個性太害羞，或小布希總統是個反戰主義者一樣好笑。這些顛倒是非黑白的廣告，將我們帶入了一個全新的瘋狂世界。

然而，讓我感到沮喪的是對這種惡意毀謗，我們根本無法回擊。卡爾・羅夫散發違背真相的謠言，但是他們聰明的躲在幕後操縱。他的名字沒有出現在廣告裡，出錢製播廣告的那群有錢人也沒有，而且沒人能夠查出他們是誰。和我對戰的敵人是個影舞者，我胡亂揮劍什麼都打不著。

不過受攻擊的不是只有我，史考特・布朗向來支持大石油公司的投票紀錄也被環保團體拿出來窮追不捨。競選才剛起跑，但已經不難看出這個史上競爭最厲害的參議員選舉的風向。布朗和我都想以政見吸引選票，但是卻很容易就被外在團體的廣告打亂陣腳。

史考特・布朗在競選活動中多次談到停止外在團體的廣告攻擊。我一開始認為那只是空談，後來卻不禁思考是否真的能做到。是不是可以請電視台禁播這類廣告？（當然不可能，除了在商言商之外，要由誰來審查也是問題。）我們一直抱怨外在團體的廣告有多糟糕，但真的有辦法能讓那些超級政治行動委員會不要介入嗎？

一月時，史考特・布朗和我開始討論一個徹底顛覆觀念的創舉。就法律層面來說，我們沒有辦法阻止外在團體製播廣告，但雙方競選團隊最後簽署了一個殺傷力極大的協定：兩位候選人發表聯合公開聲明，如果有任何外在團體橫插一腳，受益的一方要自我處罰，而且是嚴懲：超級政治行動委員會幫襯的那方要拿出競選基金捐給慈善機構。我們的協議是如果卡爾·羅夫花一百萬美元製播攻擊我的廣告，布朗的團隊就得拿出五十萬美元捐給我指定的慈善機構。反之亦然。事實上，我們等於各自拿著一把槍指著自己的腳，對外在團體說：「不要再過來了，否則我就開槍了！」

一開始，我的競選團隊對這個提案沒有信心。史考特·布朗有可能合作嗎？我相信他對我也同樣沒信心。沒有人可以強迫對方履行約定，這個協議若要落實，布朗和我就得相信對方。

此外，我還有另一個擔心的理由。每次我出去跑行程，總會遇到有人直視我的眼睛，握著我的手，然後小聲告訴我他們有捐錢給我。他們告訴我，這裡省一點，那裡省一點，就能把錢存下來捐給我。他們使用的詞彙不盡相同，但講的都是同一件事：「我們捐錢給你競選，因為我們相信你正在做的事。」如果有外在團體製播廣告攻擊史考特·布朗，依據這個協議我必須捐出部分競選基金，那麼我豈不是背叛了將血汗錢捐給我的支持者嗎？我真的有權利拿他們的捐款來賭博嗎？

一切都是未知數，但是布朗和我都願意嘗試。這個協議至少有實現的機會，如果不做，我們面對的將會是外在團體滿天飛的惡意廣告，對布朗、對我、對麻州選民都不是好事。況且，也許這個新方法會讓選舉變得可信度高一點，也許能把選舉過程推回正確的方向，即使只有一點點也好。

二〇一二年一月二十三日，史考特·布朗和我正式簽署共同聲明。

媒體的反應很正面，但對成效不置可否。政客們說它「聞所未聞」，《華盛頓郵報》先讚美這是「創舉」，然後立刻接上「但是有效性令人存疑」。自由派雜誌《美國展望》（*American Prospect*）預測這無法對超級政治行動委員會產生任何約束力，但是「為他們願意嘗試的努力鼓掌」。

誰能怪他們懷疑？連我自己對沒有信心，只能夠等時間來證明了。

至於超級政治行動委員會和其他外在團體的反應，則是正反面都有。當初攻擊史考特・布朗的環保選民聯盟（League of Conservation Voters）發表聲明：「我們傾向於尊重候選人的協議。」但是卡爾・羅夫手下的超級政治行動委員會的反應，聽起來相當不妙：

〔此協議的〕漏洞大到可以開著卡車通過，駕著大船駛過，推著飛機穿過，政府工會可以用堆高機將整車的文件運過去。

然後，一切歸於平靜。

我必須盡力跑，否則就會死在路上

到了一月，我的生活有了新的節奏。我教完在哈佛的最後一堂課，也許是我這輩子的最後一堂課，現在我的行程表以十分鐘為一單位，開會、開會、開會，打電話、打電話、打電話。雖然讓我筋疲力盡，卻也興奮萬分。

然而，最困擾我的還是對手持續性的攻擊。在我以為自己即將在競選路上全速前進時，總會從左外野突然飛來由共和黨麻州黨部、史考特．布朗競選團隊或部落客所發射出的飛彈，直衝我而來。

他們攻擊的主題有些很無聊，有些很扭曲，有些根本無中生有。他們指控我抄襲自己的書，說我痛恨喝啤酒的人。為了這些攻擊，我時常在開會或演講了一整天後，回到家裡還得深夜蹲在地下室挖出很久以前的日程表或舊書手稿，好反擊那些可笑的指控。我有點期待是否會有人出來說我生了一個外星人，或者說我的心智曾被外星人控制過之類的。

這些攻擊時常打斷我的競選活動，而且讓我變得神經緊張。更糟的是，它們幾乎從未間斷，感覺就像每天都有一顆新飛彈朝你飛過來，有時甚至一天兩三顆。有一天早晨，我剛關掉水龍頭，踏出淋浴間，就聽到收音機傳出共和黨發言人對我的指控。我身上還在滴水，想也沒想就忍不住大叫：「拜託你們能不能至少等到我穿好衣服？」

布魯斯開始在每天早晨從前陽台撿報紙進屋，一頁一頁細讀，最後才將報紙放在廚房餐桌上。運氣好時，他會大喊：「安全了！」然後問我要不要來點燕麥粥當早餐。

但是大多數的日子，他不會大喊「安全了」，也不會有時間吃早飯。我感覺自己就像全速跑過森林時，還要分神防範沿路的流氓，免得他們拿著毒矛射我。我必須看著目標，盡可能快跑，但同時得分神躲避，否則就會死在路上。

把頭靠在冰冷的車窗上暗暗哭泣，參議員候選人怎麼能哭？

一月下旬的某個週一下午，奧蒂斯第一次嘔吐。我們清洗地板，帶牠出去散步，但是兩三個小時之後，牠又吐了。我們雖然不捨，卻以為這不是什麼大毛病。奧蒂斯是隻大狗，體質卻很敏感，這種事以前就發生過，我們以為牠一定是在我們沒注意時吃了人行道上不乾淨的東西。

那天早上我出門跑競選行程，布魯斯帶奧蒂斯去看獸醫。醫師說應該是腸胃炎，但他想將奧蒂斯留過夜進行檢查。

這讓我們起了第一個戒心，奧蒂斯從未因腸胃炎被留在獸醫院過夜。

隔天下午，布魯斯打電話來時，我正坐在車子裡要去伍斯特（Worcester）開會。

「親愛的，我剛離開獸醫院。」他頓了一下，我可以聽到他的呼吸聲。他的聲音哽咽。「結果不大好，奧蒂斯得了淋巴癌。」我覺得整輛車都在旋轉。奧蒂斯？淋巴癌？

我坐得筆直。突然間，我發現自己在選舉過程裡從來沒有獨處的時候。我沒有一間可以關上門的辦公室，甚至沒有可以自己待幾分鐘的女廁所。我年輕的助理亞當．崔佛斯（Adam Travis）每天早上開著我們暱稱為「藍色炸彈」（一輛亮藍色的福特 Escape）的小轎車來家裡接我，載我跑完一天的行程。有時我會坐在副駕駛座上打電話或讀簡報，直到我們抵達目的地跳下車子和其他人碰面。我們在速食餐廳吃飯，但主要工作就是出去認識選民。有時只有我們兩人，有時競選團隊裡的其他人也會坐在後座陪我們一起出門。

這一天，車子裡坐了五個人。布魯斯掛斷電話後，我開始啜泣。我想回家緊緊抱住奧蒂斯。我想要布魯斯緊緊抱著我們兩個。我想要放聲大哭，拿衛生紙擤鼻涕，然後繼續再哭。但是，我卻只能把頭靠在冷冰的車窗上，盡可能的不哭出聲音。我不想嚇到車子裡的年輕工作人員，而且我相當確定參議員候選人是不應該哭的。

接下來兩天我過得恍恍惚惚。我的行程滿檔，布魯斯也要上課，但他還是排出時間帶奧蒂斯去了麻州動物保護協會（MSPCA-Angell）的獸醫院。奧蒂斯的情況糟糕到獸醫必須立刻進行緊急救助，以免有生命危險。從週一早上活蹦亂跳到週四晚上幾乎喪命，這個世界真的很無常。

奧蒂斯的新醫師凱莉．伍德（Carrie Wood）打電話向我們解釋淋巴癌最終會致命，但她也告訴我們接受治療的狗狗有一半機會可以活超過一年，而倖存下來的狗狗有一半可以再多活一年，以此類推。奧蒂斯很有機會還能和我們在一起兩三年，也許更久。

我很擔心治療的副作用。牠會不會一直病懨懨的？會很痛嗎？

凱莉向我保證都不會，治療會讓牠覺得好多了，而且狗狗和人不一樣，接受放射線治療的人會出現的可怕副作用並不會發生。我們於是點頭同意治療。

週五下午，我們接奧蒂斯出院，牠腳步蹣跚，但看得出來很高興可以回家了。我以為牠爬不上後座，但我才一拉開車門，牠的半個身體就已經鑽進去，顯然一點都不想再被留下來。

治療效果極好，像變魔術一樣，奧蒂斯恢復的速度和牠生病的速度同樣快得不可思議。牠心情愉快，活蹦亂跳，呃，以奧蒂斯平常懶洋洋的樣子來說，已經算是非常好動了。沒多久，牠就已經準備好要再陪我們去散步，也把牠在地獄那週失去的體重補了一些回來。

然而，奧蒂斯生病改變了我。和牠在一起的時間似乎更加珍貴，我再也不將之視為理所當然。在我一大早離開家之前，或者當我們三個在深夜休息時，我試著為奧蒂斯拍照，彷彿可以藉由這樣保留一些時光。當我講電話時，會坐在地板上，一邊搔奧蒂斯的胖肚子，一邊和遙遠的人們談話。奧蒂斯似乎也變了。從前我用電腦工作時，牠都在隔壁房間呼呼大睡，現在牠卻主動躺在我附近。牠時常驚醒，然後會過來讓我摸摸牠的耳朵，或者要我傾身和牠額頭碰額頭。牠讓我知道，我們的心是在一起的。

然而，競選的腳步不會慢下來。每一天幫我安排行程的人總想再擠進額外兩通電話、多開兩個會，我只能盡力越跑越快。

一個星期接著一個星期過去，時間顯得更加珍貴。遠在加州的阿迪卡斯開始學走路；拉維妮亞在體操課裡升了級；奧塔維亞已經上了五年級，突然間長得和媽媽差不多高了。我不禁開始擔心在我忙著競選時，真正的人生繞過我一去不回頭。

艾力克斯也有新消息：他要和女友伊萊斯結婚了。他很幸運，伊萊斯是個善良又溫柔的好女孩，臉上始終掛著我所見過最甜美的微笑。艾力克斯計畫在洛杉磯艾蜜莉雅家附近買房子，他向我保證他和伊萊斯會等到我選完再結婚。似乎什麼事都逃不過這場選舉的影響。留在故鄉奧克拉荷馬的哥哥們漸漸老了。唐雷德爬梯子換燈泡，下來時跌了一跤。大衛的感冒一直沒有好，約翰的膝蓋老是在痛。暴風雪才走，風災跟著來，最後冰雹暴也來湊熱鬧。我有機會就打電話給哥哥們，但我一天到晚都在趕行程，忙著全麻州到處跑，和市長們見面，在工會大廳和老人中心演講。

我做得對嗎？我在早晨鬧鐘響起前就醒來，躺在床上反覆的想，今天的我其實只想和家人在一起。然後我起床，出去開會、參加早餐會報，或到哪個組織拜訪。我會談到美國曾經有全世界最棒的中產階級，我會談到將美國家庭當成獵物並認為華府的工作是為銀行而非勞動家庭服務的共和黨領袖。我還會談到許多美國人逐漸老去，在阿茲海默症和糖尿病的醫學研究上投資更多錢是當務之急。而現在，正是我們投資在下一世代年輕科學家身上的時刻，而不是刪減他們的研究經費。在我們開著「藍色炸彈」匆匆從一個地點趕到另一個地點時，我想著為什麼現在是必須大聲疾呼的時候，以及我有多麼想要參與這場選戰。

大多數的夜晚，我回到家，在布魯斯準備教材時開始打電話。然後布魯斯、奧蒂斯和我會擠在沙發上看幾分鐘電視，再移到床上倒下。而我時常在夜裡醒來，伸長耳朵聽著奧蒂斯的呼吸聲，確定牠還和我們在一起。

尋求正義與公平的母親們啊

劉煒（Roger Lau）出任競選團隊的政策主任後，就帶著我全麻州四處跑。我們真的是哪兒都去，什麼人都見。劉煒是那種絕對誠實的人，大家都很信任他。他也是我所認識的人中，唯一從皮茨菲爾德城（Pittsfield）到普羅文斯敦鎮（Provincetown）吃遍所有熱狗攤、披薩店、加油站、麥當勞的人，不但如此，只要你問他，他就能立刻告訴你那家店有什麼特色。我們天天在麻州各地跑，這些資訊才真正稱得上是關鍵資料。

劉煒帶來杰西・托雷斯（Jess Torres）當副手。在一個陰沉的三月週六早晨，杰西陪我參加一個集會，名為「尋求正義與公平的母親們」。杰西非常聰明，但是他最大的強項是善良，而在這個早晨每個人都需要一點額外的好意。會場位於多切斯特（Dorchester）的信心堂，大約來了五十個人，幾乎清一色是女人。她們以八到十人為一組，分坐在圓桌旁，大都是在暴力事件中失去孩子的母親，還有一些人失去了其他的家人，另外也有陪同而來的朋友或支持者。其中有幾個宗教領袖、社區代表和地方官員，但這個集會的主角還是痛失愛子的媽媽們。

到了此時，我已經很習慣站在人群前精神抖擻的提出呼籲，請求大家應該為孩子們創造一個更好的未來，但在這個教堂裡，我完全不知該說些什麼。我找不到任何詞彙來安慰這群失去孩子的女人，她們的悲傷如此深刻，目標如此崇高，相較之下，我能做的實在太少了。

金・奧多姆（Kim Odom）是多切斯特真葡萄樹基督教會（True Vine Church）的牧師，也是這個團體的領導人。金牧師起身，回憶起愛子史蒂芬的死。她念著他的名字，娓娓道出四年前失去愛子的經過。那時他才十三歲，一個剛打完籃球賽走在回家路上的好孩子。在他死後，她將所有的精力投注在預防社區再發生類似的暴力事件上。

在金牧師開口後，我離開原本坐著的唱詩班高台，默默站到她的身邊。接著另一個媽媽也站起來說話，我也走了過去，和她站在一起，然後是下一個媽媽。我能做的只有這麼多了。

我知道實際的數字。每一天，我們會有八個未成年孩童成為槍下亡魂。如果現在突然出現一種未知病毒每天害死我們八個孩子，我想美國所有的醫師和公共衛生團體都會動員起來，在上山下海找到能保護孩子的方法之前，絕不放棄。可是，我們面對槍枝暴力的態度卻非如此。

這個議題牽涉到的政治糾葛，讓我沮喪到想拔光自己的頭髮。我知道美國人很在乎、很想確保孩子的安全，那麼為什麼一講到保護孩子不受槍枝氾濫的危害時，我們就會把常識丟出窗外呢？

當然，每個孩子成為受害者的風險各不相同。死於槍口下的孩子大都成長於貧窮的街區，槍枝暴力和街頭犯罪對經濟條件較好的近郊街區，威脅性比城市貧民區要小很多。我花了好幾十年的時間，提醒大家注意中產階級家庭的崩塌危機，而近年來，我也開始關注貧困家庭。因為起跑點落後，低收入家庭的處境其實更為艱難，即使只是很小的意外也會讓他們無力承擔，一蹶不振。車子拋錨或小孩生病代表有一兩天不能工作，遇上緊急狀況可能就得去短期融資借錢，於是，從此一腳踏入可能要花上數千美元才能脫身的陷阱。此外，在現實世界裡，除了經濟壓力之外，貧窮家庭更常成為暴力的受害者。

貧窮家庭試圖改善經濟所面臨的挑戰，也比小康家庭困難許多，而政府大幅削減對未來的投資不只會掏空中產階級，也會摧毀貧窮家庭往上爬的有限機會。為了重建美國的中產階級，我所盡力爭取的教育、提供好工作的繁榮經濟以及公平的交易環境等等，其實對貧窮家庭的幫助更大。我們要打造機會，就該讓每個人都有機會。

最後，還是要繞回到同一個問題：我們是要照顧某些孩子，還是要為所有孩子打造機會？對那天在信心堂的那些媽媽而言，這個問題來得太遲了。對她們來說，答案會是：不，我們沒有照顧到每一個孩子。她們最愛的子女們已經沒有未來了。

那天上午，我只簡短的發表了兩分鐘的談話。傷口如此巨大，我的言語實在太蒼白無力，但是金牧師很親切，其他媽媽也是。最後，我們一起手牽手禱告。

我們為每個孩子祈禱。

快，證明給我們看，你到底有沒有印第安血統？

競選活動持續了好幾個月後，總算開始有些正面的影響。即使要贏過史考特．布朗還像是一場上坡競走，至少我已經縮短了兩人之間的距離。

沒想到，這場競賽突然變得不擇手段了。

一開始，只是四月時記者提出的一個問題。十六年前，哈佛大學的校內報紙有一篇大學發言人的訪談，為了反駁校內教授不夠多元化的攻擊，發言人談到我的美洲原住民背景，而現在記者想知道更多細節。我不記得那篇年代久遠的報導，所以當記者問我時，我沒有詳細回答。結果不到兩天，我們發現共和黨就拿這點大做文章，他們發動全面的文宣攻擊，要求我證明我的祖先真的是美洲原住民，而且控訴我當初以假資料騙取哈佛大學的教職。

就像其他小孩一樣，我得知我的美洲原住民背景也是大人告訴我的。我從沒懷疑過我們家庭故事的真實性，或是要我的父母拿出文件來證明他們說的是真的。哪個孩子會這麼做？

我媽媽那邊的家人住在印第安保留區，媽媽是家裡最小的孩子，在她出生時，印第安保留區已經變為奧克拉荷馬州的一部分。我媽媽和她的家人時常提到雙方的原住民祖先：我的外公外婆兩邊都有印第安血統。

我媽上高中時，全家人搬到韋塔姆卡小鎮（一九二〇年代，人口約有一千四百人），小鎮居民大家都認識彼此。當我爸爸開始和我媽媽約會時，他的家庭清楚表示他們不會接受她，他們看不起我媽媽和她的家人。當我爸爸宣布想娶她時，他的父母親堅決反對。可是我爸媽深愛對方，於是他們私定終身，在沒有華服、沒有太多親友的祝福下結了婚。對一個像我媽媽和原生家庭關係如此緊密的人來說，這是一個永遠的遺憾。

他們結婚後好幾年，兩家人仍住在同一個小鎮，卻幾乎從不往來。我們四個孩子都很清楚，親戚分成兩種：一種是爸爸那邊的，一種是媽媽這邊的。我們天天見到媽媽這邊的親人，但很少見到爸爸那邊的親人，每次要去看我祖父母總是要提早計畫好，而且氣氛總是很僵。

雖然媽媽的印第安血統惹得爸爸的家人不高興，但媽媽從未對我們隱瞞任何事。媽媽這邊的親人，不管是阿姨、舅舅、外公外婆都不會刻意遮掩他們的印第安血統。從小，我們四個小孩就聽著一個個故事長大，比如外公建造了一所只有一間教室的學校、外公外婆的戀愛過程，以及早期住在印第安保留區的經歷。後來隨著媽媽年紀越來越大，外公外婆、她的哥哥們、兩個姊姊相繼離世後，她開始更常提起我們的印第安血統，強調人不可以忘本。

如今，在日趨白熱化的選舉戰場，共和黨堅稱我的身世是謊言，罵我表裡不一，說我靠著撒謊才能爬到現在的位子。

對他們的攻擊，我只能以「目瞪口呆」來形容。你要怎麼證明你是誰？哥哥們和我知道我們是誰，知道我們家族的歷史。共和黨卻要我們拿出文件證明，但是在百年之前，哪會有人刻意去註冊他們的原住民身分，至少在奧克拉荷馬州沒有人會這樣做。然而，知道你是誰是一回事，要證明你是誰又是一回事。

共和黨攻擊我利用我的背景才能平步青雲，這同樣是無中生有。問題不在於我能否因此受益，而是我根本從頭到尾都沒用過我的背景。不管是申請大學、申請法學院或申請工作，我從來沒有要求過任何特殊待遇。共和黨散布惡意文宣後，記者紛紛開始挖掘我的背景，每一個雇用過我的單位都出來為我作證，包括哈佛大學的雇聘委員會。哈佛告訴媒體，當他們雇用我時並不知道我的背景，聘用我只因為他們認為我是一個很好的法學教授。僅此而已。

但事實並沒有讓共和黨卻步，他們依舊繼續攻擊。右派部落客叫我「冒牌的印第安公主」，還有人買下高速公路旁的巨大看板，上頭有我戴著印第安頭飾的照片，寫著「伊莉莎白・華倫是個大笑話」。一個晴朗的午後，我在遊行隊伍中一邊前進，一邊和路上的人握手，對更遠的人揮手致意，此時一群男人站在街角開始模仿印第安人的戰吼，誇張的用手拍打嘴巴，彷彿他們是卡通片裡的勇士。感覺真是糟透了。

風暴持續擴大，我幾乎天天和哥哥們聯絡。他們不停接到記者、共和黨人士的電話，陌生人會到他們家按門鈴，甚至還有人將我母親的死亡證明放上網路。唐雷德對有這麼多人根本不認識我們一家卻如此自以為是感到震驚；約翰因匿名騷擾電話留下陰影；大衛氣得不得了，發誓要打爆下一個挑釁者的腦袋。哥哥們的遭遇讓我十分內疚，參選是我的決定，現在他們卻被迫忍受池魚之殃。

差不多同一時間，媒體揭露了摩根大通集團的一則醜聞：一名被稱為「倫敦鯨」的交易員因為高風險投資賠了十幾億美元。顯然在金融風暴和問題資產救助計畫過了三年後，摩根大通和其執行長傑米・戴蒙還是沒有放棄他們的高風險交易。

這是凸顯我跟史考特．布朗有多麼不同的歷史時刻。布朗是「華爾街最喜歡的國會議員」，他曾經在《杜德─法蘭克法案》的最後關鍵時刻透過威脅為銀行省下十九億美元；而我卻為了要銀行負起責任奮戰多年。然而，媒體在那段期間卻只會追著我問我媽媽的血統，幾乎沒有人來問我對傑米．戴蒙魯莽行為的看法。

然後，就在這場血統論戰似乎就要偃旗息鼓時，史考特．布朗卻指名我的父母，暗示他們告訴我們兄妹四人的家族故事是捏造的。

他居然攻擊我已經過世的父母。

我既傷心，又憤怒。可是除了繼續往前衝，我什麼都不能做。我要為我相信的真理奮戰，努力度過每一天。

關於我的血統論戰還未完全消弭，只是情勢慢慢好轉。隨著一天天過去，記者越來越常問我對金融法規、就學貸款的看法，而不再追問我的祖先血統。我在選舉活動中遇見的人，他們關心的是自家的事，而不是我的家庭。

在這場血統論戰平息後的兩個多月，《波士頓環球報》的一名記者發揮追根究柢的精神深入追查我的祖先，挖出了所有她找得到的遠房親戚，其中很多人我素未謀面。九月時，《波士頓環球報》在頭版刊出一篇很長的報導，文中引用兩個遠房表親的話，說他們的家人從未談及任何關於原住民祖先的事，但除了這兩人，其他所有表親和我三個哥哥都說他們在成長期間就知道這段家族史。住在亞利桑那州的伊娜．瑪坡斯（Ina Mapes）是我從沒見過的遠房表親，她詳細告訴記者我們的家族背景，以「毫無疑問」四個字當成她受訪的總結。「我認為你是怎樣的人，就是怎樣的人。」她對記者說：「而一部分的我們就是印第安人。」

聽起來對極了：你是怎樣的人，就是怎樣的人。

被債務壓得喘不過氣，心愛的孩子自殺了

在選舉全程，一直都有志工跳出來幫我們。即使許多專家和部落客不斷澆冷水，志工們還是相信我有機會選上。我們在麻州各地設立辦事處，組織人力、打電話和挨家挨戶敲門拉票。

薇琪．甘迺迪夫人打電話給我，傳授她多年為先生競選跑遍麻州的心得。已經快八十歲的前任州長麥可．杜卡基斯（Mike Dukakis）帶布魯斯出去，實地教他挨家挨戶拉票的技巧，並以小跑步的速度從一家移動到下一家。其中有一戶人家沒人應門，州長認為也許人在後院，但布魯斯想的卻是他們違法闖入私人土地，畢竟他是個法學教授，把這種事看得很嚴重。州長跑向房子的側邊圍牆，試著拉開通往後院的門栓，當他終於打開側門時，一隻大狗從角落衝出來狂吠，口水噴得到處都是。州長動作迅速的跳上屋子的小露台，轉頭給布魯斯第一個挨家挨戶敲門拉票的政治忠告：「不要管狗狗了，你再努力也沒辦法改變牠的想法。」

負責管理志工的工作人員非常厲害。麥可・菲爾史東（Mike Firestone）是個精力充沛的草根組織領導人，他和琳達・托西（Lynda Tocci）、崔西・露易絲（Tracey Lewis）、阿曼達・考倫比（Amanda Coulombe）研究出新的催票策略。我們的新媒體主任羅倫・米勒（Lauren Miller）則主導一支創意十足、成果豐碩的網路團隊。全麻州各分部的領導人都很積極主動、有才華又努力。在選舉期間，有超過一萬名的志工報名，表示他們已經準備就緒。我猜他們在選舉結束前，大概吃了上億盒的甜甜圈。

我們的志工中不乏時常助選的老手，但也有很多人是第一次當志工。有些人會來，是因為對我所主張的教育、研究及全球暖化的某個議題特別有共鳴；而有些人則是因為他們想要為民主盡一份心力。不過，其中有一個人卻是為了紀念死者而來。

當時我在春田市的工會大廳，正在和前來詢問有什麼可以幫忙的志工談話。外頭很冷，每次有人開門，就有一陣寒風跟著鑽進來。我通常會先發表一段簡短的演講，然後回答很多問題，不過所有競選活動中我最喜歡的，就是在房間裡四處走動，和大家聊聊他們的生活，以及我們需要做哪些改變來建立一個更光明的未來。

大廳裡人很多，大家心情愉快的歡迎我。有幾個人要求合照，我們在按下快門時大喊「勝利」或「嘿，老媽！」來取樂。

我注意到一個五十多歲的男人站在角落，只有他一個人，頭垂得低低的，微微駝背。我走向他，他告訴我他的名字，我們握手，然後沉默的站了一會兒，手還沒放開。我往他跨近一步，拉開我們和其他人的距離。

他的神色疲憊，聲音很小，有點沙啞。他說他兒子兩年前大學畢業，但身上背了不少債。孩子找不到好工作，債務越欠越多。

男人停下來，沉默許久。他跟我說人們不了解身負巨債的壓力，不明白這對情緒的影響有多大，不曉得這會讓人多麼沮喪。他嘆了一口長長的氣。「我兒子上個月自殺，走了。」我們站在冷空氣裡，我什麼都沒說，只是握著他的手。最後他說：「我們對不起孩子。」

我說：「我答應你我一定盡力。」

他說：「我知道你會。」

就是這樣，他沒再說話，轉身走開。我伸手握住下一個人，可是我知道我不會忘記他，絕對不會，而且我也不會忘了這場選戰的真正意義。

她要輸了！她要輸了！

那幾個月的競選演講，總帶著陰鬱灰暗的顏色，選戰讓人筋疲力盡，而民調上我仍居於劣勢。不管到哪裡都有人好意的提供建議：「強調你和他的不同主張」、「改變一下你送給大家貼在保險桿的貼紙設計」、「開除工作人員」……

我知道他們都是為我好，都是想幫我勝選的支持者，語氣裡全是滿滿的焦急。人們全心全力的幫我助選，但情勢真的對我不利，我幾乎可以在每個志工休息處和集會裡聽到大家竊竊私語：「她要輸了！她要輸了！」

除了加倍努力，我無計可施。

心平氣和的每個瞬間都非常珍貴，讓我可以在狂亂的生活步調中喘口氣。布魯斯和我參加了復活節慶祝、猶太逾越節晚餐和使用各種語言的禱告會，普萊森特希爾（Pleasant Hill）浸信會教堂的米尼安德．卡爾佩珀（Miniard Culpepper）牧師還特別在會中鼓勵我，我也在許多場合和他一起禱告。即使只有短短的時間，但這能讓我再度想起我所堅信的價值，讓當初驅使我走進這場競賽的精神能再度充滿我疲憊的心，感覺非常非常的療癒。

卡爾佩珀牧師給了我睿智的提點：「寧靜致遠，虛心傾聽，相信上帝。讓人們認識你的心。」在後來的選舉活動中，我一次又一次的回想起卡爾佩珀對我的提點。

我帶著從小學四年級就開始使用的欽定版聖經上教堂。有時候，牧師會叫我起來做見證。我之前教過主日學，但大都只是講聖經故事給孩子們聽，從來沒有對著上教堂的人講過話。我站起來，談到《聖經》裡我最喜歡的「馬太福音」第二十五章第四十節：「我實在告訴你們，這些事你們既做在我這弟兄中一個最小的身上，就是做在我身上了。」我告訴大家這段話對我的意義，也直言它所要傳達的訊息非常簡單：上帝要我們採取行動。我們做了什麼，那才是最重要的。

第一輪初選結果揭曉，我贏了！

六月來臨，終於到了民主黨麻州代表大會的日子。所有麻州的民主黨員都會聚集到春田市，決定要選哪個候選人為十一月大選做準備。感覺上，這很像一場活力四射的學生會長選舉晚會，只不過規模更盛大。

湯姆．基迪（Tom Keady）決定加入我們的陣營，宛如為我們注入一劑強心針。湯姆在波士頓政治圈活躍多年，曾是二〇〇四年約翰．凱瑞競選總統的主要推手，也曾參與過幾次總統大選。他安排我們坐上一輛裝飾著紅白藍三色旗幟的舊式火車，從波士頓駛向春田市，並在佛萊明漢和伍斯特短暫停留。當火車慢慢離開波士頓火車站時，我站在車廂後面，像歷史課本上的人那樣對大家揮手致意。火車上擠滿了支持者，沿途又載上了更多人。艾蜜莉雅和兩個女孩也加入我們（十七個月大的阿迪卡斯和爸爸留在家裡，艾蜜莉雅覺得小傢伙還沒準備好接受這麼盛大的民主洗禮）。

抵達春田市時，看到了司機將一輛大聯結車停在支持者聚集的草地旁，長長的車體上寫著大大的「伊莉莎白．華倫」。那天晚上，我們所有人都去了酒吧喝一杯，店裡人山人海，我跳到不記得是長椅或是桌子上，做了一場簡短的即興演講。每個人都擁抱我、親吻我，把啤酒灑在我身上。

六月二日星期六，春田市體育館被擠得水泄不通。原本有意角逐民主黨提名的參議員候選人不少，但後來紛紛退出，現在只剩下一個鬥志高昂的移民律師梅麗莎．迪佛朗哥（Marisa DeFranco）和我。除非我們之一在這次的代表大會得到超過八成五的支持，否則我們兩個人將會花上整個夏天，一直競爭到九月的民主黨初選底定為止。不過就記憶所及，似乎還沒有人能在第一次初選就獲得八成五黨員的支持。

我有整整十五分鐘可以說服與會代表，為何要選擇我成為民主黨的參議員候選人。依照傳統，我必須選一個或多個人介紹我，而有好幾個經驗豐富的專家警告過我介紹一定要簡短，這點非常重要。我想了一下，既然要簡短，不如就選身高最短的介紹人，於是我的外孫女們上台了。

十一歲的奧塔維亞站上箱子，七歲的拉維妮亞站在更大的箱子上，兩個人在舞台上面對三千多個舉著標語牌、大聲喊叫、鼓掌歡呼的大人。她們臉上滿是微笑，然後奧塔維亞說：

> 我的弟弟阿迪卡斯太小了，不能和我們一起上台，所以由我代表他發言。
>
> 我們站在這裡是為了向大家介紹我們的外婆，伊莉莎白．華倫。為了我們和所有的美國兒童，她決定參選參議員。我們非常以她為榮。

女孩們收到猶如在家族派對似的熱情歡呼。拉維妮亞本來想在舞台上做側手翻，但是舞台空間狹窄，我覺得太危險了，所以她只能對大家揮揮手。我走上舞台，擁抱兩個小女孩，然後開始演講，談到美國家庭如何遭受迫害，談到現在我們應該團結起來對抗華爾街、大石油公司，不再逆來順受，選擇挺身而出。

演講結束後，我回到後台等待。等了好一陣子，我想我大概和奧塔維亞、拉維妮亞玩了十回合的撿紅點後，工作人員才叫我重回舞台，宣布結果：我得到超過八成五的選票。換句話說，初選已經結束了！

現在我是正式的民主黨候選人，也是史考特．布朗的正式對手了。我知道選戰在接下來幾個月將會更緊繃，但我明白我此刻得到的壓倒性勝利代表了在體育館裡的人都準備好要打一場硬仗了。我也是。

在我的演講中，我提到泰德．甘迺迪，他不只是民主黨麻州參議員的常勝軍，也是一個為理想而戰的最佳鬥士。大會結束後，我和布魯斯、孩子們一起坐車回家途中，我又想起了他。我回憶著我們第一次見面的情形，我記得他那個塞得滿滿的舊公事包，我記得當他從二十四樓窗戶望出去時，他有多麼以麻州為傲。我也記得他願意為所有面臨破產的美國勞動家庭挑起指揮作戰的責任，即使勝算微乎其微。我靠著車窗玻璃，想著我即將面對的選戰，也想著我有機會能為努力生活的勞動家庭盡一己之力。我無法取代泰德．甘迺迪，但是我內心裡有個堅毅不屈的典範，讓我學習如何為對的事挺身作戰。

我拿出手機。在我們還在為消費者金融保護局奮戰時，我曾刻意留下一個語音留言，之後的好幾年，我不時會播放出來重聽：「喔，伊莉莎白，呃，我是泰德．甘迺迪，只是想打來謝謝你的幫忙……」留言繼續著，但我只是想聽第一段，只是想聽聽他的聲音。

所以你在開曼群島藏了多少錢？

夏日一天一天過去，我們依舊在人家的客廳裡辦小型演講，只不過現在我們還擴大到後院、公園、餐廳和酒吧。

老實說，我們去了很多很多的酒吧。

這聽起來像是什麼笑話的開頭，不過我是認真的。事實上，我拜訪過酒吧、保險公司以及各式各樣的中小型企業。曾經幫助我設立消費者金融保護局的伊莉莎白．威爾，現在負責為我們的選舉團隊和企業建立關係。她在競選期間陪我和成千上萬名小生意人結盟，餐廳、網路創業公司、水電工、家庭照護員、花店、建築仲介、房東和乾洗店，什麼行業都有。我和濱海小鎮的格洛斯特（Gloucester）、斯基尤特（Scituate）及新貝弗德的漁民見面，討論他們行業的現狀。沒錯，這段期間我也見過不少的酒吧老闆。

這些生意人中有些已經決定支持我，但有些人則說：「我以前都是投給共和黨，因為共和黨的政策對企業比較友善。」

這時我就會直接切入重點：「你對自己要繳多少稅在不在意？」

「當然在意。」

「所以你在開曼群島藏了多少錢？你將幾個智慧財產權轉移到避稅天堂？你的收入裡有多少比率適用天然資源耗減扣除優惠？」

你可以猜得到，答案絕對是：沒有。沒有。沒有。

然後我會和這些生意人解釋當前的美國稅務政策，它時常被偽裝成「大政府和小政府之爭」或「親商和抑商之爭」。然而，我認為這都是為了要誤導百姓，只是不想讓人們看見真正問題的一個障眼法。說到底，最關鍵的問題其實只是：誰繳稅？是人人都要繳，還是只有無足輕重的小蝦米？

對企業而言，真正的戰爭不是我們是否需要政府投資教育、基礎建設或科學研究，這些投資每樣都不可少。不平的路面、斷掉的橋梁、時時跳電的發電廠，對發展企業有利嗎？在企業迫切需要創新時，政府卻刪減科學研究經費，對發展企業有利嗎？減少人民受教育的機會，讓工作人員無法得到更好的訓練，對發展企業有利嗎？對大多數人來說，企業需要政府投資是理所當然的事。

不，真正的戰爭不在於「親商和親政府之爭」；而是在於究竟是人人都要繳稅，還是只有無足輕重的小蝦米才一毛稅都逃不掉？大企業雇用遊說集團，鑽稅務漏洞，大搖大擺的享受稅務優惠。事實證明大企業的平均稅率只占盈利的一二・六％，還不及廣為宣傳的三五％營利事業所得稅率的一半。在此同時，中產階級家庭和中小企業卻成了真正付全國人民帳單的冤大頭。

那個夏季，我也開始跟許多自由業的人士交流。對他們來說，想要擁有穩定的收入是一件不可能的任務。完成案子後，他們往往必須等上一段日子才能拿到錢，但是他們的日常花費可不能等。他們要支付自己的保險費、所得稅，沒有任何稅務漏洞可以鑽。他們不要求特別待遇，他們想要的不過是個公平的競爭環境。

對我來說，這才是真理。

覺得自己就像在滾輪上跑的倉鼠，怎麼都跑不到盡頭

為民主黨參議員選舉操刀的蓋伊．西索爾（Guy Cecil）是個極有才幹的戰略家，他對傳統的「美國夢」深信不疑。當他談到他祖母帶著五個孩子逃離家暴的丈夫，在餐廳當了四十年的服務生將孩子養大時，他將原本悲傷辛苦的歷史，轉化成只要有機會一搏就可能成功的現代美國寓言故事。蓋伊曾經是浸信會牧師，公開出櫃後，知道他的教友絕對無法接受，所以他離開教會，最終在選舉活動中找到自己的生存價值。

在我剛考慮是否要參選時，蓋伊來找我，告訴我所需要籌措的競選經費大約在兩千萬到三千萬美元之間。

我聽得目瞪口呆。我從未競選過公職，金額如此龐大嚇得我當下就決定放棄。我看著蓋伊說：「三千萬美元？你不是開玩笑吧？」

蓋伊露出牧師臉上常見的溫柔笑容，以平靜的語調告訴我，他知道那是很大一筆錢，但是我必須了解的現實是，在競爭激烈的地區角逐參議員，代價就是非常高昂。

事實上，蓋伊要不是錯估了這次的競選花費，就是他故意低估好讓我答應參選。到了二〇一二年七月，我們的競選團隊已經募到兩千四百萬美元，而且當時競選還未到白熱化的階段，顯然最終需要的數目會比三千萬美元大很多。

募款相當耗費心力，彷彿沒有結束的一天。我時常花上好幾個小時打電話，休息一下，再花上好幾個小時接著打，然後隔一陣子再繼續打。我覺得自己就像是一隻在滾輪上跑的倉鼠，怎麼都跑不到盡頭。不管我打了多少通電話，不管有多少人答應了，我還是得再募集更多的錢。

每次我坐下來打電話，總會想到民調結果：我還是落後。史考特．布朗在競選經費的籌募上占了極大的優勢。人們告訴我，如果我沒有募到夠多的錢，到了臨近選舉日的最後時刻，布朗會買下所有的電視和廣播時段，淹沒任何我想傳達出去的訊息，然後比賽就會提前結束。我就輸定了。

於是，我只得再拿起話筒，撥出另一個號碼。

我非常非常幸運，而且為此深深感謝，有這麼多人願意慷慨解囊。有一對住在牛頓市的夫妻在家吃三明治慶祝結婚週年，然後在支票上填入他們原本打算上高級餐廳所花的金額，把支票寄給我。一個還在上小學的男孩殺了他的小豬存錢筒，捐給我一袋銅板。一個男人將他當年的退稅金一毛不減的轉寄給我，裝支票的信封裡有張紙條，他寫道：「這是意料之外的退款，所以我想它應該成為意料之外的助力。加油！打贏這場仗！」

企業家保羅・艾格曼（Paul Egerman）和香堤・弗萊（Shanti Fry）動員人們在自己家裡辦派對或早餐會，拉他們的朋友一起幫我助選。他們聰明又有行動力，貢獻了數百或甚至上千個小時幫我無償助選，和我的競選團隊成員麥可・派瑞特（Michael Pratt）與科琳・可菲（Colleen Coffey）合作無間，成功說服了無數的人捐錢給我們。

我們也在網路上募款，得到許多支持。婦女政治行動組織「艾米莉名單」和環保選民聯盟鼓勵所屬成員幫忙，動員極為成功，為我們的團隊增添不少助力。進步改革競選委員會（Progressive Change Campaign Committee）很早就發動陳情，鼓勵我出來參選，並且一路上扶持我直到選舉結束。美國最具知名度的草根行動組織Moveon.org也來共襄盛舉，深具影響力的自由派部落客網站《每日科斯》（*Daily Kos*）、網路草根組織「民主在美國」（Democracy for America）和「進步聯盟」（Progressives United）一次又一次的發送電郵給為數眾多的會員，幫我們助選。對這些不同凡響的助力，沒有任何言語可以表達我內心的感謝。無數的人為了我的選舉奉獻所有，我對每一個人的幫忙永遠銘感五內。

我們最終拉近了和史考特・布朗的選舉基金差距，總算能在麻州各地設立辦事處，提早購買電視廣告時間，而且還有錢可以一直播到選舉日。慶幸的是，雙方所簽署的禁止外在團體橫插一腳的聯合聲明也受到尊重，所以我不用一邊和史考特・布朗對抗，一邊應付卡爾・羅夫的惡意抹黑。

然而，我還是痛恨一直伸手要錢的感覺，也不喜歡一而再、再而三的要大家捐錢給我們。我們舉辦的第一個競賽，是要求我們的支持者發想出一句標語，印在我們的競選T恤上面；得獎作品是「有錢也買不到的最佳參議員」。每一天我都會想到那個標語，每一次我送出電郵募款時也會想到那個標語。我請求大家伸出援手，因為這次我是要和華爾街資金競爭，而這是我唯一的機會。

現行不健全的制度，讓大銀行得以對國會予取予求，也迫使每個候選人必須持續不斷的募款。我不禁懷疑，如果政治人物不用募這麼多錢，破產法之戰是否會有不一樣的結果？二〇〇八年的金融海嘯，華府的反應會不會不同？政府集中精力搶救的對象會不會是即將無家可歸的百姓，而不是那些擺爛的大銀行？

錢，錢，錢——政治圈子無時無刻的低聲耳語，它讓事情在這裡拐個彎，在那裡換條路，並讓天平幾乎永遠偏傾於一邊，對有大把大把鈔票可以花的人格外友善。

我對自己為何而戰一直堅守本心，我不遺餘力的為選舉募款，如果有機會重來一次，我還是會做同樣的事。這是為了讓改變得以發生，為了提供公平的機會給每個人，而且也為了讓選舉的資金能發生質變。我在選舉過程中深深體認到這一點，現在依然堅信不移。我們的民主值得更好的對待，我們自己也是。

為了選舉，他們譴責我去世的父母、騷擾我哥哥、攻擊我女兒

八月時，共和黨集中火力攻擊新的目標：我的女兒艾蜜莉雅。

我當時還不知道，之後才曉得麻州（和其他許多州）因為沒有遵照聯邦法律的全民註冊投票法而受到抨擊。一九九三年通過的《全國選民登記法》（National Voter Registration Act）要求州政府允許人民在拿駕照時可以選擇順便進行選民登記，這也是這個便民措施會被稱為「汽車選民」的原因。看起來很合理，而且這條法律也被執行得相當好，但問題是並非每個人都能拿到駕照，尤其是對殘障人士、老年人、郊區窮人等弱勢族群來說。於是，同一條法律要求州政府必須在人民申請退伍軍人救濟金、食物券或低收入醫療補助等社會福利時，詢問他們是否願意進行選民登記。麻州政府就是在這裡出了問題。

共和黨拿艾蜜莉雅大作文章，也是這一點。在我們合寫完《雙薪的陷阱》後不久，艾蜜莉雅開始在一個名為 Demos 的非營利公共政策智庫團體擔任志工，主要任務是扶持中產階級，並希望經由研究和鼓吹來提倡民主。到我出來競選參議員時，她已經在 Demos 待了好幾年，被推選為董事會主席。名義上雖是主席，實際上依舊只是兼職的志工職位，主管的事務不過是選出審查委員，以及規畫董事會的開會流程等等。

Demos 一直對包括麻州在內的許多州施壓，希望他們遵守《全國選民登記法》，而麻州終於在

最近寄出五十萬份的選民登記卡。八月初時，史考特・布朗發表了一份火爆的聲明，指責州政府寄出登記卡的行為「無法無天」，而他控訴艾蜜莉雅是促成此舉的幕後黑手，幫我助選不擇手段。

事實上，艾蜜莉雅跟麻州政府寄出選民登記卡一點關係也沒有。在艾蜜莉雅去當志工的前兩年，Demos 就開始對麻州政府施壓，更別提我是在多年後才決定競選參議員。

但對我來說，這一切都不是重點。史考特・布朗是現任的美國參議員，他居然會以「無法無天」來形容自己的家鄉遵守聯邦法律的行為。這到底算什麼？依我之見，問題根本與艾蜜莉雅無關，甚至也不關 Demos 的事。因為協助辦理選民登記本來就是州政府該做的事，更令我錯愕的是，我一直認為鼓勵選民辦理登記應該就像獎勵捐血或做慈善一樣，都是人人會支持的價值觀，應該不分黨派都會認同。

好吧！他們大可笑我太過天真，但是反對選民辦理登記其實是非常不民主的行為。共和黨在許多州長期因選民沒有辦理註冊投票而占盡好處，這是因為非裔美國人、拉丁裔美國人、移民及學生的投票率一向偏低。就像茶黨在背後推動的非營利投票監督組織「真實投票」（True the Vote）的廣告所說的，共和黨想讓投票變成一種像「駕駛時看到警車跟在後頭」的活動。我猜攻擊我女兒參加一個推動州政府提高投票率的公益組織，也不過是他們標準行為手冊的另一頁內容而已。

然而，這項指控卻轉移了競選重心，讓艾蜜莉雅突然成了鎂光燈的焦點，以及媒體追逐的「獵物」。艾蜜莉雅的電話響個不停，報紙上出現了幾篇關於她的報導。記者們仔細檢視她的背景，打電話給她的老朋友和同事，試圖找到願意提供資訊讓他們可以寫成文章發表在報刊雜誌上的人。艾蜜莉雅一直向我保證她沒事，畢竟在她的領域，她也算是個成功的女強人，有足夠的能力化解問題。只不過，我覺得糟透了。

我知道政治很醜陋，但我真的希望他們的攻擊目標只有我一個。到目前為止，共和黨譴責我過世的父母、騷擾我的哥哥們、攻擊我的女兒，全都因為我。我的家人沒有義務承擔這些，要是我低下頭不出來參選，這一切都不會發生。

死神啊，拜託不要帶走我的奧蒂斯

兩個星期後的某天夜裡，我睡得很不好，半睡半醒之間聽到一聲咳嗽。我迷迷糊糊睡著後，又聽到了同樣的聲音。我的大腦清醒過來，試著找出聲音的源頭。

我推了推布魯斯，問他：「奧蒂斯怎麼了？」

我們在黑暗中等待著，但牠沒有再發出任何聲音，於是我爬下床，撫摸牠的頭好幾分鐘。在牠看起來沒事後，我又爬回床上繼續睡。到了第二天早上，為了謹慎起見，布魯斯帶著奧蒂斯到獸醫院檢查。

那晚我回家後，布魯斯帶我去前陽台，讓我坐在秋千上，握住我的雙手。喔老天，絕對不是好消息。

「治療沒有效果。」他輕聲說：「淋巴癌復發了。」

我感覺就像有人冷不防朝我胸口打了一拳。我記得獸醫說過，接受治療的狗狗有一半機會至少能活過一年，而現在才不到八個月。

我覺得自己受騙了，如果當初獸醫說的沒錯，為什麼牠又病了？治療沒改變什麼嗎？我一邊反覆想著，一邊腦中陣陣發脹，最後控制不住的尖叫怒吼。我眼前站的人是布魯斯，但我怒吼的對象是奧蒂斯又病了的事實，彷彿我這麼做，就能靠意志力逼退病魔。

布魯斯讓我發洩情緒。當我終於安靜下來後，已經是氣喘吁吁。他溫柔的提醒我獸醫說過的另一半事實：即使接受治療，半數的狗狗仍舊會在一年內死亡。

我開始啜泣，想和死神討價還價。拜託，拜託，請不要帶走我的奧蒂斯。

布魯斯說奧蒂斯當天就要開始新的療程，我們要耐心等待結果。隔天我們去獸醫院接牠回家時，看得出來牠是病了，但還是很開心我們來接牠了。牠低著頭，搖晃著屁股，慢慢向我們走來。

那天晚上，我們在沙發上抱在一起。我們坐在大家慣坐的位子上：布魯斯坐一邊，奧蒂斯趴在另一邊，我則擠在他們之間。我撫摸奧蒂斯的耳朵，對牠輕聲呢喃：「千萬要加油，一定一定要好起來。」

顧著跟支持者握手，結果撞上電線桿……

九月初，布魯斯和我到北卡羅來納州的夏洛特市（Charlotte）參加民主黨全國代表大會。兩個星期前，白宮傳來訊息，歐巴馬總統要我在星期三晚上柯林頓總統演講之前發表談話。

我沒有參加過民主黨全國代表大會，在九月四日星期二早上，我先到會場排演。等待時，我試著回想第一次看見這樣的盛會是什麼時候。我猜那時我才七歲，和我的洋娃娃一起躺在客廳黑白電視前的大地毯上玩。僅有的三個頻道全都在實況轉播全國黨代表大會，我覺得很無聊，希望電視台趕快播放正常節目《我愛露西》和《荒野大飆客》。我父母守在電視機前，但看得不是很專心。爸爸邊抽菸邊看報紙，媽媽的腿上擺著一本書。我父母對政治沒有特別熱中，但我知道爸爸認為艾森豪總統是個好人。

現在我環顧著夏洛特市這間巨大的室內體育館，想著電視機前的小女孩一定會認為站在這裡的女人和月球一樣遙遠吧？

「不要大聲說話。」有人對我說：「這個麥克風非常敏感，連你的心跳聲都可能收得到。」我的思緒頓時被拉回現場。

我站在名稱拗口的夏洛特時代華納有線球館（Time Warner Cable Arena）的舞台上，當技術人員警告我音效系統時，另一個人正在測量我需要的講台高度（講台可以往上往下調整，不管演講者的身高是多少，都會看起來很協調）。體育館內現在空盪盪，有不少人正在排放座椅、調整攝影儀器，或是走來走去。

我試著冷靜，集中注意力。明天晚上，我將在前總統柯林頓面前發表演說。現場有兩萬名代表，而電視機前則有兩千五百萬名觀眾。選舉進入白熱化後，我的民調依然落後。不，我一點壓力也沒有。

這個大體育館建於二〇〇五年，當初是做為美國職籃夏洛特山貓隊的主場球館。舞台十分寬敞，即使籃球場已有固定的座位區，但這地方看起來還是很像個巨大的室內體育館。很新、很棒，但和其他體育館沒什麼兩樣。也許民主黨應該叫大家都穿上球衣，一起炒熱氣氛。

預演結束後，我和加內什、湯姆．基迪一起走回飯店。走在街上時，馬路另一邊有幾個女人大叫：「嘿！那是伊莉莎白．華倫。哈囉！伊莉莎白！」我轉過頭去看，對她們揮手，然後直接撞上了電線桿。我沒有受傷，只是覺得自己蠢斃了。

在那之後，加內什和湯姆刻意走在我身邊，小心提醒我前方出現的障礙物。「電線桿！」一個大叫，「台階！」另一個也叫。一路上，我的專屬雙聲道喇叭響個不停，因為我才剛證明自己對障礙物視而不見，所以也沒有立場要他們閉嘴。

隔天，我們聽從指示，在預定的演講時間前好幾個小時出發。每個人都拿到了一塊塑膠識別證，掛在脖子上後，我們往球館走，識別證被檢查了一遍又一遍。我們走近球館，慢慢走向後台的等候室。去廁所的路非常複雜漫長，不只要連續轉好幾個彎，還要鑽進另一條通道。我去了一次後，就決定不要再喝水了。

等待上台時，我不禁想著這是一個多麼難得的機會。兩千五百萬名的觀眾，聽起來難以置信。我想我這一生，應該不會再有機會對著這麼多人演講了，所以我要抓緊這個機會說出真正想說的話。終於，就要輪到我上場了。

我試著調整呼吸，我有不多不少的十五分鐘，而機會只此一次，我絕對不能失敗。

「金融體系受到人為操控。」這是我今天要說的話。對我而言，這也是美國經濟弊病叢生的根本原因。我想告訴大家的是，我們的政府如何被有錢有勢的人綁架、事情不是沒有另闢蹊徑的機會，以及我們如何能做得更好。

候場時，我的心怦怦跳。舞台導播從我背後輕輕一推，我踏入了聚光燈下。人們開始鼓掌，眼前的人如千軍萬馬般全站了起來，大聲喝采。這個畫面讓我更緊張了，我口乾舌燥，感覺牙齒全黏在嘴裡。在兩千五百萬人的見證下，我有了深深的體認：兩三個小時不喝水實在不是個明智的決定。

然而就在幾秒鐘後，我的視角改變了。我不再把體育館裡的代表和觀眾當成不認識的群眾。我可以看到他們的臉，可以看到他們對我揮手。他們全都準備好了，他們翹首以盼，渴望成功。

就像那晚在波士頓地鐵站遇到的年輕人一樣，這不只是我的戰爭，也是他們一起參與的戰爭。

我們也想成功，只是不想繼續玩一場受人操控的不公平賽局

我的腦子閃過一個荒謬的念頭，我想按下暫停鍵，跟這裡的每個人交談、握手、擁抱，或是拍拍他們的手臂，然後告訴他們：「我知道這場選戰有多重要。我們會並肩作戰，而且我們會贏。」

我深吸了一口氣，開始演講。

我解釋我來這裡，是為了告訴大家努力工作的人如何受到不公平的待遇。我反駁二〇一二年共和黨總統候選人米特．羅姆尼（Mitt Romney）說過的名言「企業就是人民」（corporations are people）*：

> 不，羅姆尼州長，企業不是人民。人民有感情、有小孩、有工作、會生病、會哭、會跳舞，他們要過日子，會愛人及被愛，也會死亡。這些都非常重要。因為我們經營這個國家不是為了企業，而是為了人民。

我接著提出我經常被問到的問題：「美國政府是為人民服務？還是只為有錢有勢的人服務？」

人民覺得金融體系受到人為操控，專門和他們對著幹。可悲的是，他們說的沒有錯，金融體系

確實受到惡意操控。大家可以看一看：石油公司大口吞下十幾億美元的政府補助；億萬富翁的所得稅率比起他們的祕書還要低；毀了我們的經濟、讓數百萬人失業的華爾街執行長們仍然在國會裡昂首闊步，還厚顏要求更多的優惠條款，表現得就像我們應該感謝他們似的。

我還談到中產階級家庭、早起晚睡辛苦工作的老百姓、做小生意掙扎付員工薪水的小企業主，以及永遠煩惱錢不夠用到月底的普通上班族。

這些人不是嫉妒其他人賺得比他們多。我們是美國人，我們鼓勵追逐成功。我們只是不想繼續玩一場受人操控的不公平賽局。

演講結束後，觀眾掌聲如雷。

柯林頓總統在我之後上台。雖然我得到的注目不如前總統，不過還有誰的光彩能和他相提並論呢？再說，能有機會說出我想說的話，這感覺簡直棒呆了。

＊編按：這是二〇一二年五月共和黨總統候選人羅姆尼在一場募款會上所說的話，他認為企業跟人民沒兩樣，企業所賺的錢終究會回到人民手裡。他還認為每個人都要負責顧好自己的生活，不能把責任都推給政府。

終於，我的民調支持度追上對手了

在民主黨全國代表大會之後，我的競選活動從全速衝刺變成了渦輪衝刺。離選舉日只剩兩個月，我的一天開始得比以前早，結束得比以前晚。我私人的日常活動幾乎全部停擺，打算等到選舉結束後再說，甚至作息也一樣。

我吃得更少，活動量更多。雖然每天的行程表上幾乎都不缺「午餐會」或「晚餐會」，但是我總忙著到處寒暄握手，頂多隨便吃兩口就算一餐。基本上，我多半靠熱奶茶和速食來解決一餐。我的體重直線往下掉，原本合身的衣物日漸鬆垮，只能用安全別針扣住後腰。每天都有許多人要求跟我合照，排隊環腰等著按下快門時，我總會覺得他們的手碰到了我後腰處的那坨布料。我還在想，不知道有沒有人懷疑我隨身帶著槍或一大疊現金。

我所到的每個場合，都有共和黨雇用的「跟蹤者」在場。我明白這是政治生活的標準配備，也知道對手史考特．布朗同樣也有個如影隨形的「跟蹤者」，但我還是無法習慣。慢慢的，當有人在我耳邊輕聲告訴我他們失去房子或爸爸罹患癌症在家等死時，我學會了用眼角搜尋「跟蹤者」的身影，深怕選民的隱私被錄下來再剪輯成政治廣告。

隨著投票日越來越近，所有人更是卯足全力助選。傳奇民運人士兼資深眾議員約翰．路易斯（John Lewis）多次就選票的力量發表感人的演講；歌手詹姆士．泰勒（James Taylor）偕同夫人為我辦了一場精采的募款音樂會；約翰．凱瑞為我在軍中招募志工；參議員馬克思．克利蘭（Max Cleland）號召全美退伍軍人，強調實現我們的承諾有多重要。在我正式成為參議員候選人之前就為我背書的德瓦爾．派屈克州長，更在多場造勢大會上發表擲地有聲的演講，為選舉活動注入更多動力。

然後，還有波士頓市長湯瑪斯．曼尼諾（Thomas Menino），當時他已擔任市長一職十九年，是美國主要城市在任時間最久的市長。他熟悉波士頓的每一寸土地，全心全意愛著這個城市，而他的城市也以同樣的熱情愛著他。他是民主黨員，但是向來以獨立自主著稱，媒體謠傳他有可能為布朗背書，有人還說他會一直保持中立。在過去一年裡，我時常打電話給他，他會問我問題並給我中肯的建言，但不肯為我背書。九月中旬，他打電話給我：「我準備好了。」他說他相信我會為廣大的勞工奮戰，對他來說，那才是擔任公僕的意義。

一旦決定為我背書，曼尼諾市長便毫無保留的投入，舉凡大型造勢晚會、演講、標語，甚至連他自己的電視廣告都不忘拉我一把。他經常掛在嘴邊的那句「她是好人」，在波士頓隨處可見。他還把曾陪他身經百戰的盟友麥可．金尼維（Michael Kineavy）一起拉來助選，後者發揮他的影響力，又找了數百人來助陣。曼尼諾市長猶如一座發電廠，源源不斷的輸出能量給輔選團隊。

經過幾個月來的努力，我們終於開始追上史考特．布朗，民調產生了明顯的變化。我本來以為輔選團隊的情緒不可能更高昂了，但是我錯了。

跌破眾人眼鏡的是，我和布朗一月所簽署的聯合聲明仍舊受到雙方尊重，連卡爾．羅夫這樣的人都沒再來挑釁。我必須稱讚布朗參議員信守承諾的勇氣及風度，我想當我的民調漸漸追上他時，他一定很掙扎，想著讓外在團體介入來幫他，但他始終沒有那麼做。

謝謝你，打火弟兄們

九月的某天下午，劉煒打電話給我。「趕去多切斯特。」他說：「馬上。」

亞當轉動方向盤將「藍色炸彈」調頭，駛向多切斯特的弗洛里安會館（Florian Hall）。這是一棟外觀樸實無華的紅磚建築，美國國旗在大門前飄揚，建築風格就是麻州東部消防隊員和眷屬用來聚餐及辦退休派對的地方。

兩年前布朗和柯克莉競選參議員時，消防隊意外成為新聞焦點。雖然工會領袖發表聲明為柯克莉背書，但是根據報導，大量工會成員卻把票投給了布朗。我在過去一年拜訪過不少消防站，親眼看到許多停在附近的汽車和卡車上仍貼著史考特·布朗的貼紙。

劉煒已經等在弗洛里安會館的停車場。我們走進去，和艾德·凱利（Ed Kelly）、麥克·穆連尼（Mike Mullane）握手。艾德是麻州史上最年輕的消防隊員工會會長，他的父親傑克在波士頓消防隊服務三十五年，艾德從小就在消防隊長大。他遺傳了父親的一頭黑髮和一雙明亮有神的藍眼睛，才三十歲出頭，有個漂亮的太太和兩個活潑可愛的小孩（「未來的消防隊員」，他老愛這麼叫他們）。他的身材結實，一點都不用懷疑他可以把人直接扛在肩膀上全速衝出火場。

麥克．穆連尼是已經退休的消防隊員，滿頭白髮的他個子短小精悍，輩分比艾德高一輩，沉重的呼吸聲和不時的咳嗽是長年當消防隊員留下的後遺症。

艾德和麥克領頭帶著劉煒和我走進一間小辦公室，我們拉開椅子要坐下時，我注意到牆上掛著工會領袖和史考特．布朗的合照。

艾德沒有寒暄，開門見山就說：「聽著，如果要選的是你想和誰一起喝啤酒，我會把票投給布朗。」他停了幾秒。「我沒有冒犯的意思，可是如果要一起喝一杯，我會選他。」

他露出痛苦的表情，我看著牆上的照片，心裡想，他就要說出口了。他會告訴我他很抱歉，但是消防隊員覺得和布朗在一起更自在，所以他們決定要支持他。嗯，至少他有勇氣當面拒絕我。

我將目光移回艾德臉上，他炯炯有神的藍眼睛回望著我。「可是，去他的，我們還有家庭要養，而你是我們最佳的機會了。」

我眨眨眼。

「是的，我們決定為你背書。」

艾德說，消防隊員討論了很多次，從他的敘述，我猜得到有些場面肯定很火爆。他解釋工會中有個領導人在史考特．布朗競選團隊任職，而另一個領導人則是布朗的老朋友，但是到了最後，工會匿名投票的結果，勝出者是我。

艾德說完往椅背一靠，露出微笑。「既然我們決定了，就會全力以赴。」他說：「現在你是我們的一員了。」

艾德信守承諾。消防隊有一輛超大的亮黃色巴士，他們在車身掛上我的巨幅照片，然後開著車子整州跑，不時按下如雷的喇叭引人注目，而且還喜歡把車停在史考特．布朗的造勢大會附近。

我在那年漫長的競選期間見過許多消防隊員，也見過好幾百個其他工會的成員，其中有卡車司機、水電工、鈑金工人、老師、護士、木匠、音樂家、清潔工、建築工、郵政人員、家庭照護員和鋼鐵工人。我和他們在工地、訓練中心、工作仲介所和志工集會上閒話家常。他們的工作形形色色，每個人的煩惱不盡相同，但是工會成為他們背後最堅強的依靠。

我所見過的多數工會成員都是一副憂心忡忡的樣子，因為他們知道美國有工會能倚仗的工作環境越來越少了，工會的勢力也隨之越來越薄弱。不只如此，工會在政治上的影響力也不如以往了。許多工會領袖告訴我，其他的政治人物也會來找他們募款和背書，但是轉身離開後，還是靠向有錢有勢的一方，再也不曾在演講中提過「工會」二字。我認為這就是重點，所以我在演講、造勢大會或研討會中，都會刻意強調工會的重要性。

我認為工會的存在，是美國中產階級能夠穩步成長的一大助力。工會幫人們爭取更高的工資、更合理的工時、更安全的工作環境，以及更完善的退休保障和健康保險。不管是不是工會成員都能享受工會爭取到的福利，讓整個中產階級更茁壯更穩健。當資方的剝削日趨嚴重時，工會能站出來為社會保險、醫療補助、最低工資及同工同酬而戰，而且我更開心的是，工會也是捍衛消費者金融保護局的民間力量之一。他們堅守能讓我們成長茁壯的價值觀，寸步不讓。

競選期間，我經常會聽見有人提到「企業和勞工的政治影響力」這樣的說法，彷彿「企業」和「勞工」是不可分割的一體兩面。真是如此嗎？難道有人會相信幫企業鑽稅務漏洞和奪取優惠條款的遊說團體，會跟為勞工爭取社會保險和同工同酬的工會，性質是一樣的？真的有人相信在企業花錢打壓工會，支持所謂的工作權法（right-to-work laws）的同時*，工會能拿出同樣數目的錢來讓企業破產（然後讓自己失業）？還是有人會相信當那些身家上億的執行長動輒拿出千萬美元捐給候選人時，工會也能做出同樣的事？別讓人笑掉大牙了。

在華府應該為誰服務的論戰中，工會知道他們要對抗的是什麼，而且會全力投入，絕不放棄。有機會能和他們並肩作戰是我的榮幸。

政府應該把錢用來投資教育，而不是拿去補貼石油大亨！

史考特・布朗和我在競選期間會有三場辯論會，第一場訂在九月二十日。民調顯示我們兩人的

*編按：工作權法是美國《全國勞資關係法》中所許可的一些州法，是指不得以加入工會做為雇員得到工作的條件。

差距相當接近，我走到哪兒都有人提醒我辯論會的表現很重要。我不由得緊張了起來，而且是非常非常緊張。

丹依舊以他慣有的態度鼓勵我，一直告訴我：「只要在辯論會中有一分鐘表現不好，你可能就會輸掉整個選舉。」

準備的過程猶如一場噩夢。十幾名工作人員一起幫我做準備，其中一人負責發問：「該如何在中東地區尋求和平？」或「在現今的經濟環境裡，我們要怎樣做才能創造出更多的就業機會？」然後我開始回答，往往答案還沒講到一半，就有人大喊：「時間到！」

我應該在一分半鐘內回答完每一個問題，只有九十秒。每個工作人員各自負責問一個問題，同樣的，每每在我還沒講到重點前，就有人大喊：「時間到！」

我們一再重複這個可怕的流程。當我絕望到快崩潰時，團隊安排了一些練習，先給我較充分的作答時間，再慢慢處理超時的問題。我想他們看出來我已經快抓狂了，所以開始試著鼓勵我：「你第四分鐘講的內容非常好，也許你可以一開始就講這個部分。」好的！沒問題！

沒想到，奧蒂斯才是我最好的教練。在第一場辯論當天，我關掉手機和電腦，奧蒂斯爬到我身邊，把牠的頭枕在我的大腿上。我閱讀資料，牠打呼。兩個小時後，我覺得自己已經準備充分了。

第一場辯論會在攝影棚內舉行。攝影棚又窄又冷，小小的舞台被一台台像是從《變形金鋼》裡爬出來的攝影機團團包圍。只有主持人、兩個候選人和幾個電視台工作人員可以待在棚內，連親密的眷屬都不能逗留。布朗參議員抵達時，我走過去和他握手。感覺很不真實，站在我眼前的是我每一分鐘都想打敗他的男人，我們的名字被上百篇報導寫在一起，但是我們其實只見過幾次面，交談不超過二十個字。如果是在其他場合認識，說不定我們還可以聊得很愉快。在短暫打過招呼後，我們各自走回自己的角落。他回到他的講台，我回到我的，在節目開錄前沒人再開口說一句話。

辯論會允許我們帶提示卡。錄影開始前，我看到布朗參議員快速翻閱他手上的一大疊卡片。我其實也帶了一疊，上面寫的大都是我認為重要的統計數字（家庭收入、失業率之類的，我可不想搞錯關鍵數據），最後面則是一張照片，那是我和一群外孫女、姪子、姪女、外甥、外甥女在樂高樂園門口的合照。我們穿著一樣的亮黃色上衣，每個人都玩得很開心。每次看到這張照片，我總忍不住嘴角上揚。我看著望向鏡頭的孩子們，心裡想著：我這次「下海」競選，都是為了你們的未來。

我拿著照片，想起卡爾佩珀牧師給我的忠告：相信上帝。

攝影棚裡有人大叫：「直播前倒數三十秒。」布朗、我和主持人拿起水杯啜飲，我們的動作一致，彷彿是一群等在起跑線聽到「預備」的選手。

倒數十秒，最靠近我們的攝影機亮起了燈。主持人做了開場介紹，提出第一個關於個人品德的問題，然後他將發言權交給布朗。

布朗完全沒有浪費時間。他向主持人和觀眾道謝後，直接掐住我的喉嚨。「華倫教授宣稱她是美洲印第安人、有色人種，但你們可以看到，她其實不是。」他接著拿出我在賓州大學和哈佛大學的工作申請表。「她勾選的是美洲原住民，但她顯然不是。」

辯論才開始三十秒，布朗就公然指控我是個騙子，也指控雇用我的人是騙子。他誣陷我說我利用背景取得工作，接著他邀請電視機前面的每個人仔細看看我的外表，好自行判斷我的父母和祖父母是不是印第安人。

我想談的是華爾街的銀行家、稅務問題和教育，但是布朗想走的方向完全不同。於是我為自己辯護，談到我的家庭，我清楚表示我從未尋求任何優待，並且指出每一個雇用我的人都證明過我完全是清白的。一有機會，我便把辯論內容轉向至我認為的核心議題。我談大企業和億萬富翁如何利用稅務漏洞剝削美國人民，史考特．布朗及共和黨怎樣死命捍衛這些鑽稅務漏洞的有錢人。我談到政府應該把錢拿來投資孩子的教育，而不是把錢送給大石油公司當補助。我談到那些億萬富翁，他們的所得稅率起碼應該跟他們的祕書一樣。

隔天報章雜誌的評論，都認為這場辯論我們兩人的表現不分上下。沒有幾家媒體報導我提到的稅務漏洞或教育投資，但是幾乎所有記者都提到了布朗對我血統背景的攻擊。

辯論會兩天後，布朗和民主黨的波士頓前市長雷蒙．佛林（Raymond Flynn）一起參加在酒吧舉辦的一場競選活動。一群包括布朗參議員下屬在內的人，故意在酒吧外模仿卡通裡的印第安人發出戰吼聲，還一面做出揮舞戰斧的樣子。有人把影片上傳至網路，引起許多人的注意和批評。即使如此，布朗還是不肯停手。他開始買時段，播放指控我偽造家庭背景的電視廣告。

看起來這場選舉的惡意抹黑，會是一路走到底了。

血淋淋的受害者，被說成付錢請來的臨時演員

布朗在攻擊我的印第安血統的廣告上下足了重本，但他還不滿足，另外再開了一條新戰線：指控我傷害石棉受害者。許多工作和石棉相關的人，常會罹患一種稱為間皮瘤的致命性肺癌。幾年前，我曾受邀在一個案子中為賠償石棉受害者設立的信託基金擔任顧問。大多數的石棉受害者都支持這個高額的信託基金，並且想法和我一致，他們知道這是能夠拿到補償金的最好方法。

很多石棉受害者看到布朗的不實廣告都非常生氣，有些人便到他的辦公室外抗議。為了反擊他散布的錯誤資訊，我們製作了兩支短廣告，拍攝因間皮瘤失去丈夫和父親的家人。布朗對此的回應，是廣告裡的人都是「付錢請來的臨時演員」，而不是真正的受害者。如果說石棉受害者先前是感到生氣，現在就是火冒三丈了。他們經歷了無法言喻的痛苦，如今卻還要被人如此糟蹋。其中一個受害者說出了大家的心聲：「叫史考特・布朗當著我的面說我只是個拿錢的臨演，我會讓他明白看著自己的父親窒息致死是什麼感覺。」布朗後來發表了書面聲明，向他們道歉。

隨著選戰越來越激烈，廣告大戰也開始短兵相接。許多人自動請纓，要幫我免費拍攝廣告，羅威爾（Lowell）西區健身房的老闆亞特・拉馬略（Art Ramalho）就是其一。亞特訓練勞工階級的孩

子打拳擊，已經長達好幾十年了，他是羅威爾地區的傳奇英雄。我第一次拜訪他的健身房時，看到拳擊沙包旁放了許多很舊的木頭箱子，我想了兩分鐘才明白它們的作用：有些孩子太小，要站在箱子上才打得到沙包。亞特開放他的健身房，盡心盡力幫助許多困苦無助的小孩。

亞特在影片中稱我是為勞工作戰的「戰士」，雖然我出拳的速度遠遠不如亞特健身房裡的那些孩子，但是我仍非常感激他的幫忙。

其他的多支廣告，我都談到了想在華府做什麼，除此之外，我也批評了布朗在國會的投票紀錄。其中有幾支廣告很尖銳，但是我沒有攻擊他的私生活，我不願和他同流合污。即便如此，我猜善良的麻州老百姓鐵定對這些相互攻訐的競選廣告很反感吧？至少，我就是如此。

我正在競選參議員，因為那就是女人該做的事

選戰進入倒數時刻，女性議題以沒人想得到的方式攻占戰場。

事情的導火線是在六、七個月前，共和黨參議員發動攻勢，想要推遲俗稱「歐巴馬健保」的《平價醫療法案》（*Affordable Care Act*）。早在二〇一二年二月，共和黨參議員就已提出「布倫特修正案」（Blunt Amendment），允許雇主或保險公司拒絕承擔存在著「道德爭議」的醫保費用。然而，大家都心知肚明這個修正案的真正目的，是為了讓雇主有權拒絕為了避孕而產生的醫療費

用。當該法案在參議院進行審查時，我的競選對手不只投下了贊成票，而且還是主導者之一。

然後到了八月，密蘇里州眾議員陶德・艾金（Todd Akin）在接受電視訪談時，宣稱婦女若遭到強暴，身體會中止某種機制讓她們不會受孕。這些話已經夠糟糕的了，但十月時，印第安納州共和黨參議員候選人理查・穆多克（Richard Mourdock）還火上加油的說，他相信「強暴導致的懷孕是上帝的旨意」。突然間，人們以全新的熱情討論起女性議題。許多人（包括我在內）認為至今已理所當然的女性權利，經過這兩人荒腔走板的表現，似乎一下子從堅不可摧變得搖搖欲墜了。

這團火延燒到選舉的速度快得令人咂舌。沒錯，我是個女性候選人（這很明顯），而且百分百支持生育自由、同工同酬、機會均等，但我主打的政見焦點不是女權，而是中產階級的經濟保障和每下愈況的基礎建設。這些議題當然也對女人有深遠的影響，卻沒有人會稱它們為「女性議題」。

我對一個美國眾議員居然會以「正當」來形容強暴行為，確實感到驚恐萬分，任何形式的強暴行為都不能視之為正當。聽到後，我雞皮疙瘩全都起來了。老實說，一堆參議員想將避孕費用排除在醫療保險之外，就已經把我嚇壞了。我想跳到他們面前大吼：「你們在開什麼玩笑？你們是從石器時代穿越來的嗎？」費了好幾十年的工夫，女人好不容易才爭取到身體自主的權利，說真的，美國婦女值得更尊重的對待。

在選舉初期已經被拿出來炒作過的女性議題現在回來復仇了，只不過這次包裝的有點不一樣。現在的版本換成了「你們女人到底有什麼問題？」。

到底有什麼問題？很簡單，女人受夠了。我很難描述那年秋天，我在競選期間所感受到的女性能量，包括年老的、年輕的、結婚的、單身的、異性戀及同性戀。許多女人出現在我們的競選辦公室，大量的女性支持者出現在我們的造勢場合。長期為女性權益奮戰且是在任最久的女參議員芭芭拉・米庫斯基（Barbara Mikulski）特地到麻州來鼓勵我們；甘迺迪家族八十多歲的老奶奶愛塞爾・甘迺迪（Ethel Kennedy）仍然精力充沛，和女兒蘿莉一起為我們的志工打氣；高中學生和退休二十多年的老太太一起來當志工；父母帶著他們的小女嬰，將寶寶放進我的臂彎為我們拍照留念。

隨後有好幾個月，當我在競選活動中遇到小女孩時，都會蹲下來握住她們的手，輕聲告訴她們：「我是伊莉莎白，我正在競選參議員，因為那就是女人該做的事。」如今這句話更顯得意義非凡。更多人要求跟我合照，我也把握每個機會抱抱小寶寶，或是蹲下來和害羞的小女孩勾手指約定。

十月時，我遇到一個很特別的老太太。她的孫女推著她的輪椅走向我。她的個子嬌小，十分虛弱，她握住我的手，露出頑皮的微笑。「我就快死了。」她說：「不過沒那麼快。我打算要親眼看到你贏。」

我的競選團隊之前曾經檢視過史考特・布朗在女性議題上的言行紀錄，得到的結論是他其實還不壞。他曾經違抗共和黨的授意，支持聯邦政府的《反婦女暴力法案》（*Violence Against Women Act*）。他曾經說過他主張「墮胎選擇權」，雖然他沒有拒絕反墮胎團體的支持背書，但是他在同工同酬的法案上投下了反對票，而且還是布倫特修正案的主導人之一。更重要的是，他支持的共和黨領袖似乎完全不把女性權益當一回事。當參議院審查女性議題法案時，布朗的投票紀錄為「有時還不錯」，可是為什麼我們必須接受這種低標準？

當布朗參議員和我進行第二次辯論時，女性議題以意想不到的角度切入。辯論至中場時，主持人要我們各選一個最喜歡的最高法院大法官。布朗的答案是安東尼・斯卡利亞（Antonin Scalia）。底下的觀眾開始竊竊私語：「斯卡利亞？那個最常亂說話、最保守、反墮胎、反女權的大法官？史考特・布朗最喜歡他？」有幾名觀眾開始喝倒采，布朗參議員很快改口，他說安東尼・甘迺迪（Anthony M. Kennedy）、約翰・羅伯茲（John Roberts）和索妮亞・索多梅爾（Sonia Maria Sotomayor）這三個大法官他都喜歡。就在他忙著補救時，攝影機捕捉到我的表情，我看起來一副有東西卡在喉嚨裡似的一臉不舒服（這真是我當下的感覺）。輪到我時，我說的答案是贊成「墮胎選擇權」的女大法官艾蕾娜・卡根（Elena Kagan），而她正好是布朗在參議院表決時投下反對票的大法官提名人選。

十月十日，布朗和我在春田市進行第三次辯論，女性議題再一次成為焦點。在回答某個問題時，布朗用了一段他經常說的台詞：他和一屋子女人住在一起，他已經為女性權益奮鬥了很久。我說我毫不懷疑布朗參議員是個好丈夫，也是兩個女兒的好爸爸，但是他在華府投下的票影響的可是我們千千萬萬人的女兒：

・在唯一一次進行同工同酬的表決時，他投反對票。
・在唯一一次進行健保應該涵蓋避孕服務的表決時，他投反對票。
・在進行提名同意表決時，不管是麻州法院或美國最高法院，他都對支持墮胎選擇權的女法官投反對票。

他的這些投票完全不利於女性權益，我這麼說一點都沒錯。就我來看，美國女人值得選出一個她們「永遠」（而不是「有時」）可以信賴的民意代表。

我能感受到競選辦公室裡充滿著動能與衝勁，有時團隊興奮激動到簡直就像空氣中帶著電光石火。我們知道有很多人密切關心這場選舉，他們已了解到他們的一票有多麼重要。

在此同時，我們兩人的民調依舊緊黏不放，互有領先，差距只剩下一兩個百分點，都在誤差範圍之內，無法判斷輸贏。看起來，我們是得纏鬥到最後一刻才能見真章了。

再見了，我最親愛的奧蒂斯

終於到了投票的倒數時刻，我們每天忙著四處演講、參加造勢集會和呼籲大家出來投票。亞當和我開著「藍色炸彈」在麻州到處穿梭，敏蒂和崔西像兩名經驗豐富的將軍指揮作戰總部，劉煒和杰西負責志工活動，根本就是以車為家了。布魯斯和志工碰面，在活動中發表演講，為老婆四處奔走。我們計畫將孩子、外孫、姪子、姪女、外甥、外甥女全都接來波士頓，讓大家可以在投票當天聚在一起。

投票前六天是萬聖節。那天晚上，我站在屋子前廊，欣賞所有前來要糖果的孩子的打扮。攝影師盡全力捕捉我們家發放糖果的畫面，和布朗家門口的活動做一番比較。似乎沒有任何事逃得過政治的干擾，連為萬聖節買的糖果種類也不例外。對面鄰居家舉辦的熱鬧派對，在夜色更深時移師到戶外，最後所有人都跑到我們家來和候選人見面，拍了很多好笑的照片。

奧蒂斯從頭到尾都陪著我共度萬聖節，牠最喜歡訪客了，而且這是一個會有很多小朋友來按門鈴、撫摸牠、不小心把好吃的零食掉在地上的夜晚。還有什麼比這更棒的？

頭兩次有人按門鈴時，奧蒂斯費力的爬起來，站在門口讓進來的小朋友拍拍牠。之後，牠慢慢走到前院，巡視人行道，冷眼旁觀其他活動。牠重新走進房子，躺下後就再沒有爬起來了。牠把頭枕在兩隻大大的前腳之間，下巴貼在地板上，用棕色的大眼睛看著我在大門和糖果盆之間來回走動。

當布魯斯和我關掉前廊的燈準備休息時，奧蒂斯差點爬不上二樓。當天夜裡，我在黑暗中聽到牠沉重的喘氣聲。

隔天一早，我們帶奧蒂斯回到獸醫院。獸醫溫柔但堅定的告訴我，奧蒂斯現在很痛苦：「牠已經準備好要離開了，不過牠可以為了你再勉強支撐兩天，伊莉莎白。」

我不再向上天爭辯公不公平，但我不想失去牠，至少不是現在。難道牠不能再撐久一點？布魯斯說，是該放牠走了。最後，我同意了。

我們和牠一起坐在地板上，向牠道別。我撫摸牠的大頭，揉著牠的耳朵。我還記得那隻躺在冷氣出風口睡午覺的小狗，以及好脾氣的讓外孫女爬到身上的大狗狗。我想起在我遇到挫折時，牠怎麼用鼻子蹭我，提醒我世界上還有更多更重要的事。

奧蒂斯死後，布魯斯和我抱著牠很久很久。

只剩五天就要選舉了，布魯斯和我決定不對外人提起奧蒂斯。這不是政治考量。我知道如果消息傳出去，我所到之處會有一堆人抱我安慰我，但我也知道，只要我一開始哭，可能就停不下來了。我們隱瞞了這個消息，只有布魯斯、我和少數幾個人知道。我告訴自己，再過五天我就可以盡情痛哭，但是現在我必須藏好我的悲傷。我必須再繼續前進。

開票了，結果……

二〇一二年十一月六日是投票日。五十年前的同一天，麻州人把年輕的泰德．甘迺迪首次送進美國參議院。

現在，在十五個月馬不停蹄的跑行程後，決戰日終於來了。所有的大小會議、造勢集會、募款活動、電視廣告、辯論和跟蹤，都要在這一天畫下句點，剩下的全交付在選民手上。史考特・布朗能否繼續占據泰德・甘迺迪坐了五十年的位子？還是我能將它搶回來呢？今天麻州人會做出決定。

布魯斯和我一早就步行到我們二十年來每次投票必去的小學投票所。我們臨時湊了一支遊行隊伍，家人、鄰居和前來祝我幸運的朋友一起走在人行道上。我的外甥女瑪琳達縫製了幾個藍色的絲絨頭巾，用亮片拼出「華倫」，讓所有小女孩戴上，微笑看著她們神采飛揚的走向學校。

布魯斯和我有個不成文的規定：我從來不告訴他我投票給誰。這樣的規定自有它的道理，我認為民主不容輕忽，所以投票這種神聖時刻更不容褻瀆。當天早上，我站在用藍白紅三色條紋布幕遮起來的小投票桌前，看著選票上印著我的名字。

當然，我知道我的名字一定會被印在那裡，但真的看到它白紙黑字呈現在我面前，那一刻，我的心情嚴肅到不行。我知道全麻州好幾百萬個選民都會看到同樣的選票，他們要在兩個截然不同的人之間、同時也是在兩個非常不同的國家前景中做出選擇。如果選民投我一票，就表示他們要我背負他們的期待，建立一個更好的美國。投票一向讓我感動，但今天我站在布幕裡的時間比以往更久了些，因為我在想當我有幸進入參議院後，對美國所有的勞工家庭代表了何種意義。

投完票後，我們讓所有的孩子坐進「藍色炸彈」和兩輛租來的廂型車，在麻州東部探訪各個投票所、工會禮堂、電話中心、選舉辦公室，也為還在挨家挨戶敲門催票和為我高舉標語的支持者打氣。到了下午一點多，大家都餓了，我們在梅德福（Medford）的五兄弟餐廳停下來吃漢堡。當我們走進去時，一個五十多歲的婦人坐在入口附近，她抬起頭，然後大叫：「挖靠！是伊莉莎白．華倫！」

她很快鎮定下來，瞄了一眼站在我身邊的三個七歲小女孩，急忙道歉。然後她說：「我猜我會這麼震驚，是因為我沒想到你真的存在。」我明白她的意思，對大多數人來說，政治似乎都發生在遙不可及的地方，而不是在自己鎮上的一家餐廳裡。

當天傍晚，大隊人馬移師到波士頓的費爾蒙科普利廣場飯店（Fairmont Copley Plaza Hotel）等待開票結果。孩子、孫子、志工、麻州官員全擠在喧鬧的房間裡，大家愉快的閒聊，交換其他選舉情報（「林恩的票數很高！」「需要更多車去布羅克頓載人！」）。

我偷溜到一個空房間，練習我的講稿。不，更準確的說，是練習我的兩個講稿，敗選的和勝選的，天下事一向不是你說了算。投票時間一結束，我走進浴室換衣服。從天亮跳下床之後，這是我第一次有時間獨處。我一邊穿衣服，一邊想起我的母親。她看到我現在的樣子，會覺得開心嗎？我結了婚，有了孩子，甚至有了孫子，布魯斯和我擁有一個家，也存好錢為退休做準備。只是在人生的轉折中，我決定去華盛頓，試著做出一些改變。

媽媽以前一直為我操心，不想要我離開家去外頭亂闖，但她卻也曾在外面的世界摸索冒險。當我們需要她時，她會穿上那件黑色洋裝，擦乾眼淚去做一些她從沒做過的事。她讓我知道長大代表的意義，她教我要負責任，去做該做的事。現在，接線生和維修工的女兒，也許就要成為美國參議員了。

接下來幾個小時很快就過去了，然後一個電視頻道的跑馬燈閃過「華倫打敗布朗」，很快的另一個電視頻道也開始播報新聞。突然間，選舉結束了。我們之後得知票數差距並不小，我們以五四％比四六％的得票率贏了選舉。

直到投票日前的那個週末，我們的志工一共敲了超過三十萬戶人家的大門，打了近七十萬通電話。後來有人告訴我，那是麻州有史以來最大規模的催票活動。他們的努力有了成果，人們真的出來投票了。這次選舉創下麻州史上最高的投票率，高達難以置信的七三％。這讓我既驚又喜，證明沒有人可以扼殺麻州的民主。

然而，這也是全美國花費最高的一次參議員選舉。華爾街捐了大筆大筆的錢想讓我進不了國會，所幸並未得逞。布朗參議員一共募到了三千五百萬美元，出乎我意料的是，我們募到的錢更多，一共有四千兩百萬美元，其中超過八成都是五十美元以下的小額捐款。想到如此龐大的金額，我仍會倒抽一口氣。我完全沒有想到會有這麼多人願意捐錢幫我競選，想想要募到這麼多錢，需要花費多少心力。在這場混戰中，我和布朗一起簽署且始終被奉行不輟的那份聯合聲明，就像在黑壓壓的一片烏雲中出現了一道明亮的銀邊，這多少讓我感到欣慰。或許將來的候選人也能比照這種模式，擺脫或降低超級政治行動委員會對選舉的干擾。

最後，終於到了我走到飯店宴會廳登上舞台的時刻。我一站出去，熱情的歡呼聲匯集成單一聲浪，大到我差點被沖倒。我環顧四周站得密密麻麻的人們，我看到成千上萬張興奮的臉孔，我認得他們。我看到我在競選期間結識的人們，他們為我舉牌，為我撥打電話，在勝利似乎遙不可及的那個時候，他們為我加油打氣。他們相信即使我是政治素人，只要我們為共同信仰的價值觀一起努力，我們還是能贏。

我們真的做到了，數以萬計的志工做到了。女人也做到了，她們擺脫了先生、男友、兄弟的影響，主動投票給我，讓我在女性選民的得票率遙遙領先了二十個百分點。

工會做到了，退伍軍人做到了。同性戀、黑人牧師、小生意人做到了。拉丁裔、亞裔領袖做到了。學生和科學家做到了。媽媽、爸爸、祖父母做到了，甚至連孩子們都做到了。

這是人民的勝利。我們在那天學到了什麼教訓？那就是當我們有心一戰，我們就能贏。當我們燃燒起熱情，並肩奮戰，就能收穫一些非常甜美的成果。

有人說現在的華府已經被有錢有勢的人控制了，將來恐怕也會如此。我說這場戰爭還沒結束呢！沒錯，交易環境並不公平，金融體系依然受到人為操控；但我們還在奮力反抗，而且會繼續反抗到底。

這個勝利果實不是我一個人的。我不是謙虛，這是真心話。這個勝利果實屬於所有曾被欺騙、被壓迫、受盡苦難的家庭。這一次，他們站了出來，並且取得勝利。現在他們一起把我送進華府，去為他們及所有辛勤工作的人站在前頭把關，讓美國夢不再只是一個夢想。

後記

一個人人有機會的未來

時間是二〇一三年五月八日，我在華府的辦公室準備講稿。

我坐在書桌後面，最後一次複習我的筆記。我的臨時辦公室設在拖車內，把每個來訪的客人都嚇了一跳。要走到這裡，你必須先穿過華麗的大理石走廊，然後急轉走下膠合板斜坡，接著會看到組合牆、閒置家具和一扇用來遮蔽糾纏電線的假窗戶。不過，先不管辦公室漂不漂亮，我都是參議員了，而且我有權在參議院提出新的法案。這也就是我幾分鐘後初試身手的一件大事。

當我應該出發去國會山莊時，我決定不搭地下電車。我想要有個可以思考的空間，於是決定走電車隧道旁的人行道。反正我走路很快，有時候甚至比電車更早到達。

我在空盪盪的大隧道裡一路前行，鞋跟叩叩叩的敲擊聲在牆面之間迴響。我想起前一年在選戰打得火熱時遇到的一個人。

伍斯特的卡車司機工會將禮堂借給我們在週日下午辦

造勢集會，我先做了簡短的演講，接著開放讓大家問很多問題。很多人站起來排隊跟我握手，有些人給我忠告，有些人鼓勵我，還拍了很多照片，現場有不少可愛的嬰幼兒，充滿了歡笑聲。

有個年輕人排在隊伍尾端，大約二十歲出頭，中等身材，棕色短髮。當我站在他面前時，他往前一步，沒有任何寒暄，直接說他已經做了所有應該做的事，同時扳著手指，一一細數他的努力。高中用功念書，上了好的大學，拿到好成績，準時畢業。如果在一張紙上列出所有的應辦事項，他的單子上應該都是打勾、打勾、打勾。按部就班，一切都完成得很好。

可是接下來……他什麼都沒有——沒有工作，沒有新房子，也沒有光明的未來。他找工作已經找了一年多，還在待業中。

事實上，他的狀況比一無所有更糟。因為每過一天，處境就更不利於他——就學貸款又增加了一點，失業期又長了一點，對人生的恐懼又加深了一點。

他只好搬回去和父母一起住，不知道什麼時候才能獨立生活，不知道應該怎樣才能讓人生重上軌道。

我是在伍斯特鎮遇見他的，但我在多切斯特、法爾茅斯（Falmouth）、馬爾堡（Marlborough）、馬爾斯費德（Marshfield）、梅休因（Methuen）、韋茅斯（Weymouth）、西港市（Westport）和威爾（Ware）好幾個麻州城鎮也聽過同樣的故事。

我一次又一次聽到同樣的遭遇，聽得我真想為這些年輕人大叫：「為什麼世界這麼不公平！」

他們這麼努力，但他們的未來在真正起步前就已經幻滅了。

而此刻，我在這裡，正準備在參議院發表演說。

我走進參議院大廳，直接走向我的桌子，那曾經是泰德．甘迺迪用了幾十年的桌子；泰德之前，還有約翰．甘迺迪也用過。我別上了麥克風，深呼吸，然後準備登場。

美國年輕人所背負的就學貸款加起來已經突破一兆美元。我的疑問是：為什麼美國政府可以用低於一％的利息，貸款給那些害得我們經濟破產的大銀行，轉過頭來卻要我們的學生負擔九倍高的利息？為什麼在政府的預算裡，會有一筆多達一千八百五十億美元的就學貸款利息收入？我們不是在這些學生身上投資，不是，我們是在要他們付錢補貼我們其他人。

然後我提出我的新法案《學生貸款法》（*Bank on Students Act*），要求聯準會以借給大銀行相同的利率，借錢給我們的孩子去接受教育。我的演說以下面這段話作結：

> 不同於大銀行，學生沒有成群的遊說團體和律師。他們只有自己的聲音，而他們正在對著我們吶喊，請求我們做對的事。

從那天後又過了好幾個月，如今我選上參議員已經超過一年。我有機會仔細觀察我們的國會，發現國會確實有部分是失能的。我經歷過一次政府停擺，也看過共和黨非常多次在國會裡上演冗長辯論的政治鬧劇*。每一天我都必須和我所熟知的無情現實奮戰，因為真正的變革非常困難，比汗流浹背、咬牙苦撐爬上陡坡更為困難。

是的，推動變革非常困難，但並非不可能，這也是我一直向前衝的動力。

我聽過許多人說過千百種理由，解釋他們在推動法案時為何半途而廢。他們也說過消費者金融保護局只是我的白日夢，但現在這個政府單位已經過國會同意設立，並在二〇一三年七月，在我主持參議院會議時，由理查・科德雷出任第一任獲得完全授權的正式局長。消費者金融保護局的存在已成定局，理查的提名獲得國會支持，有個新聞標題是這麼寫的：「伊莉莎白・華倫在國會同意理查・科德雷出任局長後非常開心。」說得對極了！

要讓變革成真的方法不只一種。公聽會通常很無聊，無聊到被有線衛星公共事務網塞到清晨三點的節目空檔，儘管如此，公聽會仍是促成變革的契機。在我第一次的銀行委員會公聽會中，我要求政府官員列出上一次將大銀行告上法院的日期。他們侷促不安，支支吾吾，這段影片被放上網路後廣為流傳，點擊率超過一百萬次。也許，只是也許，這能讓更多政府官員在認定某些銀行高層重要到不能坐牢之前，再多想一想。

至於就學貸款呢？不幸的，我提出的《學生貸款法》沒有通過，但至少就學貸款的利率最後降到比一開始時好很多：在未來十年內，將會少向孩子們收取一百五十億美元的利息。此外，我並非孤軍奮戰。十多位來自美國各地的參議員和我同一陣線，拒絕再讓政府從我們的學生身上賺錢。這對我們在就學貸款議題上的下一場戰役來說，無疑是個好的起步。相信我，我們一定會再捲土重來。

當然，就學貸款只是開端。前方還有更多值得一戰的事等著我，我有更多的事要做，只擔心時間不夠用。僅僅經過了一個世代，美國中產階級被迫害、被欺騙、被打擊得如此嚴重，已到了動搖國本的程度了。

每一天我都會想起，在這場戰役中掙扎求生的那些人。那個在新伯福鎮的大熱天走了兩英里路，只為了來見我一面的女人；那個憂心他跨性別孩子得不到基本公平待遇的父親；那個帶著她高大英俊的丈夫到造勢會場，告訴我他正被阿茲海默症吞噬的美麗女人；那個在建築工地告訴我，他去年長達九個月找不到工作的大塊頭。我記得他們每一個人的臉，也記得他們的恐懼和他們的決心。

他們每一個人都在為晦暗不明的前景擔驚受怕，每一個人都在焦慮與失眠中度過一天又一天。然而，他們每一個人卻又如此堅強、如此明理，樂觀的相信我們可以做得更好。

我相信就是這份對未來的樂觀期許，讓我們成為萬物之靈，讓美國成為一個偉大的國家。我們勇於冒險、大膽改革，一步步把這個國家扶植起來。這一路上，我們學會了互相投資，當我們建設學校、鋪橋造路、投資研究時，都是在創造一個更光輝燦爛的未來，一個對我們自己、我們的孩子

＊編按：冗長辯論（filibuster）是指居於劣勢者在取得發言權後，以馬拉松方式演說，來達到癱瘓議事、阻撓投票，迫使多數黨讓步的議事策略。

和我們的子子孫孫都更好的未來。

平等、機會、追求幸福，我們的孩子、子子孫孫將會在一個越來越好的國家中成長壯大。沒有人需要憐憫，也不要求施捨。我們想要的，只是一個分配合理、符合公平正義、人人有機會的國家；一個大家都遵守同樣的遊戲規則、為個人行為負責的國家。而現在，我們要開始為這個信念而戰。

我對我們有信心，我相信我們可以一起成就大事，也相信只要團結一心就能把事情做好。我們需要的，真的只是一個可以為之奮鬥的機會。

致謝

長久以來，寫書是我為我力挺的人民奮戰的手段之一，而我的女兒艾蜜莉雅一直是我傑出的盟友。繼《雙薪陷阱》和《你所有的價值》之後，我們母女再一次準備要合寫一本新書，而這次她要幫我研究資料和管理進度。她督促我寫出更多的故事，讓讀者體會置身在戰場中是什麼感覺。她不斷對我說：「再多寫一點這個故事的細節」或「你這裡寫得太亂了」，當然還有更不中聽的「這個太無聊了」。她讓這本書脫胎換骨，對此我非常感激。

丹．格爾東和我並肩打過五場大小戰役，我們所有的成就大半要歸功於他的努力。他從學生時代一直扮演軍師的關鍵角色，確定每個人心裡牢牢記得目標，監督我們每天朝著目標前進。我粗枝大葉的地方，丹必定謹慎觀察，他為我留意了許多我沒看到的細節。我的另一個學生加內什．施塔拉曼則是團隊裡的智者，總能看出事情的前因後果，並指出我們該走的正確方向。他對各式各樣的想法都有興趣，懂得聆聽吸收，再大方的和我們分享。和丹一樣，加內什也陪著我打過好幾場仗。沒有他們兩個，我不敢如此大膽冒險，也不會闖出這麼多成績。

在這本書裡，我告訴大家發生了什麼事，我看見了什麼，我爭取了什麼，但我從來都不是孤軍作戰。要感謝的人實在太多。在破產法大戰中，論功勞沒有人比得過我長期的合作夥伴泰麗．蘇立文博士和杰．威斯布魯克教授。我們設計了有史以來第一個以經驗為基礎的專題研究，一起摸索沒人探究過的領域，在這種冒險中沒人可以找得到更好的隊友了。接下來二十五年裡，我們進行了許多研究專題，團隊成員不斷更新，也有不少其他學者加入我們的研究和寫作，直到今天仍有專題還在進行。在多位傑出學者的幫助下，我們建立了一個龐大複雜的資料庫，蒐集包括健康保險和房屋市場等數據。在一次又一次的長期研究後，我們得到有說服力的證據，如實呈現出美國中產階級面臨的經濟困境。

破產法戰爭從破產法審查委員會開始，一直到新版修正法通過，前後持續了十年。審查委員會的成員一起克服了許多挑戰，瑪莉莎．雅各比幫助我們在政策轉彎時安然過關，其他的工作人員則通力合作確保委員會的運作和建議精細準確。當信貸業者拿著待辦清單到國會，並花錢雇用遊說大軍時，看起來確實勢不可擋，但就像書裡所回憶的，後來因為泰德．甘迺迪參議員卓越的領導，徹底改變了這場戰爭的本質。沒有他的努力和他當時的首席顧問梅洛蒂．巴恩茲，這場仗根本一點機會也沒有。莫琳．湯普森一邊全心對抗銀行版修正案，一邊還幫忙統籌志工。當然還有多名國會議員的投入，他們願意和資源豐富的銀行業對抗，並鼓舞本來就忙不過來的助理們一起努力，人人拉長工時，讓本來會被忽略的問題得到重視。

自從一九三〇年代修正破產法之後，只要有議員提議新的修正案，國會破產法審查委員會都會深入分析其中的利弊得失。全美國的商業法教授組織起來，向國會表示他們非常擔心新修正案若真的實施會帶來的不良後果。在機會微乎其微的情況下，立法拖到了二〇〇五年才過關，這都是大家團結合作的功勞。

當經濟在二〇〇八年崩塌，國會付了七千億美元紓困後，我們五人監督小組耗盡全力讓金融體系能夠再次被信賴。我很感謝參議院多數黨領袖哈利・瑞德對一個麻州教授這麼有信心，讓我加入這個監督小組。我希望將來有一天他會告訴我，他當初選我的理由。我也很感激我的好友戴蒙・西爾弗斯，他是五人監督小組的副主席，以及美國勞工聯盟暨職業工會聯合會的長期政策領導人。他不但聰明、有謀略且勇氣十足，隨時準備走入戰場挑戰金融巨人。戴蒙一輩子都在為勞工奮鬥，能和他並肩作戰讓我更義無反顧的投入戰場。我也很感謝理查德・尼曼對每一份五人監督小組的報告都小心查證，還有前參議員泰德・考夫曼（Ted Kaufman）在我離開後接任五人監督小組主席，並圓滿達成任務。此外，我還要特別感謝馬克・麥克沃特斯會計師和肯恩・崔羅斯基博士，雖然他們一開始的看法常常跟戴蒙、理查德和我不同，但他們的堅持讓我們的報告更深入更圓融，而且只要有證據，他們也不會堅持己見。對此我深感佩服。

公開對政府官員和銀行施壓的是枱面上的五人監督小組成員，但能做出成績，完全仰賴一群聰明熱心、超越黨派的專業人才在背後支持。行政主任娜歐蜜．鮑姆以卓越的技巧帶領整個團隊，總是能以公平誠實的方法讓每一份報告變得更強而有力，讓民眾看見我們的努力，建立美國人民對我們的信心。隨著五人監督小組團隊擴大，工作人員在經濟危機中幫助我們進行極為密切的監督。為了找到我們需要的資訊，他們不停挖掘真相，拿著計算機追蹤現金流向，並在全美各地舉行公聽會，讓大家看到財政部的行動可以如何幫助（或沒有幫助）人民。除了我在書中提到的資深人員之外，五人監督小組還有八十名正式人員、約聘人員及實習生，其中不乏辭去原先的工作、退休後重出江湖幫忙，或放棄其他工作機會來幫助我們的人才。我非常感謝他們努力且謹慎的工作。

讓消費者金融保護局通過立法，成為正式的政府單位，是另一場大衛對抗巨人的戰役。我在書中提到不少幫我們在幾乎不可能的情況下獲勝的關鍵人物，但他們其實也只是冰山一角，還有許許多多的消費者團體、勞工工會、網路媒體、民權團體投入超過一年的時間，堅持不懈的為這場戰爭努力。我們幾乎每週都會召開電話會議，設定政策、擬定計畫，我親眼目睹非營利組織為了幫助勞工家庭，在缺少資源的環境下有效率的運作。另外，不少部落客也加入我方陣營，還有許多基金會、智庫和個人將金融改革當成他們自己的事，為我們提供無法估計的戰力。他們注入的力量表現出強大的民意，給真心想要設立強而有力的機構並花費無數時間確認細節的政府官員及國會議員當了最堅強的靠山。我深信若沒有這麼多人的共同努力，今天的消費者金融保護局絕不會存在。

我已經在書中提過不少在架設消費者金融保護局期間出過力的一些人士，但我還是必須在此感謝消費者金融保護局的所有工作人員。這些處於人生不同階段的人，聽到公共服務的號角響起，義不容辭的前來幫我們建立消費者金融保護局。一邊建造飛機一邊起飛當然不容易，如果不是這群模範公僕的辛勤工作，我們什麼都完成不了。我很感謝消費者金融保護局的執行委員會讓我們夢想中的機構，如願在現實世界裡成真。對那些支持者，以及曾經在國會、白宮、財政部幫過我們對抗刪減預算、惡意誣衊的每個人，我永遠心懷感激。當我們盡全力證明好的進攻就是最好的防守時（比如在油漆未乾時就開始接聽消費者申訴），擁有一群最佳防守員真是有如神助。

在破產法大戰的初期，就有工會為了經濟陷入困境的家庭挺身而出。之後，為了消費者金融保護局的設立，工會再一次為美國廣大的勞工投入戰場。美國勞工聯盟暨職業工會聯合會舉行第一次大會召集所有團體，齊聚大家的力量，眾志成城造就了極大的效果。過去多年來，我很榮幸能和麻州、全美許多優秀的工會領袖並肩奮鬥。他們全都是稱職的工會領袖，所以我知道他們不會介意我是否懂得感恩，但我還是要重申謝意：謹在此向每天在醫院、教室、消防隊、建築工地、工廠努力不懈的朋友們道謝。

為了建立一個更好的國家，我們經歷了多場戰爭，一直都不缺席的非營利團體和草根性組織是我們的無名英雄。雖然他們的預算有限、資源匱乏，但他們並不妥協，仍懷抱著崇高的目標奮力前進。我很幸運能有這麼多團體為盟友，有他們的奉獻及努力，我們的國家才有更好的未來。這些人的力量平衡了有權有勢的少數人帶給社會的影響力，也給了所有美國人為堅守的價值觀奮力一搏的機會。我很感激這些團體的努力，尤其是集結了兩百多個團體的全美金融改革聯盟，更是投入了無數的時間精力為美國家庭爭取更合理的交易環境。我也要對所有社區銀行、信用合作社和其他正直的信貸公司，肯跟我們一起推動改革的勇氣喝采。

我的參議員選舉從開始到結束，全仰賴在地民眾的力量，沒有這數千人的幫助，我不會贏。想到這麼多人在這場選舉中自願投入的時間、金錢和熱情，我就感動到起雞皮疙瘩。我們的志工團隊幾乎無所不能，打電話催票、挨家挨戶敲門、輸入資料、舉廣告標語、在家裡辦募款派對，所有事都能用心去做。每一天我都會想起這些努力將我送進參議院的人，然後心裡便會重新得到力量，堅信只要我們團結就能創造一個人人都有機會的光明未來。

對於競選團隊的每個工作人員，我永遠感銘在心。選舉是一件複雜又混亂的事，但是在敏蒂．麥爾斯冷靜沉著又心細如髮的領導下，我們得以將注意力及力氣聚焦在真正重要的議題上。政策主任劉煒也是團隊的無價資產，他為人誠實可靠，總是實話實說的作風，讓大家都相信他的承諾。敏蒂和劉煒是我們為勞工家庭揮拳反擊的二頭肌，他們正確的判斷能力是我最好的依靠。

在敏蒂的帶領下，我們有一支民主黨最強的策略團隊，數十位地區和社區人員四處波走為我們招募志工，成為我們的競選活動中最不可或缺的生力軍。

我也要感謝多位市長、州參議員和麻州公職人員的鼎力支持，肯花時間幫我了解地方經濟、地區成長和其他社區所面臨的問題，讓我知道該如何將地區事務和中央政策連結。還有很多人下班後直接跑來幫我助選，對他們的無私奉獻我感激在心。

我在〈後記〉中稍微提到了我剛就任參議員時的工作，我再次幸運的能擁有一支出色的團隊，一起為勞工家庭爭取更公平的交易環境。敏蒂・麥爾斯再次展現她的魔力，幫我找到最優秀的法案主任強恩・道南伯爾（Jon Donenberg），組成了一支華府超級團隊，還有為我鎮守在麻州的劉煒，他帶領的優秀團隊效率驚人，讓許多事從不可能變成可能，我永遠欠他們一份情。

我也要感謝我最好的朋友珍・摩爾斯（Jean Morse）幫我試讀本書初稿。同時我也請了其他朋友提供意見，他們以外人的觀點審視，確定我說故事時提供了足夠的細節將事情解釋清楚，卻不會說得太過繁瑣讓讀者看到睡著（如果你們還是睡著了，那都是我無力潤飾的錯）。我的女婿蘇希爾・泰吉負責在堆積如山的舊資料裡找出可以使用的照片，再一次展示出他看到事情核心的能力，除了感謝他的幫忙，我也很慶幸他能成為我們的家人。

艾麗莎・馬丁是我在哈佛大學最後一年所教的學生，她不只是消費者金融保護局草創時期的關鍵人物，還是本書所有大事件的主要研究及紀錄者。謝謝她賣力工作，確保書上所有的事實和數據完全正確無誤。

本書編輯約翰・史達林（John Sterling）是我在出版界的好夥伴，他以專家的眼光提供明智的建議，並小心確認讀者不會誤解文句真正的含意。從一開始，他就給了我很大的發揮空間，讓我能夠放心講一個非常私人的故事。我也要謝謝鮑伯・巴內特（Bob Barnett）在多年前我開始構思要寫一本為中產階級而戰的書時，就提供了許多周慮的意見。

我在本書中提到的大大小小戰役，都少不了布蘭迪・威廉森這位長期盟友。他說服我留在破產法審查委員會，後來才領悟這個決定改變了我的人生。我在華府參與的所有戰役，他一直都是幕後舉足輕重的顧問。經過長時間相處，我發現布蘭迪的內心柔軟，行事剛強，所以才能在追求正義公平的道路上一往無前。他不只幫我完成這本書，更是我長期的良師益友。

所有曾在我人生道路上，指導過我、給過我建議、推著我向前走、幫助我寫作的人我都心懷感激，但有幾個特別的人是我不能遺漏的，那就是我的三個哥哥。我對大哥唐雷德的最深記憶是他離家從軍時，還有他的婚禮。他熱愛冒險，活力充沛，他的存在對我來說就像是遙遠的星光，不在身邊卻能仰望得到。高大、溫柔又善良的二哥約翰隨時給予我家人的關懷，提供我沒有條件的愛。三哥大衛比我認識的任何人都聰明風趣，他教會我活在當下的真正意義。但最最重要的，是三個哥哥教會我在餐桌上要努力爭得自己的位子，否則只能一再退縮。

我的兒子艾力克斯一直都很有主見，他學得快、看得深，總是想從各個方面挑戰傳統看法。只要我在資料或科技上有問題，他都是我求助的頭號人選。這本書他從頭到尾都參與了，和我爭論過各種點子，並且不忘提醒我，我還是沒有那麼好笑。謝謝艾力克斯讓我懂得多向思考，讓我的人生更有趣。

然後，還有布魯斯・曼恩。當我嫁給他時，我幫自己找到了全世界最棒的老公。我萬分感謝上蒼讓我遇見他，讓我懂得出手抓住他，並且知道要一直緊抓不放。布魯斯的優點多不勝數，但在這本書中，我覺得我應該特別提到一點：他從來不會潑我冷水，從來不會阻止我要做的事。除此之外，他更是接吻高手。沒有布魯斯，我不會寫這本書，或者應該說，書中所寫的許多事，我都沒有膽子放手去做。

最後的感謝，我想送給即將看完這本書的你。對於我有機會代表人民進入美國參議院，我深感榮幸。我就職後才過了三個月，兩枚炸彈就重創了我們的波士頓馬拉松，奪走多條性命，造成許多人改變一生的重大創傷，留下無數顆破碎的心。在悲劇發生後幾個小時內，麻州人民就向全世界展現了我們堅不可摧的生命力和打不倒的精神。在最痛苦的時刻，我們支持彼此走向光明。每一天，我都會為美國人民的善良、智慧、慷慨、堅定而感動，也謝謝他們選擇我，讓我有機會代表他們在華府發聲。

國家圖書館出版品預行編目（CIP）資料

不大好笑的人生：伊莉莎白．華倫卯上華爾街的真實故事 / 伊莉莎白．華倫 (Elizabeth Warren) 著；卓妙容譯. -- 初版. -- 臺北市：早安財經文化，2018.07
面； 公分. -- (早安財經講堂；79)
譯自：A fighting chance
ISBN 978-986-6613-96-8(平裝)

1. 華倫 (Warren, Elizabeth) 2. 傳記 3. 參議員

785.28 107005960

早安財經講堂 79

不大好笑的人生

伊莉莎白・華倫卯上華爾街的真實故事

A Fighting Chance

作　　者：伊莉莎白・華倫 Elizabeth Warren
譯　　者：卓妙容
特約編輯：莊雪珠
封面設計：Bert.design
責任編輯：沈博思、劉詢
行銷企畫：楊佩珍、游荏涵

發 行 人：沈雲驄
發行人特助：戴志靜、黃靜怡
出版發行：早安財經文化有限公司
台北市郵政 30-178 號信箱
電話：(02) 2368-6840 傳真：(02) 2368-7115
早安財經網站：www.goodmorningnet.com
早安財經粉絲專頁：http://www.facebook.com/gmpress

郵撥帳號：19708033 戶名：早安財經文化有限公司
讀者服務專線：(02)2368-6840 服務時間：週一至週五 10:00-18:00
24 小時傳真服務：(02)2368-7115
讀者服務信箱：service@morningnet.com.tw

總　經　銷：大和書報圖書股份有限公司
電話：(02)8990-2588
製版印刷：中原造像股份有限公司
初版 1 刷：2018 年 7 月
初版 5 刷：2019 年 11 月

定　　價：420 元
I S B N：978-986-6613-96-8（平裝）